高职高专通识教育“十三五”规划教材

大学生职业生涯规划

主　编　王红亮　王　娟

副主编　马　俊　洪　霞

参　编　马路遥　高一雅　杨智黎

陈　丽　曹学光　肖　潇

程　银　李　峰　雷行秋

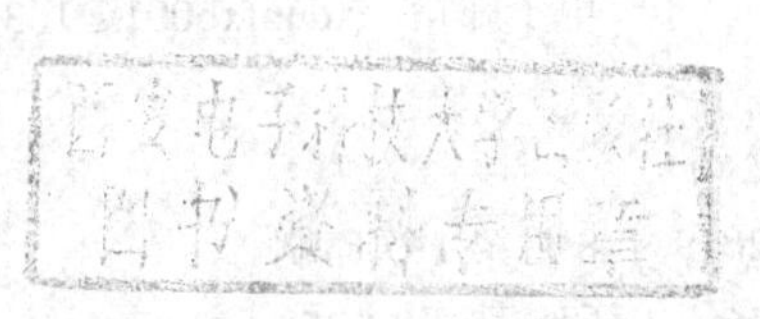

西安电子科技大学出版社

内容简介

本书紧密结合当前三年制和五年制医学生的实际，分析了当前医学职业的机遇和挑战。同时，重点对医学生的职业生涯进行了分析和规划，即一方面是学业规划，另一方面是职业发展规划。本书首先重点讲解了医学生的自我定位和认识的方法。其次，本书讲解了医学生职业生涯规划的原则、方法和具体设计的相关知识，具有一定的操作性。再次，本书还对医学生职业生涯的决策、实践管理和反馈评估等作出了探索。最后，本书对医学生的自我管理知识作了介绍，以积极帮助医学生更科学地规划好自己的未来，使其能够成为人生的赢家。

本书主要包括"健康中国"背景下医学职业的机遇和挑战、职业及医学职业认知、职业生涯知识综述、医学生自我认知与定位、大学生涯规划、职业生涯决策、职业生涯实践与管理、职业生涯反馈与评估、职业生涯自我管理等9个章节的内容。

本书充分结合医学院校实际，运用医学生案例，理论与实践结合，帮助医学生更好地规划自己的职业生涯。编者均为在医学院校工作多年的教师和教学管理工作者，对医学生的实际发展情况较为了解。

本书适用于医学类所有专业的学生。

图书在版编目(CIP)数据

大学生职业生涯规划／王红亮，王娟主编．—西安：西安电子科技大学出版社，2019.8
ISBN 978-7-5606-5441-6

Ⅰ. ① 大…　Ⅱ. ① 王…　② 王…　Ⅲ. ① 大学生—职业选择—医学院校—教材　Ⅳ. ① G647.38

中国版本图书馆 CIP 数据核字(2019)第 168262 号

策划编辑　明政珠　尹志宏
责任编辑　明政珠　李惠萍
出版发行　西安电子科技大学出版社(西安市太白南路 2 号)
电　　话　(029)88242885　88201467　　邮　　编　710071
网　　址　www.xduph.com　　电子邮箱　xdupfxb001@163.com
经　　销　新华书店
印刷单位　陕西天意印务有限责任公司
版　　次　2019 年 8 月第 1 版　2019 年 8 月第 1 次印刷
开　　本　787 毫米×960 毫米　1/16　　印　张　14.75
字　　数　345 千字
印　　数　1～4000 册
定　　价　39.00 元
ISBN 978-7-5606-5441-6 / G
XDUP　5743001-1
如有印装问题可调换

前　言

大学是人生的重要转折点。它既不代表过去，也不代表未来，它只是通向未来的一种途径。大学是一个人获取知识、破解疑惑、铸造人格、增强才干、锻炼意志的关键时期。可以说，大学生活将奠定一个人一生事业的基础。

医学专业的学生，相对于大学其他专业，需要付出得更多。尤其是面对严峻的就业压力，如果医学专业的学生希望在毕业时能有一个好的选择，在未来职业生涯中能充分体现自我价值，就应该尽早进行职业生涯规划，规划好大学的学习、生活、工作，合理地安排时间，避免学习的盲目性和被动性，并确定职业发展方向和实施策略，使自己在大学期间和以后的人生发展道路中少走弯路。进行大学生职业生涯规划，是大学生迈出人生脚步最基本的一项工作，也是大学生实现职业理想和职业目标的关键一环。

本书根据教育部《大学生职业发展与就业指导课程教学要求》的精神，结合目前高校大学生职业生涯规划和就业指导教育的实际情况进行编写。书中既有系统的理论知识分析，又有典型的案例分析。本书注重理论知识的介绍，更注重实践和方法的掌握，让医学类专业的学生能够学以致用。

本书的编写特点：

(1) 系统性。职业生涯规划是一个全面认知自我、认清现实的系统工程。要做好规划，就得先认识当前我国经济发展和时代的大背景、专业和职业发展现状以及掌握认知自我的方法等。然后再按照职业生涯规划的基本程序进行操作、决策和实施。最后，进行反馈和修正。

(2) 实用性。本书充分结合医学院校高职学生的实际进行编写，课程主要安排在大学第一学期。本书对医学生大学阶段的规划以及职业成长路径做了介绍，书中有大量医学生成长的案例值得品味和思考。

(3) 可操作性。书中有大量自测量表、游戏以及生涯规划的基本方法和路径等，还留有任课教师直接指导学生进行测评的空白页，让老师有效指导学生的课堂教学。

本书主要由红河卫生职业学院的王红亮、王娟编写，参与编写的还有马俊、洪霞、马路遥、高一雅、杨智黎、陈丽、曹学光、肖潇、程银、李峰、雷行秋等。本书在编写过程中得到了学院公共课部、招生就业处、教务处等部门的大力支持。在此，衷心感谢每一位老师与同仁为本书的出版所付出的努力。

本书在编写过程中，参考了一些相关的书籍和资料，在此向这些作者表示衷心的感谢。另外，十分感谢云南华盛图书有限公司及西安电子科技大学出版社专家对本书提出的意见和建议。

由于编者水平有限，书中难免有不足之处，欢迎大家批评指正。读者在阅读过程中若发现问题，可以通过邮箱(whl829@sina.com)联系我们，以期进一步完善。

编者

2019 年 6 月

目　录

第一章

“健康中国”背景下医学职业的机遇和挑战

知识目标

1. 了解当前中国关于医疗改革的相关政策和信息。
2. 理解当前中国医疗卫生行业、产业及职业发展现状。
3. 学会关心与职业相关的时事。

能力目标

学习本章，对当前医学产业、行业及职业背景有充分的认识和了解。同时对医学职业面临的机遇和挑战有更深刻的把握。

核心概念

健康中国　医疗卫生　医学职业　机遇和挑战

健康，是人类永恒的追求，也是人类社会永恒的课题。健康权，是人类社会的基本人权之一。当今世界，绝大多数国家把维护健康公平作为政府的重要职责和使命。政府致力于让其国民人人享有基本卫生保健服务，通过一定的制度设计和技术、物资保障，公平地为全体社会成员提供体现基本健康权利的公共卫生平台。

中国政府向来重视公共医疗卫生体系的建立和完善，让人人享有基本卫生保健服务，让广大百姓“病有所医”，是中国经济和社会协调发展的重要目标之一。党的十七大报告首次提出“健康是人全面发展的基础”，十八大报告再次强调“健康是促进人的全面发展的必然要求”，充分体现了以人为本的思想，更揭示了卫生工作的精髓。2016 年 8 月，党中央、国务院隆重召开 21 世纪第一次全国卫生与健康大会，明确了建设健康中国的大政方针；同年 10 月，发布实施《“健康中国 2030”规划纲要》，明确了行动纲领。党的十九大将“实施健康中国战略”提升到国家整体战略层面统筹谋划。从全面建成小康社会到基本实现现代化，再到全面建成社会主义现代化强国，健康中国战略将在每一个阶段与整体战略紧密衔接，发挥重要支撑作用。

《健康中国 2030 规划纲要》对医学人才培养进行了长远的规划，指出要加强医教协同，建立完善医学人才培养供需平衡机制；改革医学教育制度，加快建成适应行业特点的院校教育、毕业后教育、继续教育三阶段有机衔接的医学人才培养培训体系；以全科医生为重点，加强基层人才队伍建设，完善住院医师与专科医师培养培训制度，建立公共卫生与临床医学复合型高层次人才培养机制；强化面向全员的继续医学教育制度，加强全科、儿科、产科、精神科、病理、护理、助产、康复、心理健康等急需紧缺专业人才培养培训；加强药师和中医药健康服务、卫生应急、卫生信息化复合人才队伍建设；支持建立以国家健康医疗开放大学为基础、中国健康医疗教育慕课联盟为支撑的健康教育培训云平台，便捷医务人员终身教育。从长期来看，医学教育行业的市场规模仍将维持在持续成长阶段。

第一节　机　　遇

学医，你选对了吗？

在医疗的圈子里面，特别是医生的圈子里面，常常听到一句话，“如果，孩子要学医，就打断他/她的腿。”“劝人学医，天打雷劈”。可见圈内人士对医疗行业有太多的不满和怨言，但是，这种情绪化的“公愤”，是否客观、理性？对于迷茫的高考学子和家长，也需要从另外的角度来了解医学专业及前景。

我们先不讨论“阶层固化”“学历无用论”“学习好不如嫁得好”等消极言论是否存在，但有个不争的事实就是，大学学历的含金量确实下降了。可是从整个大学专业选择层面来考虑，报考医学专业，特别是临床医学，或许是一个在“矮个子里面挑高个子”的更好选择。学医，你真的选对了吗？我们首先从云南的昆明医科大学 2018 年各专业设置及理工类录取分数线(部分)(表 1-1)和云南省 2018 年普通高校招生录取最低控制分数线(表 1-2)对比来看：

表 1-1　昆明医科大学 2018 年专各业设置及理工类分数线(部分)

专业名称	年份	最高分	平均分	最低分	录取批次
口腔医学	2018	620	592	580	一批
临床医学	2018	627	574	559	一批
麻醉学	2018	589	564	555	一批
医学影像	2018	586	559	553	一批
儿科学	2018	594	556	547	一批
临床药学	2018	576	550	540	一批
医学检验技术	2018	563	546	538	一批
预防医学	2018	607	546	535	一批
康复治疗学	2018	559	544	535	一批
医学影像技术	2018	557	543	535	一批
国家免费医学定向临床医学	2018	604	531	491	本科提前批
眼视光学	2018	529	510	501	二批
药学	2018	536	508	501	二批
法医学	2018	555	507	473	本科提前批
护理学	2018	526	504	496	二批
医学实验技术	2018	521	504	498	二批

(数据来源：广东高考网)

表 1-2　云南省 2018 年普通高校招生录取最低控制分数线

<table>
<tr><th rowspan="3">批次</th><th colspan="6">类别</th></tr>
<tr><th rowspan="2">文史</th><th rowspan="2">理工</th><th colspan="2">艺术</th><th colspan="2">体育</th></tr>
<tr><th>文</th><th>理</th><th>文</th><th>理</th></tr>
<tr><td>本科第一批</td><td>575</td><td>530</td><td rowspan="2">390</td><td rowspan="2">330</td><td rowspan="2">410</td><td rowspan="2">350</td></tr>
<tr><td>本科第二批</td><td>490</td><td>430</td></tr>
<tr><td>专科</td><td>200</td><td>200</td><td>190</td><td>190</td><td>190</td><td>190</td></tr>
</table>

(数据来源：云南招考网)

从后来招生录取实际数据中发现从云南省内理工类录取分数线最高的 3 所高校分别为昆明医科大学、昆明理工大学(医学类)和云南中医药大学，意料之外但情理之中的是，涉医专业“行情”猛涨，出现报考人数和录取分数双攀升的局面。

这说明每年各种诋毁医学专业的言论并没有影响考生们对医学专业的选择。实际上无论在国内，还是在国外，医学专业从来都不失为一个非常有发展前景的实用专业，最基本的原因就在于无论社会发展产生多么大的变化，人总是要生病的，没生病的人总是要追求健康的，而这些永远都离不开医学。因此医学专业受追捧是由社会需求决定的。而且高校专业的分数不是高校定下来的，是投档录取后自然产生的，专业受到追捧，报名人多，分数自然就上去了。临床医学被称为医学专业之王，所以在所有医学院校各个专业中，又成了最受青睐的专业。

从另一个方面也能解释医学受追捧的原因，那就是现代信息社会的发展，可能会使得一些专业走向弱势甚至消亡，医学则不会。医学的发展走向是诊疗手段和设备的现代化，但是以解剖学为基础的医学还是必须一步一个脚印地学习，来不得半点马虎，也不可以突击速成。再先进的CT、核磁共振片子也需要丰富经验的医师才能给出最合理的判断。没有医学专家人脑的智慧，再先进的医学设备也是枉然。

预计未来医学专业招生会十分稳定地发展。一本医学院校的分数应当会保持在较高的分数层次。

学医你选对了吗?

想一想：1. 学医热的背后逻辑？

2. 你为什么选择学医？

一、医疗技术不断升级，职业服务能力提高

现代的医疗技术究竟有多发达？你想过吗？一直以来，我们都认为“换头术”如此奇特的想象只能在神话故事、科幻作品中看到，在现实生活中是不可能存在的。然而就在2016年11月17日，它确确实实地发生了。意大利神经外科专家塞尔吉·卡纳瓦罗在奥地利维也纳的一次新闻发布会上宣布：一个被称为世界第一例的“手术”——世界首例人类头部移植手术成功了。手术是在哈尔滨医科大学任晓平教授的带领和指导下成功实施的，地点就在中国。手术是在一具遗体上进行的，总共持续了18个小时，连接了切断的脊椎、神经、组织和血管。任晓平教授将这项手术命名为“异体头身重建术”。据报道，任晓平教授此前已经完成小鼠头部移植手术，成为全球首个完成该手术的人。经过“换头”之后的小鼠们存活了下来，并且能完成睁眼、呼吸以及一些其他基本动作。

课堂思考：你还了解哪些当代的“医学黑科技”，请列举说明。

类似这样的医学“黑科技”已经层出不穷，对大家公认的死亡公敌——癌症和艾滋病等疾病的研究也有了不同程度的推进，或许不久的将来这些现在无法治愈的疾病将成为历史。

俗话说“人生七十古来稀”，随着现代医学的发展，七十岁已经不是什么稀奇的事情。世界卫生组织2018年6月6日在日内瓦发布的《2018年世界卫生统计》报告显示，进入21世纪以来，人类的预期寿命增长较快。2016年中国人均寿命为76.4岁，其中男性75岁，女性77.9岁。

在现代科技的推动下，医学基础研究也取得了重大突破，医疗在基础研究、诊断工具和药物研发方面的革命性新技术突飞猛进。工程学和计算机科学创造出无创影像技术，改善了诊断的技术手段。基因技术、干细胞、靶向治疗、微波技术、电磁诊断等创新性技术不断涌现，医疗正以前所未有的发展势头，不断颠覆以往的诊疗技术和方法，不断突破原有的诊疗禁区，不断开拓新的治疗领域。随着投入的增加，技术创新推动医疗呈现加速度

式的发展，医学模式也发生了从生物医学向生物—心理—社会模式的重要转变。医学的不断变化，带来了学科建设、人才培养、管理方式等方面的重要改变，技术、管理、多学科等因素的加入，快速推动着医疗的发展，逐步形成了医疗自身多元的发展趋势，这些趋势反过来重塑医疗整体格局，影响人们的生活。

(一) 精准医疗

精准医疗(Precision Medicine)是以个体化医疗为基础、随着基因组测序技术快速进步以及生物信息与大数据科学的交叉应用而发展起来的新型医学概念与医疗模式。中国早在 21 世纪初就开始关注精准医疗，2006 年首先提出了精准外科的概念，得到了国内、国际医学界的认可后被引用到肿瘤放疗、妇科等医学领域。2015 年 2 月，国家精准医疗战略专家委员会成立。2016 年 3 月，科技部发布“精准医疗研究”重点研究专项指南，提出实施精准医疗研究，以临床应用为导向，使精准医疗成为经济社会发展的新增长点。精准医疗已被纳入“十三五”重大科技专项，进入快速发展的新阶段。据有关部门数据显示，2017 年中国精准医疗的市场规模已达 475 亿人民币，增速较前两年有所放缓，行业进入发展的相对稳定期。2018 年我国精准医疗的市场规模超过 550 亿元。

精准医疗作为下一代诊疗技术，较传统诊疗方法有很大的技术优势。相比传统诊疗手段，精准医疗具有精准性和便捷性，一方面通过基因测序可以找出癌症的突变基因，从而迅速确定对症药物，省去患者尝试各种治疗方法的时间，提升治疗效果；另一方面，基因测序只需要患者的血液甚至唾液，无需传统的病理切片，可以减少诊断过程中对患者身体的损伤。可以预见，精准医疗技术的出现，将显著改善癌症患者的诊疗体验和诊疗效果，发展潜力大。

(二) 智能医疗

智能医疗是通过打造健康档案区域医疗信息平台，利用最先进的物联网技术，实现患者与医务人员、医疗机构、医疗设备之间的互动，逐步达到信息化。在不久的将来，医疗行业将融入更多人工智慧、传感技术等高科技，使医疗服务走向真正意义的智能化，推动医疗事业的繁荣发展。在中国新医改的大背景下，智能医疗正在走进寻常百姓的生活。

1. 物联网技术让智能医疗信息共享出新成果

随着人均寿命的延长、出生率的下降和人们对健康的关注，现代社会人们需要更好的医疗系统。对远程医疗、电子医疗(e-health)的需求非常急迫。借助于物联网/云计算技术、人工智能的专家系统、嵌入式系统的智能化设备，可以构建起完美的物联网医疗体系，使全民平等地享受顶级的医疗服务，解决或减少由于医疗资源缺乏，导致看病难、医患关系紧张、事故频发等现象。早在 2004 年，物联网技术便应用于医疗行业。2018 年，在供给侧和需求侧的双重推动下，物联网进入以基础性行业和规模消费为代表的第三次发展浪潮，5G、低功耗广域网等基础设施加速构建，数以万亿计的新设备将接入网络并产生海量数据，人工智能、边缘计算、区块链等新技术加速与物联网结合，应用热点迭起，物联网迎来跨界融合、集成创新和规模化发展的新阶段。尤其对实现医疗信息互联、共享协作、临床创新、诊断科学以及公共卫生预防等有着突破性意义。

2. 智能医疗的应用不仅节约成本，而且缩减药物的研发过程

据美国塔弗茨药物开发研究中心 2014 年的报告显示，一款成功上市的新药，平均花费约 25 亿 8500 万美元，其中包括约 13 亿 9500 万美元的直接资金投入和研发失败导致的约 11 亿 6300 万美元的间接投入。尤其是创新药物的研发非常耗时，一款能够顺利上市的新药研发周期一般要近 12 年，这个过程包括了早期的靶点确认、化合物的合成与筛选、药学研究、药理/毒理分析、动物试验、1 期临床试验、2 期临床试验、3 期临床试验、4 期临床试验以及后续的上市申报手续等，如何降低研发的成本、缩短研发的时间是所有创新药研发公司的关注重点。而人工智能在新药研发中能够通过智能算法虚拟模拟化合物筛选，从数以百万乃至千万计的潜在化合物中筛选出和靶点对接活性最强的化合物，还能对同样差不多活性的化合物的毒副作用进行筛选，降低成本的同时也能显著缩短时间。在临床试验期间，人工智能还能帮助选择合适的参与临床试验的患者，加快了临床试验的速度。

3. 医疗机器人的更高、精、尖服务

医疗机器人在临床上的运用也越来越普遍，这个领域通常有手术机器人、康复机器人和服务机器人三种主要的机器人。手术机器人的典型代表是达芬奇手术机器人，达芬奇机器人是微创手术领域的领导者。达芬奇手术机器人能够触及医生的手触及不到的地方，且比人手更为精细，手术创口小、出血少，患者恢复时间也大大加快。手术机器人被广泛地运用在泌尿外科、甲状腺、妇科肿瘤、胃肠以及儿童外科等需要高精度操作的手术领域。

严格来说，手术机器人是一种高级机器人平台，由外科医生控制台、床旁机械臂系统、成像系统三部分组成。通过计算机辅助控制，手术机器人能够帮助微创外科医生以更高的精度和更小的误差来进行手术操作。康复机器人则主要运用在心脑血管疾病致残以及老年人由于生理机能衰退致残等疾病的治疗后康复阶段。服务机器人则是近年开始活跃起来的新领域，主要在院内提供智能导诊服务，科大讯飞旗下的晓曼机器人先后在合肥市第一人民医院和北京 301 医院落地，能够提供包括医院位置咨询、219 个常见病和症状咨询以及 51 个常见知识问询等服务。

4. 移动医疗，随时随地呵护健康

随着移动互联网的发展，未来医疗向个性化、移动化方向发展，如智能胶囊、智能护腕、智能健康检测产品将会广泛应用，借助智能手持终端和传感器，有效地测量和传输健康数据。

5. 3D 打印器官的广泛应用，成为新时代医学进步的一大标志

21 世纪正在见证 3D 打印技术突飞猛进的发展，这项新兴技术在建筑业、制造业和工程学领域已经有了很多著名的应用，现在该技术又被越来越多地应用到医学领域。3D 扫描技术的诞生与有机喷墨打印墨水和热塑性塑料相结合，已经能够“生物打印”出人体的某些部分，满足广泛的医疗需要，比如眼睛、耳朵、心脏等。

据荷兰乌特勒支大学医学中心的医生报告，他们首次成功地量身 3D 打印出一个塑料颅骨，完全取代一位患者原有的颅骨。这位患者因慢性骨骼疾病导致其颅骨厚达 5 厘米，使其失明。更换颅骨的手术进行 3 个月后，这位患者不仅重见了光明，而且也能重新回到工作岗位中。目前，国内 3D、4D 甚至 5D 打印都在随着科技的发展而不断创新。

可以说，精准医疗和智能医疗的发展，全面地推动了医学技术的飞跃，彻底转变了传统医学的诸多劣势和不足，提高了医学职业的服务能力，让医学真正更全面地为人类服务。

二、国家医疗行业改革不断推进，职业需求量扩大

“就医问题”一直是老百姓关注的焦点。从 2009 年新一轮医改方案实施以来，医疗卫生体制改革已经进入攻坚期。2018 年的政府工作报告多次提及“医疗”，“强医改，惠民生”依旧是重点部署的内容。目前，我国实现了全民覆盖的基本医疗保障制度，织就了世界上最大的社会保障网，异地就医住院费用也可以直接结算，分级诊疗和医联体建设加快推进，彻底打破了旧有的“以药养医”制度。

“十二五”期间，我国医疗卫生改革取得了重大成就，人才队伍规模不断扩大。2018 年末，全国卫生人员总数达 1230.0 万人，比上年增加 55.1 万人(增长 4.7%)。其中，卫生技术人员 952.9 万人，乡村医生和卫生员 90.7 万人，其他技术人员 47.7 万人，管理人员 52.9 万人，工勤技能人员 85.8 万人。卫生技术人员中，执业(助理)医师 360.7 万人，注册护士 409.9 万人。与上年比较，卫生技术人员增加 54.1 万人(增长 6.0%)。每千人口执业(助理)医师 2.59 人，每千人口注册护士 2.94 人；每万人口全科医生 2.22 人，每万人口专业公共卫生机构人员 6.34 人。

(一) 人口大国的国情，决定了对医疗卫生人才稳定的需求

我国是全球人口最多的国家。截至 2018 年底，我国总人口约达 14 亿(包括 31 个省、自治区、直辖市和中国人民解放军现役军人，不包括香港、澳门特别行政区和台湾以及海外华侨人数)。1978 年至 2014 年，我国人口出生率由 18.25‰下跌至 12.37‰，而死亡率则相对稳定，维持在 6‰～7‰，最近几年的人口自然增长率维持在 5‰左右。联合国日前发布《世界人口展望》2017 年修订版报告，对未来世界人口发展趋势进行了分析和展望。根据这一报告，世界人口数量已达 76 亿人，预计 2030 年将达 86 亿，2050 年将达到 98 亿。《国家人口发展规划(2016－2030 年)》指出：我国全面实施两孩政策后，“十三五”时期出生人口有所增多，“十四五”以后受育龄妇女数量减少及人口老龄化带来的死亡率上升影响，人口增长势能减弱。总人口将在 2030 年前后达到峰值，随着生育率逐步提升并稳定在适度水平，2020 年全国总人口达到 14.2 亿人左右，2030 年将达到 14.5 亿人左右。

(二) 人均寿命的稳定增长，人口老龄化趋势加快

自改革开放以来，随着医疗卫生事业的不断发展，我国人口的平均寿命一直在稳步上升。1949 年我国人口平均寿命仅为 35 岁，而到 2010 年，平均寿命延长至 75 岁。2018 年中国人口平均寿命为 76.4 岁。国家卫生计生委在《“健康中国 2020”战略研究报告》中更是进一步提出了 2020 年人均预期寿命达到 77 岁的目标。

我国人口的老龄化程度正在加速加深。据国家统计局数据统计，2018 年全国人口中 60 周岁及以上人口 24949 万人，占总人口的 17.9%，预计到 2020 年，老年人口达到 2.48 亿，老龄化水平达到 17.17%，其中 80 岁以上老年人口将达到 3067 万人；2025 年，60 岁以上人口将达到 3 亿，成为超老年型国家。预计到 2040 我国人口老龄化进程达到顶峰，之后，老龄化进程进入减速期。老龄化的加速不仅仅需要相对健全和牢固的医疗卫生服务系统，

更需要相对专业的医疗质量保障。

(三) 人均收入持续增长，卫生支出占比增大

2005年至今，我国经济一直保持高速增长，GDP年平均增长率一直维持在7%～8%，而人均收入也有了长足的增长。城镇居民人均可支配收入从2010年的19109元增长到2018年的39251元。农村居民人均纯收入也从2010年的5919元增长到了2018年的24336元。

与此同时，我国人均医疗卫生费用支出增长也很明显。从2012年的人均每年2076.7元增长到2018年的4148元。卫生部组织研究发布的《“健康中国2020”战略研究报告》提出“到2020年，主要健康指标基本达到中等发达国家水平”，其包括的10个具体目标之一即到2020年，卫生总费用占GDP的比重达到6.5%～7.0%，未来我国医疗卫生支出在国民经济中的重要性将得到进一步提升。

随着国民收入水平的提高，人均寿命的提高以及人口老龄化趋势的进一步显现，老龄化除了带来患病率的上升之外，同样也带来了患病结构的变化。心血管病、糖尿病以及肿瘤发病率同样也随着老龄化的加速，患者比例随之水涨船高。疾病谱的变化给医疗服务行业带来直接的影响就是慢性病占比加大，同时单人医疗费用也随之增加。预计未来我国的年人均卫生费用将维持较高的增长速度，为医疗卫生行业的发展提供广阔的市场空间。

《“十三五”全国卫生计生人才发展规划》指出，到2020年，全国卫生计生人员总量达到1255万人，全科医生达到30万人以上，每千人口执业(助理)医师达到2.50人以上、注册护士达到3.14人以上、专业公共卫生机构人员达到0.83人以上。为实现上述目标，政府制订了有利于卫生人才培养使用的政策措施，加强卫生人才队伍建设，加快构建以“5+3”为主体、以“3+2”为补充的临床医学人才培养体系。坚持人才投入优先保障，加大卫生计生人才开发投入力度，发挥人才项目的引导作用，完善政府、企业、社会多元投入机制和多部门协同机制。优化财政支出结构，提高资金使用效益。健全医疗卫生机构经费补偿机制，完善公共卫生服务项目经费分配方式和激励约束机制。

表1-3 “十三五”卫生计生人才发展主要指标

指　标	单　位	2015年	2020年
人员总量	万人	1069.5	≥1255
执业(助理)医师	人/千人口	2.22	≥2.50
注册护士	人/千人口	2.37	≥3.14
专业公共卫生机构人员	人/千人口	0.64	≥0.83
全科医生	人/万人口	1.38	≥2

(数据来源：国家卫生计生委网站)

综上，“十三五”期间，随着我国医疗改革的全面深入面对医疗卫生人才的需求将会进一步扩大。一是随着经济发展、居民生活方式以及环境的变化，对公共卫生与健康服务的需求越来越多。二是随着老龄化和人口政策的调整，康复、老年护理、妇幼保健等相关服务需求更为迫切。三是随着社会保障制度的逐步完善，医疗服务需求进一步释放。四是随着分级诊疗制度的建立，互联网与信息技术的快速发展，对医疗卫生服务模式和服务水平

必将产生深刻影响。五是随着全面实施两孩政策，妇幼健康、儿科等专业人才的需求将大幅增加。这些变化对卫生计生人才的服务内容和服务质量均提出了新的要求，迫切需要扩大医疗卫生人才岗位的需求。

三、医疗行业待遇改善，职业地位提高

关于医疗卫生人才的收入和地位问题，一直是为社会所关注。2016 年一项覆盖 15761 名医护人员的调查结果显示：87%的医生年收入低于 10 万元，其中 43%的医生年收入低于 5 万元；93%的护士年收入低于 10 万元，其中 55%的护士年收入低于 5 万元；73%的医护人员对自己的薪资非常不满意。

从国家统计局发布的 2018 年平均工资主要数据来看，全国规模以上企业就业人员年平均工资为68380元，全国城镇非私营单位就业人员年平均工资为82461元，私营单位为49575元。其中“卫生和社会工作”从业者 2018 年平均收入为 98118 元，比上一年名义增长 9.4%。在 19 个行业门类中，排名第 6 位。医疗卫生行业的薪资现状已经引起了国家的高度重视。

(一) 政策保障力度加大

中共中央办公厅、国务院办公厅转发了《国务院深化医药卫生体制改革领导小组关于进一步推广深化医药卫生体制改革经验的若干意见》(以下简称《意见》)。《意见》提出，地方可结合实际，按有关规定合理确定公立医院薪酬水平，逐步提高人员经费支出占业务支出的比例。加强对医务人员的长期激励，建立以公益性为导向的绩效考核机制，薪酬在保持现有水平的基础上实现适度增长。公立医疗机构在核定的绩效工资总量内根据考核结果自主分配绩效工资。薪酬总量核定和个人绩效工资分配不与医疗机构的药品、耗材、大型医学检查等业务收入挂钩，薪酬分配体现岗位的技术含量、风险、贡献等，严禁给医务人员设定创收指标。基层医疗卫生机构可按照财务制度规定在核定的收支结余中提取职工福利基金和奖励基金。

(二) 医护人员多点职业的尝试，进一步拓宽收入口径

2016 年 7 月 26 日，国家卫生计生委官网公布《关于印发推进和规范医师多点执业的若干意见的通知》已正式出台。相比 2015 年年初发布的征求意见稿，正式稿明确了医师多点执业无需再取得第一执业地点医疗机构的“书面同意”。2018 年 8 月，国务院办公厅发布《关于印发深化医药卫生体制改革 2018 年下半年重点工作任务的通知》，积极稳妥推进医师多点执业，完善备案制，加快推动医疗责任险发展，同步完善监管机制。引导和规范护士多点执业、“互联网+护理服务”等新模式新业态探索发展。

多点执业真正体现了护士的自身价值，也为我们提供了更多的发展机会。尤其是在互联网高度发达的时代背景下。一位一线护士在接受采访时说：“目前，本市乃至全国的护理人员缺口巨大，加之护士工作强度大，多点执业放开后，护士们真的有精力从事更多工作吗？”一些专业人士也对护士多点执业能否落到实处有所担心。

积极推动医生、护士的多点职业政策的落实，改医院注册为区域注册，有利于放大优质医疗资源，有利于强基层，有利于推动分级诊疗体系的建立，对推动公立医院改革等医

改中“老大难”问题的解决也有积极意义。更有利于释放医护人员的活力，拓宽医疗卫生人才的收入，解决医改中的“薪酬制”等诸多问题。

(三) 医院自身改革力度加大，激发自身的活力

公立医院是医院改革的焦点和亮点。公立医院改革在医院这一利益相关者上的主要障碍体现为公立医院运营机制不顺，包括财政价格补偿机制、医疗保险调节机制、医院法人治理运行机制等若干方面。以财政投入为例，目前政府对公立医院财政投入按照对差额拨款事业单位投入的方式，分为专项投入和经常性投入两类，不过，财政补贴不足是很多公立医院反映的共同问题，而且各级财政对卫生事业的补贴基本上是按机构规模、人员多少来补助，导致政府卫生投入产出效益低下，容易陷入“养人”“养机构”的陷阱之中。

薪酬管理机制有待拓展。医生是公立医院改革的关键点。目前，公立医院改革在医生这一利益相关者身上主要障碍体现在医生薪酬管理机制不活。以前医生的报酬由政府提供，医生只能通过药品创收，导致了看病难，看病贵；未来的医务工作者合理薪酬要得到保障，允许多点执业，允许收取医疗服务费，从而实现劳动价值的回归。

可以说，经过“政府引导，市场调节，医院主动”多管齐下的方式，让医疗卫生行业的待遇整体上处于一个不断提高的趋势。事实上，医疗卫生行业是一个相对高风险、高强度的行业，需要与之相对应的薪酬体系匹配。随着国家医疗改革的一步步深入，相信医疗卫生行业的待遇会得到提高，其地位也会受到社会的尊重。

四、医疗卫生服务多元化，职业发展空间大

随着社会经济的发展，人民可支配的收入越来越多，对医疗服务的需求也体现出了医疗卫生服务多元化的特点。医学的任务也将从以防病治病为主逐步转向以维护和增强健康、提高人的生命质量为主。在未来寻求医学服务的，不再仅仅是患者，而会有相当数量的正常人；询医问诊的人，也不仅仅是因为躯体的缺欠或某个系统有病患的患者，相当多的人是为得到生活指导和心理咨询而求医；医生开出的不会全是去药房取药的处方，也会有如何提高生活质量的处方。

(1) 医学的对象将从以患者为主的模式逐步转变成为面向整个人群的模式。因此，整个社会卫生资源的配置将重点分为两极，即社区医学服务与医学中心。有相当数量的医生(有些国家约有半数)是从事社区服务的全科医生。而比全科医生多得多的，对人群而言，在某种意义上更经常、更直接、更有效、更节省资源的是社区护理队伍(包括家庭病床服务、老年公寓服务以及社区围产与婴幼儿服务，等等)。

医学工作的范围将从“出生到死亡”扩展为“生前到死后”。以往，人们认为“人从生到死，总离不开医生”。如今，在人还未出生的时候(胎生期)，医生就可以对某种疾病作出正确的诊断，并可进行外科治疗，从而矫正畸形、修复缺损，待手术完毕，再把胎儿还纳，使胎儿正常发育，待其成熟后娩出。此时不仅畸形或缺损得以矫正，而且连疤痕都没有，这就是所谓的胎儿外科。当今的医院儿科还只是从新生儿开始，在不久的将来，在妇产科和儿科之间，将出现一个新兴的交叉学科——胎儿学科。

(2) 传统学科的发展，拓展了医学的内涵和外延，随之也拓展了就业的环境。就以护

理专业为例。2011年3月8日，国务院学位办颁布了新的学科目录，其中护理学从临床医学二级学科中分化出来，成为一级学科，与中医学、中药学、中西医结合、临床医学等一级学科平行，为护理学科的发展提供了更大的发展空间。护理的内涵和外延都得以拓展。护士的职业不再是简单的打针、拿药，而是涉及与人健康相关的方方面面。如养生、美容、医养结合等多种形式。还有大量新兴和交叉学科的兴起，为本来就从精细化专业发展的医学专业生提供了更多的就业岗位。

(3) 新兴医疗力量的加入，给医学生就业提供了“新鲜血液”。供给满足不了需求成为当前“看病难”的主要矛盾。医院数量以及医护人员的增加远远跟不上市场需求的增加。在这种情况下，民营医院得以有理论上的成长空间。并且数据显示，国家近几年民营医院在数量上取得了持续的增长。民营医院在行业中的占比越来越大，处于蓬勃发展的态势之中。但实际上，目前医疗服务供应市场中公立医院的垄断地位依然稳固，民营医院的发展仍有较多的瓶颈和天花板，民营医院的数量虽然不少，但大多规模较小，在医保定点、医师执业资格等方面也缺乏与公立医院竞争的能力，且不同类型的民营医院发展也有着截然不同的轨迹。

综上，我国医疗卫生事业的不断发展，决定了医疗卫生人才队伍的需求量将不断扩大。将来的医疗卫生行业将是一个充满高科技和高附加值的舞台，越来越多的年轻人将会加入其中，努力实现自我的价值和社会的价值。

《“健康中国2030”规划纲要》精华解读

中国共产党中央委员会、国务院2016年10月印发了《“健康中国2030”规划纲要》。到2030年，中国的健康指数将发生哪些变化？这些变化又将给公众的生活带来哪些影响？一起来看看。

(1) 延长寿命，减少死亡。2020年，人均预期寿命达到77.3岁，2030年达到79岁。婴儿死亡率、5岁以下儿童死亡率、孕产妇死亡率分别从目前的8.1‰、10.7‰和20.1/10万下降至2030年的5.0‰、6.0‰和12/10万。

(2) 吃得有营养，锻炼有保证。制订实施国民营养计划，开展食物营养功能评价研究，建立健全居民营养监测制度。到2030年，15岁以上人群吸烟率降至20%。经常参加体育锻炼人数从2014年的3.6亿人上升至5.3亿人。到2030年，基本建成县、乡、村三级公共体育设施网络，人均体育场地面积不低于2.3平方米，在城镇社区实现15分钟健身圈全覆盖。确保学生校内每天体育活动时间不少于1小时，到2030年，学校体育场地设施与器材配置达标率达到100%。

(3) 健康教育增加，不再被养生“砖家”忽悠。建立健康知识和技能核心信息发布制度，健全覆盖全国的健康素养和生活方式监测体系。将健康教育纳入国民教育体系，把健康教育作为所有教育阶段素质教育的重要内容。2030年，居民健康素养水平提升至30%。

(4) 医护人员增加。到2030年，健康服务能力大幅提升，优质高效的整合型医疗卫生服务体系全面建立。每千常住人口执业(助理)医师数达到3.0人，注册护士数达到4.7人。

(5) 就医秩序改善。完善医疗卫生服务体系，省域内人人享有均质化的危急重症、疑难病症诊疗和专科医疗服务。全面建立成熟完善的分级诊疗制度，形成基层首诊、双向转诊、上下联动、急慢分治的合理就医秩序。

(6) 医保成熟定型。到2030年，全民医保体系成熟定型。现代商业健康保险服务业进一步发展，商业健康保险赔付支出占卫生总费用比重显著提高。

(7) 天更蓝，水更清。地级及以上城市空气质量优良天数比率在2020年超过80%，到2030年持续改善。地表水质量达到或好于Ⅲ类水体比例在2020年超过70%，到2030年持续改善。到2030年，食品安全风险监测与食源性疾病报告网络实现全覆盖。

(8) 排污要持证，农业生产清洁。全面实施工业污染源排污许可管理，推动企业开展自行监测和信息公开制度，建立排污台账，实现持证、按证排污。加快淘汰高污染、高环境风险的工艺、设备与产品。开展工业集聚区污染专项治理。以钢铁、水泥、石化等行业为重点，推进行业达标排放改造。全面推行标准化、清洁化农业生产，深入开展农产品质量安全风险评估，推进农兽药残留、重金属污染综合治理，实施兽药抗菌药治理行动。加强对食品原产地指导监管，完善农产品市场准入制度。

第二节 挑 战

一、医疗资源结构发展不平衡，职业发展囿于空间地域

案例：赵斌于三年前在县级公立医院检查出食道癌晚期，确诊三天后就实施手术，这次手术后发现食道破裂，随后院方又实施一次手术，结果是导致患者无法进食，靠在右胸处插入一根管进行流食进食，如此维持了一年半时间后，在极度痛苦中辞世。期间赵斌的家人拿着术后报告去上海求医，医生看完后说这个手术就是个医疗事故，家人后悔了，觉得早知如此一开始就应该选择去大医院治疗。这种重大疾病治愈的可能性不大，过度医疗，反而增加了病人痛苦，连赵斌自己也说早知道如此自己绝不做这个手术，剩下的日子他会选择在旅游玩乐中结束。此次治疗中赵斌前后花费近40万元。

张平于三年前在县级医院检查出胃癌，后来去地市级医院手术切除了部分胃，后来，癌细胞不幸转移。后来她选择去省会级城市治疗，只在县市级医院做一些检查，遇到化疗、手术这些治疗阶段时候她还是更愿意跑到省会级城市的医院，她说这样做更放心一些。

分析：类似这样的情况在我们现实生活中数不胜数，对县级医疗机构的不信任，大家都想尽办法往大医院去挤。这充分体现了当前医疗资源的不平衡性。

据悉，北京日均有70万外地患者看病，有很多人戏称北京好像成为了“全国人民的看病中心”。再加上复旦大学医院管理研究所发布的全国医院百强排行榜，有数十家优质医院都在北京，更是坐实了这一说法。很明显，在这百强医院排行榜单中，约半数优质医院集中在北、上、广等一线大城市。如此医疗资源分配不均衡现象，引来公众不满，但似乎也是在情理之中。为何优质医院都集中在大城市？仅仅是大城市的经济水平发展高吗？以2017年11月11日，复旦大学医院管理研究所推出的复旦版《2017年度最佳医院排行榜(综合)》为例，如表1-4所示。

表 1-4 2017 年度最佳医院排行榜(综合)

综合排名	医 院 名 称	专科声誉	科研学术	综合得分
1	北京协和医院	80.000	14.297	94.297
2	四川大学华西医院	65.550	20.000	85.550
3	中国人民解放军总医院	57.540	13.565	71.105
4	上海交通大学医学院附属瑞金医院	32.884	12.260	45.144
5	空军军医大学西京医院	32.420	10.765	43.185
6	复旦大学附属中山医院	27.032	13.079	40.111
7	中山大学附属第一医院	28.595	11.409	40.004
8	华中科技大学同济医学院附属同济医院	25.975	11.912	37.869
9	复旦大学附属华山医院	25.389	10.690	36.079
10	北京大学第三医院	22.272	8.745	31.017

(数据来源：复旦大学医院管理研究所)

医疗资源分布不均从前述榜单可见一斑。在最佳医院排行榜前 10 名中，京沪占去 6 席。西部有四川大学华西医院和位于西安的空军军医大学西京医院上榜，中部仅一席，而东北则无一上榜。在医院综合实力百佳榜中，北京、上海和广东就占去 51 席，尤其京、沪两城就聚集着 44 个“百佳医院”，其他优质医疗资源也多集中在省会城市。数据显示，目前全国 80%的医疗资源集中在大城市。大城市三甲医院云集，而中小城市和乡镇医疗资源却严重不足。优质资源集中在经济发达地区属于正常现象，但我国人口多、幅员辽阔，优质资源集中在少数大城市、大医院，这无疑会加大公众“看病难”的矛盾。

经济越发达的地区医疗资源越丰富，我国区域经济发展不平衡自然导致医疗资源的不平衡，这种情况势必会产生一系列严重后果，影响社会稳定。

一方面，加大病人经济压力。医疗资源不均衡，使得很多大病患者，不得不去异地就医，千里迢迢耽误时间、精力不说，最重要的是，不能报销或报销少，使得很多本来就贫困的家庭，更是难上加难，有的手术后没有完全康复就不得不提前回家。

另一方面，医疗资源的不平衡，导致医疗质量下降。如果优质资源过度集中在几个城市甚至少数医院，会对公众就医造成不便，加剧“看病难”。大量的医患涌入也会使这些医院负载过重，使医疗质量下降。统计公报显示，2018 年，医院医师日均担负诊疗 7.0 人次和住院 2.5 床日，其中：公立医院医师日均担负诊疗 7.5 人次和住院 2.6 床日，但是一家知名医院的专家曾透露，他每天需要接待的病患多则 100 人，少则 80 人，这令他没有时间与患者做更多的交流，也影响就诊质量。

总之，医疗资源结构的不平衡必然导致职业发展的受限，医疗资源不能实现最优化配置，医疗人才队伍的流动性受到空间的限制。尤其是，医生和护士多点执业政策的放开，在医疗资源丰富的区域，医疗卫生人才会实现良性循环。而在医疗资源发展相对欠缺的地方，医疗卫生人才的价值最大化受到严重影响。

二、医患矛盾突出，职业信任危机凸显

案例：2003年12月7日晚11点多，找不到工作又无钱回家而滞留在某市火车站的民工陈某突发疾病，腹疼难忍，双手捂着肚子，在地上来回打滚，不停喊疼，还不时从嘴里吐出带血的东西。其同伴伍某打了120后，救护车将他们送到附近的某市医院。到医院后，急诊室的医生给陈某做了量血压等检查，并给陈某开了药单。由于陈某身无分文，连挂号的5元钱都拿不出来，120也没收钱，医生因此拒绝对陈某进行进一步的治疗。同伴刘某和医生争执起来。医生答复检查没有生命危险，不是见死不救，如果有生命危险，没钱医院也会救治。无奈，刘某只得扶着疼得直不起腰的陈某走出医院，途中遇到陈某的朋友，该人听说此事后，带着姜陈某返回医院治疗，但因买不起别的药，只打了价值2.6元的止痛针后便离开了医院。第2天中午，陈某病情加剧，腹部疼得比上次厉害，满地打滚。在火车站民警协助下，其同伴刘某再次通过120将姜某送到某市医院。经过检查后，医生对民警说没有生命危险，刘某对医生说陈某的亲戚已经在筹钱了，能不能先治疗。医生答复，患者没有生命危险，钱送来了才能治疗。随后，刘某离开医院，民警守在医院2个多小时后也离去。只剩下陈某独自躺在医院大厅担架上。9日凌晨，陈某在医院死去，经某市公安局法医检验鉴定中心进行尸检，尸检结果为：陈某是因异物吸入气管及肺窒息死亡。尸体解剖化验还认定，陈某生前患有胃溃疡穿孔继发急性化脓性腹膜炎及心肌炎。

此事件发生后，多家媒体相继进行了报道，在社会上引起了广泛关注。同情陈某遭遇的人提出：中华人民共和国公民的生命健康权是受到《中华人民共和国宪法》保护的，当姜某——一个身染重病的农民工因生命危险两次被120送到某市医院进行抢救，却因身无分文而死于医院，医生的见死不救和冷酷麻木，我们怎能不愤怒？一个公民的生命竟这样被随意地处理掉了！医院的行径是对《中华人民共和国宪法》的蔑视和挑战！

理解医院困难的人也提出：医生是越来越难当，医院也有医院的难处，也请站在医生角度考虑一下，买药得要钱，学技术得要钱，投入设备得要钱，医护人员要支付工资等，救治一个病人不是一份热情或爱心就能解决的，那也需要钱。当免费为一个、两个、三个，甚至更多的病人救治后，医药费用谁会为之买单？医院能否赔得起？在亏空中生存，有谁会有热情来救治下一个病人？ 对于此次事件，医院方面的说法是：7日晚陈某经检查血压等指标均正常，并无生命危险。8日中午医生曾给陈某检查，发现此时其病情加重，医生给陈某开了药，并和医院沟通先垫钱给陈某治疗，不过此时陈某却找不着了，后来才发现陈某在医院死去。

对于医院的解释，陈某家属表示不能接受，并以一般医疗损害赔偿纠纷为由，向某市法院起诉，状告医院侵害了陈某的生命健康权，要求医院赔偿医疗费、死亡赔偿金、丧葬费、被抚养人生活费、交通费及精神损害赔偿金等各项费用合计人民币40多万元。

分析：按照我国法律规定，公民享有生命健康权，而享有医疗保障权则是公民生命健康权的具体体现之一，其直接体现为公民有权在患有疾病时获得医疗照顾的权利，而且这种权利的实现是不以支付对价(医疗费)为条件的。与此相对应，相应的机构或个人则负有保障公民这一权利实现的义务。比如，对于患有疾病的孩子，其父母作为监护人应当给予孩子相应的救治，如果父母故意放任不管，导致孩子因延误救治而发生严重后果的，父母

的行为则构成侵犯孩子的医疗保障权。按照我国的相关法律法规规定，医疗机构不能见死不救，各级各类医院、卫生所都不能因为危重病人没有或暂时没有费用而拒绝治疗。

对于本案而言，某市医院对于危重病人有予以救治的责任。经某市公安局法医检验鉴定中心检验，陈某是因异物吸入气管及肺窒息死亡，其生前患有胃溃疡穿孔继发急性化脓性腹膜炎及心肌炎。从尸检结果看，陈某并非生前患有的胃溃疡穿孔继发急性化脓性腹膜炎及心肌炎而直接导致死亡，也即某市医院未进行治疗的疾病并非导致陈某死亡的直接原因。由此看来，医院不应承担未及时救治的责任。但如果法院经审查发现，陈某的异物吸入气管及肺窒息与其生前患有的胃溃疡穿孔继发急性化脓性腹膜炎及心肌炎存在因果关系，而陈某生前应属于危重病人，则医院将承担不积极救治的相应责任。

> “我随时随地都是值班医生，无论是什么时候，无论在什么地方，救治危重的孕妇，都是我的职责。”
>
> ——林巧稚

我们也不会忘记著名的“八毛门”事件。2011 年 9 月 5 日，深圳龙岗一牙科诊所医生陈先生向媒体爆料，称 8 月 19 日刚出生的儿了因腹胀，21 口转入深圳市儿童医院。医院称孩子疑为先天性巨结肠，建议进行造瘘活检手术，手术及后续费用超过 10 万。陈先生签字拒绝手术，25 日带儿子到广州市儿童医院就诊，称接诊医生开了八毛钱的药，“孩子就治好了，能吃能拉”。陈先生怀疑深圳市儿童医院过度医疗，要求医院撤销科主任，退还 3900 元住院费，赔偿 10 万元。当天，深圳当地媒体以《婴儿被诊断要做 10 万元手术最终吃 8 毛钱药痊愈》为题做出报道，被全国各大媒体及电视广泛转载转播，引起轩然大波。

由此可见，医患之间的矛盾无处不在。不仅仅是医护人员的技术会引起，或许是医护人员的的品德、不作为、言语等都会引起。医患矛盾俨然已经成为我国当前医疗卫生事业发展的“人为”障碍。医疗从原本高尚而受人尊重的职业变成了一个人人谈之色变的高危职业。无处不在的医患矛盾也是众多高校毕业生不选择就读医学专业的主要原因之一。长此以往，人们对健康幸福生活的向往和医疗资源的缺乏之间的矛盾将会加剧。医生与患者之间原本和谐的关系将会出现对立化，形成医患之间的不信任关系，整个医疗卫生系统和患者之间的生态将会呈现恶性循环。

三、医疗卫生教育不发达，职业发展后劲不足

医疗卫生教育系统是确保为医疗卫生人才队伍提供“新鲜血液”的堡垒。一个国家和地区的医疗卫生教育系统的发达与否，对职业发展的影响是巨大的。

普通高校在我国高素质卫生人才培养中发挥着重要的作用。据来源于中国医疗信息网的数据：截至 2017 年，我国高等医学院校(本科及其以上)共 192 所。1998—2012 年间，我国举办医学教育的普通高校由 189 所增至 590 所。2012 年，中央和省地市所属医学院校分别为 53 所和 414 所，民办医学院校为 123 所。就办学类别而言，综合性大学、独立设置医药院校和理工院校在数量上位居前 3 位。东部、中部、西部地区医学院校数量在 2012 年分别为 261 所、195 所和 134 所。显然，经济发达地区和欠发达地区、中东部和西部之间

的医学教育资源差距非常巨大。就拿湖北、广东、浙江、江苏等地区来说，医学类本科院校就达 10 所以上，而云南、贵州、甘肃、西藏、青海、宁夏等地区只有为数不多的几所医学类高校，甚至像宁夏、青海、海南等地只有 1 所医学类高校。

随着社会的发展，医学教育的完整体系概念也不断被丰富。目前主要包括院校医学教育、毕业后医学教育和继续医学教育三部分。毕业后医学教育又包括住院医师培训和专科医师培训等，这种培养模式是以院校教育为起点，以毕业后教育为重点，再通过继续教育，把教育、培训同终身的职业生涯有机统一起来，使医学教育体系更加完整。要建设一个相对完整的医学教育体系，需要更长周期，需要更大力度的投入。

显然，如果职业高危性、长周期与其低回报不相匹配，越来越多的学生不会选择学习医学专业。究其根本原因，一是不断扩大的医疗卫生服务市场，需要足够的医疗卫生人才培养机构；二是高等医学教育的经费投入不足，专业、学科等发展受限；三是医学教育本身的特点就是高付出、低产出、长周期；四是医疗卫生教育受地域经济的直接影响较大。要实现医疗卫生教育让越来越多的年轻人喜欢并选择，首先就要实现医疗卫生教育的高质量，其次政府要对医疗卫生教育系统高度重视，从政策、财政投入上给予积极支持，大力发展和建设一批适应我国经济发展需要的医学院校和医学专业，以支撑职业发展。

四、医学人文素养现状堪忧，职业精神面临困境

案例：请同学们通过手机，利用互联网认真审阅英国著名肖像画画家塞缪尔·卢克·菲尔德斯爵士(Sir Samuel Luke Fildes)所作油画《医生》(The Doctor，1891 年)。请同学进行描述。

医学是科学，更是人学，兼具自然科学与人文科学的特征。人文，即人性与教养，是人的精神文化。人文学科以文学、历史、哲学为基础领域，也面向宗教、艺术等领域。医学人文是医学科学、教育实践的重要部分，其范畴包括人文、社会科学、艺术及以上在医学中的应用，例如医学伦理学、医学社会学等。

长期以来，在我国的医学教育中，医学人文是一大“软肋”。前段时间，网上曾流传过一组“玩尸女”的照片，一群医学院学生摆出各种姿势，玩弄头盖骨等人体教具，引起了不少网民的反感。类似的事件说明，尽管我国的医学技术飞速发展，但医生的整体人文素养仍然偏低，而要改变这种现状，就必须重视对医生人文素养的培养和考核，让每一名医生都能在内心敬畏生命，而不要成为无情的“冷血杀手”。

目前我国医学教育分为 3 个阶段：院校医学教育、毕业后医学教育（包括住院医师培训或专科医师培训)、继续医学教育，其中，贯穿始终的是医学人文教育。那么在这 3 阶段中，与国际上相比，我国的医学人文教育的现状如何呢？

根据我国教育部公布的中国医学院校人文课程的比例一般是 7%～8%，而美国是 20%，德国是 26%。2012 年《柳叶刀》发布的中国临床医学教育课程，医学人文占 1%，历史人文占 4%，加起来只有 5%，显然，当前医学教育体系中人文教育薄弱。

美国毕业后医学教育评鉴委员会(ACGME)提出，医生必须具备的核心能力包括医学知识、病人照护、人际交流和沟通技巧、职业精神、基于实践的学习与提高、以执业系统为基础的实践共 6 项。其中 3 项就与医学人文有关。在国际上权威性的一系列的关于医生能

力的评鉴和培训中均对人文的问题给予充分的重视。而我国的毕业后医学教育是一些相关的专业知识考试，可见，我们对医学人文教育的重视程度还不够。

著名医学教育家奥斯勒曾指出，无知、冷漠、堕落，是医生的三大敌人。他认为，一名医生“绝不只是在治疗一种疾病，而是在医治一个独一无二的人，一个活生生、有感情、正为疾病所苦的人”。只有认识到这一点，才会在职业生涯中找到宁静和幸福。对于那些“冷血”医生来说，这段忠告如同一剂良药。

有报道称：目前过度医疗、滥用药以及因误诊而导致的医疗事故、医疗纠纷层出不穷。“见钱才开”、见死不救的医德失范，药品和医疗器械销售中的肮脏交易，以及存在于医药卫生战线的其他腐败现象等，这些都是医学与人文精神脱离的严重后果，不仅无益于人们健康状况的改善，而且最终将束缚医学自身的发展，可见，医学职业精神的重塑将变得尤为重要。

思考与讨论

1. 你如何看待《健康中国 2030 规划纲要》？
2. 《健康中国 2030 规划纲要》对医学生的职业有什么影响？
3. 当前，医学职业的机遇体现在哪些方面？挑战体现在哪些方面？
4. 作为一个医学生，应该如何面对职业的机遇和挑战？

本章小结

通过结合医学职业的特点，对当前医学职业所面临的机遇：一是医疗技术的不断升级，职业服务能力提高；二是国家医疗改革政策的推进，职业需求量扩大；三是医疗行业待遇改善，职业地位提高；四是医疗卫生服务多元化，职业发展空间较大。当然，也面临着医疗资源的不平衡、医患矛盾的突出、医疗教育的不发达和医学职业精神的重塑等现状。

作为一个医学生，只有充分认识到职业的方方面面，才能更好地为将来的职业做好准备。

第二章

职业及医学职业认知

知识目标

1. 了解产业、行业、职业和岗位的含义。
2. 理解职业的含义、分类。
3. 掌握医学生培养的概述及职业的特征。

能力目标

了解产业、行业、职业和岗位的展示，对医学专业的专业设置、学制等有一定认识。深刻认医学专业的特点和医学职业的发展趋势。

核心概念

产业　行业　职业　职位　岗位

第一节　职业知识概述

一、职业的含义

每个人小时候都会遇到一个问题，你长大想干什么。有人说："我想当老师"；有人说"我想当科学家"；有人说"我想当警察"，等等。其实大家可以发现"职业"这个词，一直从小伴随我们到老，对于当代医学生认识职业、选择职业是很重要的事情。那职业是什么呢？

职业的概念由来已久，但由于研究目的的不同，学者们从不同的角度对职业的内涵进行了不同的界定，概括起来看主要是从社会学和经济学意义上进行的界定。

（一）从社会学角度界定职业概念

从社会学角度来说，主要有日本社会学家尾高邦雄的界定，他认为职业是某种社会分工或社会角色的持续实现，因此职业包括工作、工作的场所和地位。

美国学者泰勒则认为职业的社会学概念，可以解释为一套成为模式的与特殊工作经验有关的人群关系。这种成为模式的工作关系的结合，促进了职业结构的发展和职业意识形态的显现。

中国学者陈婴婴则将职业界定为："个人进入社会的物质生产或非物质生产过程后获得的一种社会地位，个人通过这一社会位置加入社会资源的生产和分配体系，并建立相应的社会关系。"在《社会学小词典》（第196页，1977年版）中，职业被定义为："在存在社会分工的社会中，人为地作为独立的社会单位存在、谋求自己生计的维持、同时实现社会联系和自我实现而进行的持续的人类活动的方式。"

总结诸多社会学家对职业的界定，可以看出社会学的职业含义包括四个方面的内容：

第一，职业是社会分工体系中劳动者所获得的一种劳动角色。职业根源于社会分工。在整个社会生产过程中，有诸多工种或岗位，职业是处于最底层、最具体、最精细、最专门的社会分工，可称为某一种职业的分工。这些不同工种、岗位或特定环节的职业赋予劳动者以不同的工作内容、不同的职责、不同的声誉、不同的社会地位以及不同的劳动规范和行为模式，于是劳动者便具有了特定的社会标记和专门的劳动角色，如农民、工人、医生、教师、企业家、科学家、编辑、邮递员等。

第二，职业是社会分工体系中的一种社会位置。这种位置是个人进入社会生产过程之后获得的，其取得的途径可能是通过社会资本的继承或社会资本的获取。但职业位置一般不是继承性的，而是获得性的。

第三，职业已经成为模式并与专门工作相关的人群关系和社会关系，或者说是已成为模式的工作关系的结合，它是从事某种相同工作内容的职业群体。

第四，职业是国家确定和认可的。任何一种职业的产生必定为社会所承认，为国家的职业管理部门所认可，并具有相应的职业标准，因此，职业的存在必须有法律效力，为国家授予和认可。

（二）从经济学角度界定职业概念

法国的一个权威词典将职业界定为“为了生活而从事的经常性活动”。美国社会学家塞尔兹认为，职业是一个人为了不断取得收入而连续从事的具有市场价值的特殊活动，这种活动决定着从事它的那个人的社会地位。日本职业问题专家保谷六郎认为，职业是有劳动能力的人为了生活所得而发挥个人能力，向社会作贡献而连续从事的活动。

我国有些学者从“职业”一词的词义上进行了分析，认为“职”指职业、职责，包含着权利和义务的意思；“业”指行业、事业，包含着独立工作、从事事业的意思。这种观点认为职业的内涵即职责和业务。职业的外延包括三方面的内容：有工作，有收入，有工作时间限度。

可见，经济学的职业概念有其特定的内涵，主要包括三个方面的内容：

第一，职业同权力和利益紧密相连。职业拥有两种权利：一种是垄断权，每一种职业群体在社会分工中都有自身的位置和作用，使别人依赖于它们，需要它们，这就在一定程度上拥有了对他人的权力，而且总是会维护这种权力，保持自身的垄断领域；另一种是经济收益权，指任何一种职业(群体)凭其被他人所需要、所依赖而获得经济收入的权力。

第二，职业具有连续性和稳定性。劳动者连续、不间断地从事某种社会工作，这种工作才能成为劳动者的职业；或者相对稳定地从事某项工作的劳动者，才成为该职业的劳动者。如果不相对固定地从事某项专门工作，朝秦暮楚，离开了工作的稳定性，就无所谓职业了。

第三，职业具有经济性。劳动者从事某项职业，必定要从中取得经济收入。换言之劳动者就是为了不断取得个人收入，才较为长期、稳定地承担某项社会分工，从事该项职业的。没有经济报酬的工作，即使其劳动活动较为稳固，也非职业工作。例如家庭主妇，便不是一种职业。

综上所述，职业是人们通过专门技术劳动而取得个人收入、履行社会义务、取得社会地位的一种重要的社会现象。

可以说，职业是人类文明进步、经济发展以及社会劳动分工的结果。从个人的角度讲，职业活动几乎贯穿于人一生的全部过程。人们在生命早期阶段接受教育与培训，是为将来所从事职业做准备。从青年时期进入职业世界到老年退离工作岗位，职业生涯长达几十年。职业不仅是谋生的手段，也是个人存在意义和价值的证明。选择一个合适的职业，度过一个成功的职业生涯，是每一个人的追求和向往。

（三）职业特征

职业具有5个特征：

（1）经济性，从中取得收入；

（2）技术性，可以发挥才能和专长；

（3）社会性，承担社会生产任务，履行公民义务；

（4）伦理性，符合社会需要，为社会提供有用的服务；

（5）连续性，所从事的劳动相对稳定。

二、职业的分类

职业的分类是依据一定的分类原则，采用一定的标准和方法，对从业人员所从事的各种专门化的社会职业所进行的全面、系统的划分与归类。世界各国国情不同，其划分职业的标准有所区别。

(一) 国外职业的分类

根据西方国家的一些学者提出的理论，在国外一般将职业分为 3 种类型。

(1) 按脑力劳动和体力劳动的性质、层次进行分类。这种分类方法把工作人员划分为白领工作人员和蓝领工作人员两大类。白领工作人员包括技术人员、管理人员、办事员、推销员、打字员、速记员、文书、会计、店员及教师、医生、律师、普通职员等；蓝领工作人员包括工矿工人、农业工人、建筑工人、码头工人、仓库管理员等。这种分类方法明显地表现出职业的等级性。

(2) 按心理的个别差异进行分类。这种分类方法是根据美国著名的职业指导专家霍兰德创立的“人格—职业”类型匹配理论，把人格类型划分为 6 种，即现实型、研究型、艺术型、社会型、企业型和常规型，与其相对应的是 6 种职业类型。

(3) 依据各个职业的主要职责或从事的工作进行分类。这种分类方法比较普遍，以两种代表为例。

其一是国际标准职业分类，国际标准职业分类把职业由粗至细分为 4 个层次，8 个类，83 个小类，284 个细类，1506 个职业项目，总共列出职业 1881 个。其中 8 个大类是：①专家、技术人员及有关工作者；②政府官员和企业经理；③事务工作者和有关工作者；④销售工作者；⑤服务工作者；⑥农业、牧业、林业工作者及渔民、猎人；⑦生产和有关工作者、运输设备操作者和劳动者；⑧不能按职业分类的劳动者。这种分类方法便于提高国际间的职业统计资料的可比性和国际交流。

其二是加拿大《职业岗位分类词典》的分类。它把分属于国民经济中主要行业的职业划分为 23 个主类，主类下分 81 个子类，489 个细类，7200 多个职业。此种分类对每种职业都有定义，逐一说明了各种职业的内容及从业人员在普通教育程度、职业培训、能力倾向、兴趣、性格以及体质等方面的要求，有较大的参考价值。

(二) 我国职业分类

新修订的 2018 版《中华人民共和国职业分类大典》将我国职业归为 8 个大类，66 个中类，413 个小类，1838 个细类(职业)。相比较 2017 年的，维持 8 个大类不变，减少 9 个中类，减少 21 个小类，增加 357 个细类(职业)。突出了新时代下的职业变化的特点。其中 8 个大类是：① 国家机关、党群组织、企业、事业单位负责人；② 专业技术人员；③ 办事人员和有关人员；④ 商业、服务业人员；⑤ 农、林、牧、渔、水利业生产人员；⑥ 生产、运输设备操作人员及有关人员；⑦ 军人；⑧ 不便分类的其他从业人员。

三、产业、行业、职位、岗位

（一）产业与行业

各种职业岗位，都可以归属于一定的部门行业。我国社会经济中的“部门”，目前分为农业、林业、牧业、渔业、采掘业、制造业、电力煤气及自来水业、建筑业、地质勘查与水利管理业、交通运输仓储及邮电通信业、批发零售贸易与餐饮业、房地产业、社会服务业、卫生体育和社会福利业、教育文化艺术和广播电影电视业、科学研究和技术服务业、国家机关和政党机关、社会团体及其他，共计16个部门。在部门之下是行业，在部门之上则是产业。

1. 产业

国民经济的16个部门，可以概括为三大产业。

第一产业指的是从自然界取得产品的产业，也叫作第一次产业。第一产业具体是指农、林、牧、渔业。

第二产业是国民经济中对农业等初级产品进行多种层次的加工，为社会提供各种生产资料与生活资料产品的产业。第二产业因此也叫作“第二次产业”。第二产业具体指在国民经济中居于核心、骨干地位的制造业、采掘业、建筑业等生产领域。第二产业的发展水平是一个国家或地区经济实力的反映，即该国家或地区生产技术的机械化、自动化水平和经营管理水平的反映。该产业的发展水平，也决定了该国或地区人民的富裕程度。具体包括矿山采掘、产品制造、自来水生产、电力工业、蒸汽和热水生产、煤气生产、建筑七大行业。这些行业的经济单位通常称为工矿企业。第二产业就业岗位的工作内容，概括地说包括：对各种原材料的加工，生产制造各种轻工业、重工业产品；对自来水、电、煤气、液化气、天然气、蒸汽、热水进行生产；从事上述各个行业的工程技术工作；从事上述各个行业单位的组织管理与经营管理工作；从事上述各行业服务和社会管理职能的工作。第二产业具有吸纳大量劳动力、提供大量职业岗位的功能。

第三产业是一个包括众多部门的庞大领域。第三产业在整个国民经济中担当完成流通、提供服务和社会管理的职能，也叫作第三次产业。第三产业同样具有吸纳大量社会劳动力、提供大量就业岗位的功能。经济越发展、社会越进步，第三产业扩大的速度就越快，并会产生和分化出许多新的领域，使第三产业职业岗位数量大幅增加，劳动力由第一产业、第二产业向第三产业转移。从全世界的发展形势来看，第三产业的比重增加迅速，在经济发达国家从事第三产业的人员已经占全部就业人员的一半以上，有的国家甚至达到70%～80%的水平。

2. 行业

行业一般是指其按生产同类产品或具有相同工艺过程或提供同类劳动服务划分的经济活动类别，如饮食行业、服装行业、机械行业等。2017年修订的《国民经济行业分类》，将行业划分为20个门类，95个大类。这20个门类依次为：A. 农业、林业、畜牧业、渔业及辅助性活动；B. 采矿业；C. 制造业；D. 电力、热燃气及水生产和供应业；E. 建筑业；F. 批发和零售业；G. 交通运输、仓储和邮政业；H. 住宿和餐饮业；I. 信息传输、软件和信息技术服务业；J. 金融业；K. 房地产业；L. 租赁和商务服务业；M. 科学研究和技术服务业；

N. 水利、环境和公共设施管理业；O. 居民服务、修理和其他服务业；P. 教育；Q. 卫生和社会工作；R. 文化、体育和娱乐业；S. 公共管理、社会保障和社会组织；T. 国际组织。

(二) 职位与岗位

1. 职位的定义

职位是指企业赋予每个员工的工作职务及其所承担的责任。它是企业人力资源管理的基础性工作，是人力资源管理的基本单位。职位以组织机构设人，将不同工作任务、责任分配给与此要求相适应的不同员工。某项工作需要有专人执行并承担责任，就应设置一个职位。随着工作任务的变化，职位也应变化，而不是一成不变的。职位的基本构成为职务、职权、责任。

2. 岗位的含义及特征

岗位是指组织为完成某项任务而确定的，由工种、职务、职称和等级内容组成，因“事”设人。岗位具体特征包括以下几个方面的内容。

(1) 岗位名称：指岗位所从事的工作。

(2) 岗位活动和程序：包括所要完成的工作任务、工作职责、完成工作所需要的资料、机器设备与材料、工作流程、工作中与其他工作人员的正式联系以及上下级关系。

(3) 工作条件和物理环境：包括正常的温度、适当的光照度、通风设备、安全措施、建筑条件，甚至工作的地理位置。

(4) 社会环境：包括工作团体的情况、社会心理气氛、同事的特征及相互关系、各部门之间关系等，还包括工作单位内部以及附近的文化和生活设施情况。

(5) 职业条件：由于人们常常根据职业条件来判断和解释职务描述中的其他内容，因而部分内容特别重要。职业条件包括工资报酬、奖金制度、工作时间、晋级机会、进修和提高的机会，该工作在本组织中的地位以及与其他工作有关的内容等。

3. 岗位与职位的区别

职位泛指一个阶层(类)，面更宽泛，岗位则具体得多。职位是按规定担任的工作或为实现某一目的而从事的明确工作行为，由一组主要职责相似的岗位所组成。职位是根据组织结构来定，岗位是根据事定的，也就是我们常说的因事设岗。岗位是组织要求个体完成的一项或多项责任以及为此给予个体的权力的总和。一份职位一般是将某些任务、职责和责任组为一体；而一个岗位则是指由一岗位与人对应，通常只能由一个人担任，一个或若干个岗位的共性体现就是职位。例如，医院的医生是一个职位，这个职位由很多岗位的员工担任。如果具体到某个科室就是岗位了，如外科医生、内科医生、儿科医生等岗位。

第二节　医学职业概述

在我国医学院校是高中生率先选择的热门院校之一。医学院校到底设置了哪些专业？学制几年？西医和中医院校有哪些专业优势？了解所学专业就业特点，可以把握就业趋势，更好地规划自己的职业生涯，达到成功择业、就业的目标。

> 医术是一切技术中最美和最高尚的。
>
> ——希波克拉底

一、医学院校专业设置介绍

2015 年教育部公布的普通高等学校专业目录中，医学类专科专业共 6 个大类，34 个专业，详见表 2-1。

表 2-1　2015 年教育部医学类专科专业目录

专业类	专业代码	专业名称	专业方向	主要对应职业类别	接续本科
6201 临床医学类	620101K	临床医学		临床和口腔医师	临床医学
	620102K	口腔医学		临床和口腔医师	口腔医学
	620103K	中医学		中医医师	中医学
	620104K	中医骨伤		中医医师	中医学
	620105K	针灸推拿		中医医师	中医学
					针灸推拿学
	620106K	蒙医学		民族医医师	蒙医学
	620107K	藏医学		民族医医师	藏医学
	620108K	维医学		民族医医师	维医学
	620109K	傣医学		民族医医师	
	620110K	哈医学		民族医医师	哈医学
	620111K	朝医学			
6202 护理类	620201	护理	口腔护理	护理人员	护理学
			康复护理		
			社区护理		
			老年护理		
			中医护理		
	620202	助产		护理人员	护理学
6203 药学类	620301	药学		医疗辅助服务人员	药学
					药物制剂
					药事管理
					药物分析
					药物化学
	620302	中药学		医疗辅助服务人员	中药学
	620303	蒙药学		医疗辅助服务人员	蒙药学
	620304	维药学		医疗辅助服务人员	
	620305	藏药学		医疗辅助服务人员	藏药学

续表

专业类	专业代码	专业名称	专业方向	主要对应职业类别	接续本科
6204 医学技术类	620401	医学检验技术	病理检验技术	医疗卫生技术人员	医学检验技术
			输血检验技术		卫生检验与检疫
					医学实验技术
	620402	医学生物技术		医疗卫生技术人员	医学实验技术
	620403	医学影像技术		医疗卫生技术人员	医学影像技术
	620404	医学美容技术	中医美容	医疗卫生技术人员	
	620405	口腔医学技术	口腔治疗技术	医疗卫生技术人员	口腔医学技术
			口腔修复工艺	康复矫正服务人员	
	620406	卫生检验与检疫技术		医疗卫生技术人员	医学检验技术
					卫生检验与检疫
					医学实验技术
	620407	眼视光技术	视觉训练与康复	医疗卫生技术人员	眼视光学
				康复矫正服务人员	
	620408	放射治疗技术		医疗卫生技术人员	医学影像技术
	620409	呼吸治疗技术		医疗卫生技术人员	护理学
6205 康复治疗类	620501	康复治疗技术	物理治疗	医疗卫生技术人员	康复治疗学
			作业治疗		
			言语治疗		
	620502	言语听觉康复技术	言语康复	医疗卫生技术人员	康复治疗学
			听力康复		
	620503	中医康复技术		保健服务人员	康复治疗学
				医疗卫生技术人员	运动康复
					听力与言语康复学
6206 公共卫生与卫生管理类	620601K	预防医学		公共卫生与健康医师	预防医学
	620602	公共卫生管理		公共卫生辅助服务人员	公共事业管理
					行政管理
	620603	卫生监督		公共卫生辅助服务人员	卫生监督
	620604	卫生信息管理		公共卫生辅助服务人员	信息管理与信息系统
				管理（工业）工程技术人员	
				软件和信息技术服务人员	

（资料来源：普通高等学校高等职业教育（专科）专业目录）

随着社会和经济的发展，2017 年 7 月，国务院办公厅印发《关于深化医教协同进一步推进医学教育改革与发展的意见》，就推动医学教育改革发展作出部署。尤其是针对区域发展水平差异大和专业结构不合理问题，提出部委省共建一批医学院校，加强中西部薄弱院校和基地建设；实施住院医师规培西部支援行动和专科医师规培中西部支持计划；制订健康事业和健康产业引导性人才培养专业目录。

二、医学类专业学制相关知识介绍

从狭义上讲，学制单指学习年限。人们通常习惯将学制与学习年限连在一起表述，因此学习年限成为学制的重要内容。随着高校学分制的实行，各专业学习年限具有一定的弹性，但专业的学制是固定不变的。在发达国家中，美国和加拿大实行的是“4＋4”的医学教育学制，即医学生是从完成 4 年本科学业并获得学士学位的毕业生中招收；而英、法、德实行的是 5 至 7 年学制，医学生大部分直接从高中毕业生中招收。日本临床医学、口腔医学实行“6+4”，即 6 年本科加 4 年博士。可见医学类专业学习年限长，成才周期慢。

我国高等医学类专业学制类别较多，情况比较复杂，目前我国比较常见的医学类专业学制设置主要包括以下五种类型。

（一）八年制

八年制各专业的培养模式是“八年一贯，整体优化，加强基础，注重临床培养能力，提高素质”。八年制各专业的培养目标是培养具有医学博士专业学位的高层次、高素质的临床和科研人才。

目前中国协和医科大学、北京大学、华中科技大学、复旦大学、四川大学、中山大学、中南大学、上海交通大学、南方医科大学、第二军医大学、第三军医大学、第四军医大学等 12 所高校招收八年制医学专业学生。

（二）七年制

部分医学院校开设了临床医学、口腔医学、中医学、中西医结合等专业的长学制教育，学制七年，毕业时授予医学硕士学位。七年制教育实行“七年一贯，本硕融通，加强基础，注重素质，整体优化，面向临床”的培养模式。一般第一年在综合性大学学习人文知识课程和公共课程。七年制各专业的培养目标是使学生具备基础医学和临床医学的基本理论、基本知识和基本技能，具有较强的临床分析和思维能力及一定的科学研究能力。目前全国大多数医学高等院校和综合性大学的医学院普遍开设了临床医学七年制专业。

（三）五年制

五年制是我国传统的医学本科专业教育模式，主要包括临床医学、预防医学、基础医学、法医学和中医学等专业，毕业时授予医学学士学位。五年制医学专业遵循“注重素质，强化技能，面向临床，多元发展”的培养模式，培养学生良好的从事临床医疗、预防等工作的职业素质，学习医学方面的基础理论和基本知识。

(四) 四年制

四年制包括药学、护理学、公共事业管理、康复治疗学、食品卫生与营养学、医学影像学、医学检验、生物技术等本科专业，毕业时授予理学学士或管理学学士学位。

四年制各专业的培养目标是使学生既要掌握基础医学、临床医学的基本理论和知识，同时又需要掌握与医学相关学科的专业知识、基本操作和实践技能。这类专业均为医学类相关专业，为我国医疗卫生事业发展培养专门的非临床专业人才。

(五) 三年制

三年制主要是指专科或高职教育，毕业时不授予学位。其办学基本模式是产教融合、校企合作，人才培养模式是工学结合，课程以工作系统化的模块实施，主要是培养各种医学技术技能型人才。

三、高职类医学专业的培养方向

在校医学生和家长都十分关注专业的就业去向，下面介绍部分专科专业的培养方向和就业流向，以供参考。

专业：专门从事某种学业或职业；专门的学问：高等学校或中等专业学校所分的学业门类；产业部门的各业务部分：指一种物质或某种作业的作用范围。

专业与职业的对应关系是：一个专业可以对应一个具体的职业，也可以对应一个职业群，或几个相关的职业群。部分主要医学专业对应的职业群主要有以下几类：

(1) 临床医学专业，可以在医院做临床医生、保健师，也可以在疾病控制中心等医疗卫生机构从事预防检验、卫生防疫、卫生科普宣传等相关工作，还可以个体开诊所，当个体医生等。专科层次的学生一般在乡镇卫生院、社会服务中心、民营医院等单位就业。

(2) 口腔医学专业对应的职业群：乡镇卫生医院、诊所、个体开诊所等，从事临床诊疗工作。

(3) 中医学专业对应的职业群：综合性医院、中医院、卫生院、中医养生保健机构等，主要开展诊疗工作。

(4) 针灸推拿专业所对应的职业群：医院、卫生院、康复治疗机构、中医养生保健机构等。

(5) 护理专业所对应的职业群：在医学或诊所进行临床护理、口腔护理、老年护理、家庭护理、康复保健、预防检验、卫生防疫、卫生科普宣传工作等。

(6) 药学专业所对应的职业群：医院药房、零售药店、药品生产、药品化验检验、药品营销等。

(7) 医学影像、影像技术专业所对应的职业群：在医院、社区服务中心、乡镇卫生院，开展医学影像诊断、医疗器件维修、医疗器械销售等。

(8) 康复治疗技术专业所对应的职业群：康复治疗保健按摩、康复保健指导、康复科普宣传等。

(9) 医学检验技术专业所对应的职业群：医院、卫生检疫、检验中心等。

（10）口腔医学技术所对应的职业群：口腔医疗器械销售、义齿加工、义齿质检等。

（11）眼视光技术对应的职业群：眼科医院、视光中心、眼镜门店销售等。

四、医学职业发展路径

每一个医学生的成长都需要经过一定的时间和能力达到某种标准及职称。职称也称专业技术资格，是专业技术人员学术、技术水平的标志，代表着一个人的学识水平和工作实绩，是劳动者具有从事某一职业所必备的学识和技能的证明，同时也是对自身专业素质被社会广泛接受、认可的评价。对个人来说，职称与工资福利挂钩，同时也与职务升迁挂钩，是求职的敲门砖，同时也是聘任专业技术职务的依据。对资质企业来说，职称是企业开业、资质等级评定、资质升级、资质年审的必需条件。在我国现行的专业技术人才评审中对医学专业技术人才的评审较为严格。

职称评审是指已经经过初次职称认定的专业技术人员，在经过一定工作年限后(一般是五年)，在任职期内完成相应的继续教育学时，申报中级职称以上的人员须在专业期刊发表论文并且经过一些基本技能考试，向本专业的评审委员会评委提交评审材料，经过本专业的专业评委来确定其是否具备高一级职称资格。在我国医学类职称评审一般在10月。

（一）常见的卫生技术职务分类

（1）医疗、预防、保健人员的职称：医士、医师、主治医师、副主任医师、主任医师；

（2）中药、西药人员：药士、药师、主管药师、副主任药师、主任药师；

（3）护理人员：护士、护师、主管护师、副主任护师、主任护师；

（4）其他卫生技术人员：技士、技师、主管技师、副主任技师、主任技师。

职称考试分为高、中、初级。职称中带有“副主任”和“主任”的，就是高级职称，前者是副高级，后者是正高级。普通医院的主任、副主任相当于教授及副教授，而医科大学里的附属医院因为还承担教学任务，才有教授、副教授的职称评定。因此，教授、副教授不属于医学职称。

需要特别注意的是医学类职称晋升一直坚持凡晋必考的原则。确保了医疗卫生人才队伍的高质量和高水准。

（二）各级职称评审基本条件

1. 助理级

（1）本科毕业，从事专业技术工作一年以上；

（2）专科毕业，从事专业技术工作两年以上；

（3）中专(高中)毕业，从事专业技术工作三年以上；

（4）高中毕业，从事专业技术工作七年以上；

（5）初中以下学历人员，从事专业技术工作十年以上，同时应具备员级职务。

2. 中级

（1）本科毕业，从事专业技术工作五年以上，担任助理职务四年以上；

(2) 专科毕业，从事专业技术工作六年以上，担任助理职务四年以上；

(3) 中专(高中)毕业，从事专业技术工作十年以上，担任助理职务四年以上；

(4) 初中以下学历人员须从事专业技术工作十五年以上，担任助理职务四年以上。

3. 高级

(1) 本科毕业，从事专业工作十年以上，担任中级职务五年以上；

(2) 专科毕业，从事专业技术工作十五年以上，并担任中级职务五年以上；

(3) 中专、高中毕业，从事专业技术工作二十年以上，并担任中级职务五年以上。

(三) 职业资格和职称

1. 职业资格

专业技术资格是一种技术称号，是专业技术水平的标志。职业资格证书是反应劳动者某种职业所需要的专业知识和技能的证明，是劳动者从事相应工种的资格证明。执业资格证书是一种强制要求，即从事这种职业必须有这种证书。职业技能证书是通过技能测试合格后颁发，即上岗证。侧重手动能力。职业资格鉴定考试内容为职业道德、理论鉴定、实操鉴定。比如：护理专业的同学，就业前必须要有护士职业资格证书；临床类专业的同学必须要有职业医生资格证书。

2. 职称

职称从字面上讲，仅是职务的名称。在职称改革前，职称这个词涵盖了专业技术资格与专业技术职务双重含义。由于世界上许多国家没有职称，因此入世后，我国在深化职称改革时，将进一步淡化职称概念，扩大职业资格制度的实施范围。职称考试内容一般为基础知识、专业知识与实务，中级以上有论文等相关要求。在我国一般是坚持五年一评审，重视高学历，多数情况下本科以上直接可以达到中级职称，允许破格等渠道完成职称晋升，如获得权威部门认证的重大理论或者实践成果等。

3. 区别与联系

职业资格是直接考就行，报考条件相对低；职称是有等级划分，相对难点。资格比较吃香，职称在待遇上有提高。一般是先有资格才有职称，才有职务。

职业资格证书以前是由劳动部门颁发，技术资格证书是人社部门颁发。只有劳动人事部门颁发的技术资格证书对评职称有用，人事部门才承认。职业资格证书只能证明你掌握了这方面的技术。劳动和社会保障部与人事部合并后，统一归口人力资源和社会保障部管理。

(三) 医学类职称改革发展的趋势

2017 年，中共中央办公厅、国务院办公厅印发了《关于深化职称制度改革的意见》，要求克服唯学历、唯资历、唯论文的倾向，这一文件的颁布，基本上奠定了职称改革的主基调。实行学术造假“一票否决制”，通过违纪违规行为取得的职称一律予以撤销。合理设置职称评审中的论文和科研成果条件，不将论文作为评价应用型人才的限制性条件。对在艰苦边远地区和基层一线工作的专业技术人才，淡化或不作论文要求；对实践性、操作性强，研究属性不明显的职称系列，可不作论文要求；探索以专利成果、项目报告、工作总结、工程方案、设计文件、教案、病历等成果形式替代论文要求；推行代表作制度，重点考察研究成果和创作作品质量，淡化论文数量要求。对职称外语和计算机应用能力考试不作统一要求。尤其是对在艰苦边远地区和基层一线工作的专业技术人才。

对突出评价业绩水平和实际贡献人才，增加技术创新、专利、技术推广、标准制订等评价指标权重，注重考察经济效益和社会效益。做出重大贡献的专业技术人才，可直接申报高级职称。对引进的海外高层次人才和急需紧缺人才，放宽资历、年限等条件限制，建立职称评审绿色通道。

进一步打破户籍、地域、身份、档案、人事关系等制约，畅通非公有制经济组织、社会组织、自由职业专业技术人才职称申报渠道。

这一设想的探索有可能对医学职称晋升评价工作的科学化、客观化和规范化起到推进作用，并促进全行业人才评价体系、管理模式和运行机制的进一步完善。

总之，职称评定工作关系到我国科学事业和学术的发展，关系到能否形成一个公正的、有利于学术发展的氛围。职称评定工作虽然复杂，但找出一种科学的解决办法还是可能的。加强对医学职称评定标准的研究，完善卫生专业技术人才评价指标体系对于深化医疗卫生系统的职称改革，推进医院人力资源管理现代化具有重要的现实意义。完善卫生专业技术人才评价指标体系是全面、科学地评价医学人才综合素质和整体能力的重要内涵，也是卫生领域落实科学发展观，推进现代人力资源管理的一项重要举措。未来的发展趋势是：资格越来越强化，职称越来越淡化。

第三节　医学职业的特点及未来发展

一、医学职业的特点

医学类职业准入门槛很高，尤其临床医生。医学类职业具有五个鲜明的特征。

（一）责任重

协和医科大学著名的张孝骞大夫说，每天看病是如履薄冰，如临深渊。

其一，生命攸关不能马虎，比如普通的商品，你不满意、不开心可以随时选择退货，而一台手术一旦做了没有办法再退货，没有后悔药可吃。因此社会对医生这个行业专业素养的要求是极高的。

其二，职业道德的要求高。医学类专业性强，不是一两句话或百度一下就能很清楚地理解，因此医疗行业存在严重的信息不对称，患者不知道自己要什么、要多少。我们的医疗队伍和军队是相似的，都是捍卫生命的。军队在前方打仗的时候，如果我们的战士没有履行捍卫生命、捍卫祖国的社会责任，后面有督战队来督促。可是医生这个行业，督战队常常是谁？是医生自己。病人并不知道医生有没有履行责任，就像一个肿瘤大夫打开了腹腔、胸腔、颅腔，再多切一刀可能切干净了，但是可能有生命危险，可是顾及到可能有病人和家属最后找自己的麻烦，就少切点，没切干净就有可能复发转移。这些谁知道？只有医生自己知道，别人不知道。在这样的情况下，对医生职业道德的要求又是最高的。

其三，需方有难不得拒绝。任何一个服务行业其实都是买卖双方的自由双向选择，你要去旅游住宿，若没有钱，任何一个旅馆都会拒绝你、不收你。但是几乎所有的国家都有法律规定，碰到紧急的情况，任何医院不能拒收病人，你拒绝了就犯法。这些都说明了医学这个行业和普通行业是不一样的，具有崇高的、不可推卸的社会责任。

(二) 服务广

医生首先提供专业化的服务，疾病的预防、控制，临床的诊断、治疗，等等。同时医生又提供很多酒店式的服务，好的环境、舒适的流程，等等。医生提供很多社会化的服务，包括关怀和安慰。我们经常说，医学院是世界上最复杂的一个社会组织，它是一个工厂、是一个企业、是一个社会、是一个居委会、是一个避难所，还有科研、教学工作，等等。

(三) 周期长

凡是和生命打交道的行业，就像飞行员要严格的选拔，这也是为什么在很多国家，进医学院是最难的。医学类专业学制一般都很长，这是其他的专业没有的。

一旦上了岗位，你会发现，医生工作负荷大，体力脑力都紧张。举个例子，协和有一位老专家连续八个小时给病人看病，推开诊室门的时候愣住了，下面病人哗啦啦全给他跪下来说："医生我们从很远的地方来，等了一天，给我们看完病再回家。"这位老专家回答说，能不能让他去上个厕所再回来。

(四) 风险高

第一，在一线工作的医生和护士感染疾病的概率要大，每当像非典、埃博拉病毒等这些传染病袭来，在第一线的医生和护士，常常是最多、最早的牺牲者。

第二，由于医学的局限性，由于医院的病人千差万别，也由于医院医疗系统不是完美的，容易出现医疗差错。即使像美国这样一个发达国家，每年由于医疗差错造成的死亡也大概是 20 万到 40 万个病人。

第三，由于面对特殊的客户群体，医生常常是处于负面情绪爆发的边缘，因此来自于病人对医生身心的伤害概率也比其他的行业要高。这也是为什么世界上在梳理了所有行业以后，把医疗行业定为最危险的行业。

(五) 知识更新快

随着科技的发展，行行都需要不断更新自己的知识和技能，但没有哪个行业像医疗行业对继续教育、终身教育要求这么高，达不到要求就取消执业资格。现在的病人来看病的时候从各种渠道下载一大堆论文报道，让医生来解惑。越来越多的信息来源对于患者来讲是个福音，但是对医生又构成了一个新的巨大的挑战。这样就加重了医生继续教育、终身教育的成本和负担。

二、未来医学职业发展的趋势

（一）人工智能技术大幅降低误诊率

现在即使是梅奥这样的机构，据说初诊失误率也高达 40%，有人估计国内医院的初诊失误率高达 60%，甚至更高。初诊失误率太高是当前医学的核心问题，而问题的根源就在于医生个人知识和经验的局限性，未来能否通过大数据积累、人工智能技术，来支持临床诊断和治疗决策，从而降低误诊率？我对此持乐观态度。这样复杂的系统不会很快变成现实，但技术正在倍速发展，到 2020 年应该可以大规模应用了。

（二）精准医疗得到普及

精准医疗的基础是个人基因筛查，据说现在个人的基因筛查成本已经降到了 70 美元，而且成本还在快速下降、筛查速度还在提高。由于基因筛查技术的进展，未来的精准医疗和我们一直在说的 4P(Preemptive、Predictive、Personalized、participatory，简称 4P)医学，有望变成临床现实。现在的障碍主要还在于，全基因组筛查的结果和疾病的联系仍然不够清晰和具体，但确实已经有部分能用于临床了。

（三）在线继续医学教育将成为主流

现在继续医学教育还需要通过出差去参加一场学术盛会来进行，这样做，经济和时间成本过分高昂。未来的远程学习技术，能够将大专家和普通医生，国内医生和国外医生，科学家和医生，医生和医生、医生和全球的学习资源更好的联系起来，他们将能够在手机上随时随地发起学习和同行协同交流，这是未来的继续医学教育图景。

（四）远程医疗大发展

未来移动互联网技术将进一步发展，网速将进一步提升、流量费将会进一步下降至很低的水平，在高网速、低流量费的前提下，大数据云端存储和云计算是可以实现的，这与视频技术支持相结合，将会使远程医疗成为现实。未来普通的民众都能有机会接触到更好的、更优秀的专科医生。结果全科医生的数量可能并不需要那么多，这为中国的初级医疗保健提供了全新的解决方案——现在可能不需要再走英国的全科医生模式了。

（五）廉价手术机器人让远程手术普及

手术机器人源自航天计划，它的本意就是为了解决太空人的远程手术问题。现在因为价格问题不够普及，未来如果手术机器人能够成为医院或者诊所的标配，外科医生的服务能力和服务半径将极大扩展。远程手术室中，仍然需要麻醉、护理、当地外科医生的监护。可能远程的专家们只需要参与手术方案的制订、负责最关键的手术环节，这和专家们在自家医院做的工作差不多。

（六）医改有望获得成功

到 2020 年，我国的医改能解决最基本的问题吗？比如医护自由执业、医疗市场开放、医疗医药分开、医疗价格合理等。一旦医改成功，医护的临床能力将会市场化，他们的劳动将会得到合理的报酬。

(七) 医护专业人员准入门槛将提高

为什么中国的医生、护士水平差距这么大？为什么医学院吸引不到最优质的生源？就其本质而言，是因为当前的人力资源市场上，医生、护士的收入不具备竞争力。只有医生、护士人力资源市场化，才能使高水平医护收入上升，才能使这个行业具备对优秀人才的吸引力。而只有各个层级的医生职业都具备吸引力，医护的准入门槛才能提升。如果基层吸引不到医生，就用赤脚医生来代替的政策不变化，医生、护士的门槛就无法提升。

(八) 肿瘤治疗技术获得突破

随着精准医疗的推进，干细胞技术、细胞治疗技术、新药物的进展，癌症患者生存期会大大提升，有部分癌症通过预防性治疗得到避免，有部分甚至能彻底治愈。能彻底攻克癌症吗？这个问题，要留给时间来回答。很显然，现在可能正处在技术突飞猛进的战略转折点上。

(九) 慢病管理将会市场化和网络化

现在通过移动互联网，完全能够对慢病患者进行有效管理、进行更好的服务。因为对这部分人群公立医院没有能力、意愿去做，同时中国的全科医生难以形成有效的保健力量(在可预见的将来都无法形成，主要原因是合格的医生难以培养出来)，慢病管理领域会成为市场力量占主导的领域。现在的问题是谁来付钱？如果克服了这个问题，市场化的慢病管理技术将会大发展，结果是为普通人提供了更好的基础医疗保健服务，同时也能大大节省医保支付的费用。

三、医学类人才需求的趋势

通过近几年就业形势的分析，未来几年医学类人才需求呈现以下几个趋势：

(一) 注重人才质量的提高

人力资源质量是提高医疗水平的关键因素。为实现 2020 年医疗卫生服务的总体目标，国家正在实施医药卫生人才培养的“质量工程”，如助理全科医师规范化培训制度，就是我们常说的“3+2”模式。医学类毕业生要积极参加这些人才培养计划，以适应社会的需求，早日成为优秀的医学人才。此外，对于专科学历的毕业生来说，条件允许应及时提升自己学历水平，不然求职之路将越来越窄。

(二) 医药卫生人才从单一技术向一专多能转化

随着人类疾病谱的改变、信息技术的发展和经济全球化的到来，对医疗卫生人才提出更高的要求。对医护人员来说，不仅要有扎实的专业知识和专业技术，还需要掌握心理学、计算机、外语、医患沟通等相关知识和能力。对于医学类学生来说，在校期间不仅要夯实专业基础，还要培养各方面的知识和能力。

(三) 医学类人才从城市向边疆、基层、农村辐射

随着社区卫生服务中心、乡镇卫生院、农村医疗服务站在疾病初步诊疗、预防、健康教育、妇幼保健、精神卫生、卫生监督等作用的凸显，临床医学、农村医学、中医学、护理、影像等专业人才缺口很大。专科类医学生，应定位好自己的就业地点和单位，积极服务于基层人民群众。

(四) 交叉行业的兴起，拓展了就业渠道

医学模式转变为生物—心理—社会医学模式，医学与其他学科产生了交叉和融合，加之中国老年化程度的严重，出现众多新职位，如针灸、保健、康复、美容、家庭护理、临终关怀、养老院护理等，这些新职业进一步拓宽了医学类毕业生的就业渠道。

医生是活到老学到老

医学是需要大量实践经验的学科，但是医学更是一门严谨的科学，其自身的发展非常迅速，各种诊断标准和治疗方法更新得很快，作为一名医生，必须及时更新自己的知识，了解并掌握最新、最有效、最正确的诊疗手段，而不能一直抱守陈旧的知识、方法、经验。

学医本身就是一个艰辛的过程，一般学科一周 20 个课时，临床医学却要多出 10 个课时，大学本科临床医学 5 年制比其他学科多一年，学习时间长。工作以后，医生除了付出相比其他职业更多的辛劳以外还要不断学习。现代医学生命科学知识的更新也是日新月异。新病理的发现，新病症的出现，仅仅靠在校的学科知识储备是难以应对的，医生需要不断学习满足工作的需要。目前，很多工作着的医生们都是忙里抽空，或者在职读研、读博，或者上网查询资料自学，不断给自己充电。职称晋升考试、年度考核等也是医生继续学习的外部动力，但是当你不再为晋职而烦恼的时候，是否主动学习就成了考验医者素养的一个试金石。工作中，不乏高年资的医生日渐懒惰，觉得“吃老本”就够了。但是有这样一句话，大意是：没有治不好的病，只有我治不好的病。这句话包括两个方面的含义：其一是说，凡事有一生，就有一克。疾病也是如此。疾病有它发生的机理，就必然有治疗的办法。只是由于我们目前科技水平的限制，对该病的认识还很有限，还找不到根治它的办法，若干年后必然能够战而胜之，比如过去的结核病、麻风病等皆如此。其二是说，尺有所短寸有所长，个人的能力和水平有限，一个医生治疗不好，不代表别人也束手无策，虚心向别人讨教便是。这句话也在告诫医生：为医者，操病人生死之刀，理当“勤求古训博采众方”，一生当虚心向他人学习，万不可拿病人生命当儿戏。

思考与讨论

1. 阐述职业的定义、分类。

2. 阐述产业、行业、职业和岗位的含义及区别。
3. 作为一个医学生，医学职业的特点和发展趋势是什么？

本章小结

通过对职业、产业、行业、职业和岗位的学习，了解其含义和区别，为下一章内容学习打下基础。掌握医学院校开办的医学专业种类、各专业特点、就业方向，把握医学职业的特点和发展趋势，从而更好为将来医学专业的学习和职业生涯做好准备。

第二章 职业生涯知识综述

知识目标

1. 理解生涯、职业生涯、职业生涯规划的内涵。
2. 了解职业生涯的分类。
3. 理解职业生涯规划的意义与作用。
4. 掌握生涯规划的步骤。
5. 形成关注自己职业生涯规划的态度。

能力目标

通过学习本章，让学生全面了解职业生涯规划的相关知识，重点掌握职业生涯规划的步骤，学会运用，有效指导自己的职业生涯。

核心概念

生涯　职业生涯　生涯规划

破 茧

因为家庭原因，小丽从小就有一个梦想，长大后成为一名救死扶伤的白衣天使。但高考的失利，使她与医科大学擦肩而过，于是她只能选择北方一所高职院校的临床医学系就读。尽管如此，积极进取的她没有因失败而灰心，她告诉自己，一定要发扬拼搏精神，创造出自己的不平凡。于是一入学，她便积极地行动，认真预习。看着日益变厚的笔记本，小丽踌躇满志，很有成就感。但事与愿违，期中考试她并没有取得理想的成绩，这让她大惑不解。她在学习上投入了大量的时间，却收效甚微，她备受打击。

经过和辅导员老师沟通，小丽找出了问题的症结。大学学习完全不同于中学时代，大学课堂信息量大，在课堂上很难完全吸收、消化，光靠记笔记是远远不够的；而且，笔记只是起到提纲挈领的作用，对笔记中重点、难点的理解还需要课后下功夫查找更多的资料；对不懂的问题，还应及时向老师或同学请教，如果不好意思询问，总是闭门造车，问题就会越来越多……

随后，小丽进行了相应的调整，重新树立了学习的信心，在期末考试中取得了好成绩，并在大学几年中一直保持下去。不仅如此，她还积极参加各种社团活动，锻炼了自己人际交往的能力、分析问题和解决问题的能力、团队合作的能力……大学毕业后，小丽顺利地在当地一家大型公立医院谋得了一个好职位，最终实现了自己的梦想。

评析：凡事未雨绸缪是我们每个人事业成功的最佳选择。小丽一开始就树立了明确的奋斗目标并且一直朝着目标努力前进，及早确立了自己努力的方向，以此激励自己不断增强实力，提升就业竞争力。

想一想：1. 小丽能够顺利就业的原因是什么？

2. 她的成功案例对我们有哪些启示？

第一节 职业生涯规划

一、生涯、职业生涯与职业生涯规划

(一) 生涯

生涯，英文是“career”，在我们的日常翻译过程中，大家习惯上称其为“职业”，往往被理解成个人所从事的工作。实际上，“career”翻译成“生涯”更加贴切，“生”即“活着”，“涯”即为“边界”，“career”应该被理解成为贯穿个人一生的各种活动。目前，大多数西方学者所接受的生涯的定义是舒伯(Super，1976 年)的观点：生涯是生活中各种事件的演进方向与历程，统合了个人一生中各种职业与生活的角色，由此表现出个人独特的自我发展形态。生涯是人生自青春期以及退休之后，一连串有酬或无酬职位的综合，除了职位之外，还包括任何和工作有关的角色，如副业、家庭和公民的角色等。

生涯只存在于人们追求它时，是以个人为中心的。

这样的定义看似深奥复杂，但只要我们细细体会，还是能够把握生涯的内涵。生涯不仅仅局限于“工作”或“职业”，还包含了个人的“生活风格”，即包含一个人在其一生中所从事的所有活动。

工作是指在一个组织机构中，一群类似的、有薪资的职位，且要求工作者具有类似的特性；职业是指在许多工商事业或机构中的一群类似的工作，如工人、商人、教师、医生等。而生涯的定义要比这两者都宽泛很多，除了工作和职业之外，它还涵盖了人一生所从事的各种活动的集合。人的一生扮演着不同的角色，从孩童、学生、上班族、社会公民直到为人父母，不同社会角色的组合就形成了人的“生活风格”，这样的发展过程就构成了“生涯”。

（二）职业生涯

职业生涯是指个体从正式进入职场开始直到退出职场这段时间内的与工作有关的经历、态度、需求、行为等过程，是一个人的终身职业经历。一个人一生中连续从事的职业，它不仅包括过去、现在和未来那些可以实际观察到的职业发展过程，而且还包括个人对职业生涯发展的见解和期望。职业生涯是人一生中最重要的历程，是追求自我实现的重要人生阶段，对人生价值起着决定性作用。同时，职业生涯又是一个动态的过程，是一个人在职业岗位上所度过的、与工作活动相关的连续经历，并不包含在职业上成功与失败或进步快与慢的含义。不论职位高低、成功与否，每个工作着的人都有自己的职业生涯。

个人的职业生涯是一个漫长的过程。他可能遵循传统，一生只从事一种职业，持续而稳定地在此职业岗位上晋升、增值；也可能由于个人兴趣、能力、价值观以及工作环境的变化而经历不同的岗位、职业甚至行业。

（三）职业生涯规划

职业生涯规划又叫职业生涯设计，是指结合自身条件和现实环境，确立自己的职业目标，选择职业道路，制订相应的培训、教育和工作计划，并按照职业生涯的发展阶段采取具体的行动以达到目标。

二、职业生涯的分类

职业生涯分为外职业生涯和内职业生涯两种。

（一）外职业生涯

外职业生涯是指从事一种职业的工作时间、工作地点、工作单位、工作内容、工作职务与职称、工资待遇等因素的组合及其变化过程。外职业生涯通常可以通过名片、工资单体现出来。名片上表明工作的地点、企业的类型、担任的职务、职称等内容；工资单里写明基本工资、岗位津贴、福利待遇、奖金等，这些因素就构成了外职业生涯。

(二) 内职业生涯

内职业生涯是指从事一种职业时的知识、观念、经验、能力、心理素质、内心感受等因素的组合及其变化过程。内职业生涯的这些因素是通过从事职业时的表现、工作结果、言谈举止表现出来的。

内职业生涯是真正的人力资本所在，提高内职业生涯而取得的工作成绩会转化为外职业生涯的成功。如果用一棵树来比喻内、外职业生涯，那么树干、树冠、树叶、果实等都属于外职业生涯。谁都希望自己的职业生涯之树茁壮成长、枝繁叶茂、郁郁葱葱、硕果累累，但这样一棵参天大树不是凭空长成的，地下庞大的根系给了它强有力的支撑，汲取并输送着大树所需的营养，而这庞大的根系就属于内职业生涯。这一大自然的规律告诉我们，内职业生涯的发展是外职业生涯发展的前提，内职业生涯的发展带动外职业生涯的发展。内职业生涯在人的职业生涯成功乃至人生成功中具有关键性的作用。因此，在职业生涯的各个阶段，我们都应重视内职业生涯的发展。对于尚未毕业的高校学生以及处在职业生涯早期和中前期的刚参加工作的新员工，一定要把对内职业生涯各因素的追求看得比外职业生涯更为重要。

外职业生涯的发展通常由别人决定、给予和认可，也容易被别人否定、收回和剥夺。内职业生涯的发展则主要靠自己的不断探索来实现，不随外职业生涯的发展而自动具备，也不因外职业生涯的失去而自动丧失。由此不难看出，在职业生涯进程中，起重要作用的是内职业生涯。

三、职业生涯规划的重要性

人生的“灯塔”

美国哈佛大学有个非常著名的调查，以一批智力、学历、环境等条件相差不多的大学毕业生为对象，了解他们是否有明确的人生目标。

调查结果显示有 27%的人没有目标，60%的人目标模糊，10%的人目标清晰但为比较短期的目标，只有 3%的人有清晰而长远的目标。25 年后，哈佛大学对这批人进行了跟踪调查，结果显示：3%有清晰且长远目标的人，25 年来几乎都不曾更改过自己的人生目标，他们都朝着同一个方向不懈地努力。现在，他们几乎都成了社会各界的顶尖成功人士。他们当中不乏白手创业者、行业领袖、社会精英。10%有清晰但短期目标的人，大多生活在社会的中上层，他们的共同特点是：那些短期目标不断被达成，生活状态稳步上升，成为各行各业不可或缺的专业人士。如医生、高级公务员、律师、工程师、高级主管等。60%有较模糊目标的人，几乎都生活在社会的中下层面，他们能安稳地生活与工作，但都没有什么特别的成绩。27%没有目标的人，几乎都生活在社会的最底层，他们的生活都过得很不如意，常常失业，靠社会救济生活，并且常常都在抱怨他人、抱怨社会、抱怨世界。

为什么这些条件差不多的年轻人，25 年以后却发生了如此大的变化？存在如此大的差距？可以这样说，有无明确的生涯发展目标，在其中发挥了重要的作用。

古人云：“凡事预则立，不预则废。”预，就是以未来最优为目的，以需求与变化为依据，使得现实行动具有目的性。有效的职业规划有利于明确人生的奋斗目标。一个人的事业究竟应向哪个方向发展，可以通过制订职业生涯规划明确起来。“目标之所以有用，是因为它能帮助我们从现在走向未来”。只有树立了明确的目标，才能激励人们去奋斗并积极创造条件以实现目标，避免无目标的四处漂泊、随波逐流。正如一个企业如果只忙着制造自己的产品，最终可能会发现自己生产的东西在市场上卖不出去。也许你每天都在忙着学习各种知识与本领，但你是否想过为自己的职业生涯做一份规划呢？有这样一句话发人深省：你今天站在哪里并不重要，但是你下一步迈向哪里却很重要。任何人都不应该只顾低头拉车，而忘了抬头看路。因此，每个人都应树立明确的职业生涯目标和职业生涯发展意识。

成功的人生需要正确的规划。科学研究发现，个人对职业生涯的认知和期望在很大程度上影响着人们对工作的选择、日常的工作与学习情绪以及工作效率。不少人由于对自己的职业生涯毫无规划，只顾追风，目标不明，再加上气质、能力、性格等都不适合所从事的工作，结果在工作领域毫无建树。因此，一个人只有尽早地安排和设计自己的职业生涯，明确自己的职业目标，才有可能在激烈的竞争中脱颖而出，才能把握住机会，实现自己的梦想。

想一想：此案例给我们什么样的启示？

四、医学生职业生涯规划的意义

医学生作为大学生群体中的一分子，职业生涯规划在医学院培养中具有基石的作用，对医学生的成长及发展具有科学的指导意义。注重职业生涯规划的重要性和基础性，引导医学生明确职业思路，确定职业目标，树立正确的择业观、就业观，为今后的发展夯实基础，这是高校教育中必不可少的一课。

职业生涯规划是根据个人职业生涯的主客观条件，在综合分析自己的兴趣、爱好、能力及特点的基础上，结合时代特点，根据个人的职业倾向，确定职业奋斗目标，并为实现这一目标做出行之有效的安排。职业生涯规划的目的不仅是帮助个人按照自己的条件找到一份合适的工作，更重要的是帮助个人真正了解自己，为自己定下终生的事业大计，筹划未来，拟定一生的职业生涯发展方向。职业生涯活动将伴随人生的绝大多数时间，拥有成功的职业生涯才能实现美好的人生。因此，职业生涯规划具有十分重要的意义。

（一）职业生涯规划有助于发掘自我潜能，经营美好未来

职业生涯是一个动态的不断发展变化的过程，职业生涯规划是对人才与职业进行匹配的规划与再规划过程。良好的职业生涯规划不仅能引导你正确认识自身的个性特质、现有与潜在的资源优势，而且能帮助你重新对自己的价值进行定位并使其持续增值；不仅能引导你对自己的综合优势与劣势进行对比分析，而且能使你树立明确的职业生涯发展目标；不仅能引导你前瞻与实际相结合的职业定位，搜索或发现新的或有潜力的职业机会，而且能使你学会如何运用科学的方法，采取可行的步骤与措施，不断增强你的职业竞争力，实现自己的职业目标与理想。

（二）职业生涯规划可以给自己一个高度，使自己跳得更高

职业生涯规划是根据个人的实际能力和专业知识设计的一个自己将要为之奋斗的目

标、自己以后要走的路。在前进的路上，先给自己定下一个合适的高度，然后通过自己一步一步地努力朝着那个方向前进，渐行渐高，那个前方的高度就是自己的未来。

(三) 职业生涯规划可以增强自身发展的目的性与计划性，提升成功的概率

职业生涯发展要有计划、有目的地进行，不可盲目的“撞大运”。很多时候职业生涯受挫就是由于没有明确的规划和目标。良好的规划能使我们的工作与生活具有目的性和计划性，是成功的开始，可以极大地提高成功的概率。不少应届大学毕业生不是首先坐下来做好自己的职业生涯规划，而是拿着简历与求职书到处乱跑，总想会撞到好运气、找到好工作。盲目乱跑的结果是浪费了大量的时间、精力与资金，到头来感叹招聘单位是有眼无珠，“不能慧眼眼识英雄”，叹息自己英雄无用武之地。这部分学生大多没有认识到职业生涯规划的意义与重要性，认为找到理想的工作靠的是学识、成绩、耐心、关系、口才等条件，认为职业生涯规划纯属纸上谈兵，简直是耽误时间，有写职业生涯规划的时间还不如多跑两家招聘单位。正是这种错误的理念，导致其失败。要知道磨刀不误砍柴工，有了清晰的认识与明确的目标之后再把求职活动付诸实践，这样才能取得更好的效果。

(四) 职业生涯规划可以提升职业竞争能力

伴随着经济全球化和知识经济时代的来临，中国社会变革的步伐不断加快，职场的竞争日益激烈。物竞天择，适者生存。要想在激烈的职场竞争中脱颖而出并保持不败，必须设计好自己的职业生涯规划，这样才能做到心中有数，不打无准备之仗。因此，未雨绸缪，先做好职业生涯规划，并积极地为未来职业和职位的需求贮备知识和能力，才能使自己的职业活动更经济、更科学、更具竞争力。

> 有人活着却没有目标，他们在世间行走，就如同河中的一棵小草随波逐流。
>
> ——塞涅卡

五、生涯规划的步骤

职业作为人生命过程的组成部分，在人生历程中具有重要的地位和作用。高校学生要成为自己人生的设计师和耕耘者，就应当更好地去认识职业、理解职业和选择职业，要系统地掌握医学生职业生涯规划的有关知识，精心做好自己的职业生涯规划。这对于每一位想要实现自己的职业理想，成功地扮演好自己的各种社会角色，创造美好人生的高校学生而言，无疑都具有积极而重要的现实意义。

规划强调的是明确的目标、知性的方法、成效评估与计划的修订。一项完整的生涯规划，应该包含以下步骤：

(一) 目标的拟定

个人制订生涯目标时，先仔细探索重要的主、客观因素，决定出大致的方向，然后再逐步将自己的目标具体化、阶段化。

(1) 目标具体化。将目标以具体而明确的词汇描述出来，用意是希望将来在执行计划、评估成效时能有客观的依据。

(2) 目标阶段化。阶段化的目标可以分为远程、中程、近程，然后再细分多个次目标，如此才能按部就班地达到目标。

(二) 计划的执行

(1) 考虑各种途径。一个具体的目标可以利用多种途径来达成。在决定何种途径之前，先将所有可能达成目标的途径全部详细列出。

(2) 选择适合的途径。依据个人的因素与实际的状况，一一评估这些途径的可行性，选择出最适合的途径，朝自己的目标迈进。

(3) 安排执行。目标与执行途径确定后，依阶段化的各个次目标，拟定执行步骤，安排执行的进度，付诸实施。

(三) 成效评估

(1) 成效评估。由于在规划过程中，所考虑的内在与外在、主观与客观的因素繁多，而这些因素又会随着时间而变动，因此为了确保计划内容的可行性与有效性，必须随时对生涯规划的内容加以评估。此外，在实际执行的过程中也会发现当初作规划时未曾想到的缺点与执行后的困扰，所以每过一段时间，就有必要就计划的执行进行评估。

(2) 计划修订。进行生涯规划时，必须为日后可能的计划修改预留弹性，修订的依据是每次的成效评估，至于计划修订的时机必须考虑以下三点：

其一，定期检查预定目标的达成进度；

其二，每一个阶段目标达到时，依据实际达成的状况修订未来可采用的策略；

其三，客观环境的改变足以影响计划的执行。

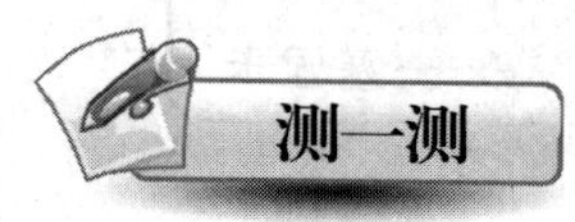

生涯成熟度自测

生涯成熟度是指衡量人们面对生涯发展问题时心智发展水平的指标，它反映了人们在不同生涯发展阶段所完成发展任务的历程和状态。对医学生而言，生涯成熟度的衡量标准是生涯探索期间是否形成了相对稳定的职业选择。

下面是生涯成熟度自我检查表，请同学们根据自己目前的状况进行选择，选择“很不同意”得1分，选择“不同意”得2分，选择“尚可”得3分，选择“同意”得4分，选择“非常同意”得5分。

(1) 我曾想到要做些事，让自己今天或明天发展得更好。

(2) 我认真关心过我将来要做什么样的人。

(3) 我为了将来的工作和生活作准备(如选课，收集资料)。

(4) 一般在生活中，我能做出相当合情合理的决定。

(5) 对于自己的未来发展，我能独立自主地作决定。

(6) 目前我就读的专业是经过慎重选择的。

(7) 我就读专业与我将来的预定工作、进修、家庭发展方向很有关系。

(8) 我了解自己的能力、专长和限制。

(9) 我了解自己的个性、兴趣和重视的事物。

(10) 我关心社会和时局的变迁，并考虑它对我目前及将来发展的影响。

(11) 我会收集正确的信息，以便作决定时参考。

(12) 我能恰当地呈现自己，让别人认识我(如新朋友，雇主，师长……)

(13) 我已经计划好将来要发展的方向。

(14) 在我待过的学校和环境，我通常适应得很不错。

一般来说分数越高，表明生涯成熟度越高。在人生各个阶段，生涯成熟度高的人通常能更加关注自己现在和未来的发展，能够更加适应环境、寻求进步，能够坚定自己的目标获得职业生涯的成功。

医学生生涯规划的10个误区

1. 错把梦想当目标

在职业发展的道路上，你的心有多大，舞台就有多大。但有些医学生却把职业理想当作了目标。目标应当是可以实现的，是在实现职业理想过程中的阶段划分。只有把宏大的职业理想转化为无数的可实现目标，职业理想才会最终得以实现。

2. 错把手段当目的

把职业理想转化为职业目标后，要看看有哪些手段可以实现职业目标。在这个过程中，不要把实现目标的手段当作做事的目的。很多人在选择操作手段时忘了选择手段是为了什么，从而导致做了事却没有实现目标，或者为了做事而做事。

3. 错把途径当结果

实现职业目标有很多的途径，要结合自己的综合因素去选择一条最适合自己的途径。只有实现了职业目标才是最终结果。如有的同学的职业目标是销售总监，他的晋升途径是:销售代表——业务员——销售主管——区域销售经理——销售部经理——销售总监。这个途径的每个阶段都是为实现销售总监这个结果而服务的。有些同学在做了销售主管后，就没有向区域销售经理发展的意识和冲劲了，销售总监的目标自然落空了。

4. 错把行业当岗位

许多大学生的求职简历上这样写着求职意向：建筑设计院、建筑施工单位、市政工程公司、与建筑相关的公司。显然，这是求职的意向行业，而不是求职的具体岗位。

5. 错把就业当择业

相当多的医学生把就业当作了择业，他们以为做着工作总会学到些东西。其实不然，在职业发展这个层次上，选择方向比努力更重要。如果方向都错了，那会越来越远离目标。

6. 错把择业当专业

在选择职业和就业岗位时，许多医学生把自己所学的专业当作择业的关键因素。其实，只有我们的职业目标与专业高度相关时，专业才是影响择业的关键因素，否则，就不必为专业所限。

7. 错把专业当能力

如果所学的专业并非是将来要从事的，无论你的专业知识学得多么好，那都不能完全反映你的能力，因为它对减少你的岗位差距起不到任何的作用，更不要指望以专业来提升核心竞争力了。

8. 错把知识当技能

在应聘目标岗位时，许多医学生把自己所学的理论知识当作了岗位要求的操作技能。任何一个工作岗位，除了要求你必须具备一定的理论知识外，还必须掌握相应的操作技能。知识更多地表现你知道什么，你理解了什么；而技能则表示你会做什么，能做好什么。

9. 错把兴趣当工作

有些医学把兴趣爱好作为选择职业的关键因素，或者为兴趣爱好所左右，这种误区影响着医学毕业生的择业观。其实，能把兴趣和爱好作为职业的人很少，也很难。兴趣爱好有时不一定适合职业。

10. 错把经历当能力

一些医学生确实也有过一些社会实践的经历，如做过义工、促销员、服务员等。事实上，经历并不代表能力，每个人都有经历，但并不是每个人都能在此基础上形成能力。

第二节 职业生涯目标的确立

有个同学举手问老师："老师，我的目标是想在一年内赚100万！请问我应该如何实现我的目标呢？"老师便问他："你相不相信你能达成？"他说："我相信！"

老师又问："那你知不知道要通过哪个行业来达成？"他说："我现在从事保险行业。"老师接着又问他："你认为保险业能不能帮你达成这个目标？"他说："只要我努力，就一定能达成。"

"我们来看看，你要为自己的目标做出多大的努力，根据我们的提成比例，100万的佣金大概要做300万的业绩。一年：300万业绩；一个月：25万业绩；每一天：8300元业绩。那么你每一天大概要拜访多少客户？" 老师问他，"大概要50个人。"，"那么一天要50人，一个月要1500人，一年呢？就需要拜访18000个客户。" 这时老师又问他："请问你现在有没有18000个已有客户？"他说没有。"如果没有的话，就要靠陌生拜访。你平均一个人要谈上多长时间呢？"他说："至少20分钟。"老师说："每个人要谈20分钟，一天要谈50个人，也就是说你每天要花16个多小时在与客户交谈上，还不算路途时间。请问你能不能做到？"他说："不能。老师，我懂了。"

想一想：1. 该学生的目标为什么不能实现？

2. 我们应该如何正确树立职业生涯规划的目标？

目标是职业生涯发展的方向，是人生事业能否成功的重要条件。因而，确立职业生涯目标对医学生来说具有重要的意义。

一、职业生涯目标确立的基本步骤

职业生涯目标的抉择是以自己的最佳才能、最优性格、最大兴趣、最有利的环境等条件为依据的。离开了自身的优势，设定的目标就很难实现。职业生涯目标确立的具体步骤：

(1) 订出未来发展的总目标。你想干什么？想成为什么样的人？想做哪一件或几件大事？想取得什么成就？想发挥自己哪一方面的优势与特长？想成为哪一专业的佼佼者？把这些问题确定后，职业生涯的总目标也就确定了。当然目标是建立在自我分析与内外环境分析基础上的，否则目标就失去了意义。

(2) 订出未来十年的大计。根据人生的总目标，想想今后十年，你希望自己成为什么样子？有什么样的事业？将有多少收入？要过上什么样的生活？你的家庭与健康水平如何？你将获得什么样的社会地位？把它们仔细地想清楚，一条一条地计划，记录在案。

(3) 订出未来五年计划。订出五年计划的目的，是将十年大计分阶段实施，并将计划进一步具体化、详细化，将目标进一步分解。

(4) 订出未来三年计划。俗话说，五年计划看头三年。因此，你的三年计划，要比五年计划更具体、更详细。

(5) 订出明年计划。订出明年的计划以及实现计划的步骤、方法与时间表。务必要具体、切实可行。如果从现在开始制订目标，则应单独订出今年的计划。

(6) 订出下月计划。下月计划应包括下月计划应做的工作、应完成的任务、质和量方面的要求、财务上的收支、计划学习的新知识和有关信息、计划结识的新朋友等。

(7) 订出下周计划。下周计划的内容要非常具体、详细并数字化，切实可行，而且每周末提前做好下周的计划。

(8) 订出明日计划。明天计划要做哪几件事？哪几件事是最重要的、非做不可的？把它们挑选出来，取最重要的3～5件事，按事情的轻重缓急、先后顺序排好队，明日按计划去做。按事情的轻重缓急去做事，可以避免“捡了芝麻、丢了西瓜”，这对一个人提高办事效率是大有好处的。

二、职业生涯目标确立的基本方法

人生要确立一个什么样的职业目标，这要根据主客观条件和可能性加以设计。每个人的条件不同，所以目标也不可能完全相同，但确定目标的方法是相同的。下面将其基本要点做一些介绍：

(1) 目标设定。目标设定就是对生活进行控制。如果不知道想要什么，怎么知道该怎么做？又怎么知道是否接近或者达到了目标？因此，要充分了解自己，调整好自己的期望值。

(2) 从想象开始。如果你想拥有一些东西，它们是什么？如果你可以是任何人，你会是谁？想象一下你和一个20年后的人交谈，他是怎么样的？他会怎么说、怎么想？会给你什么建议？再回想一下你童年时代的梦想。这不是无聊的行动，是因为没有很好地考虑自己，所以许多人最终没有得到他们自己想要的。

(3) 记录下来。记录下来看似简单，但它是你在认识自己的目标当中关键的一步。有人说目标和愿望的不同是因为目标是记录下来的。在纸上写下你的目标，这不但可以让你更明确地“看”到你的目标，而且可以使目标更容易操作、更容易集中、更容易区分优先次序和应用。

(4) 平衡各种目标。不要让你自己仅局限于职业目标，在你生活中的各个方面都应建立目标。目标设定是一个巧妙地提醒你考虑你适合的领域和在你的生活中建立新的平衡的方法。

(5) 实现目标。有些目标是不切实际的，如在五年内成为主治医师，成为三甲医院的院长。决定什么是可达成的目标很难，只有你自己可以决定什么对你来说是切合实际的。但是要记住，建立过高的目标要优于建立过低的目标。

(6) 使各种目标互相兼容。试想一下，你确立了一个被晋升为主任医师的目标和一个每周工作不超过 40 个小时的目标，这两个目标肯定是不兼容的。为什么？因为可以想象医院的特殊性会要求你在非正常工作时间内处理一些问题，如突发急诊等。所以目标之间是互相影响、互相结合的。

(7) 使各种目标具体化和可度量化。例如，你想有好的阅读能力，这意味着什么？阅读小说传记？多少本书？什么时候完成？这也许听起来很有趣，但没有价值。大量实例表明，如果你不能用数字或者数据量化你的目标，那目标就不够具体。

(8) 将长期目标分解成短期的周目标。最后期限是一个有魔力的、可以达到目标的方法。写下你的周目标，让你自己有很多的最后期限。如果你知道你五年后想怎么样，你同样会知道你今年该怎么做，这周该怎么做。例如，如果你想在五年内读 6 本经典小说，你知道这周你得读《战争与和平》的第四章，写下它们，设为目标。这种切割和征服的游戏计划可以给你较小的、立刻的成就感，可以使你有足够的动力坚持下去。

(9) 经常检查自己的目标。每日快速地检查是好的，千万不要忽视每周的目标检查制度。通过你已完成的计划，增加或者减少其他的。哪些你忽视了？哪些你迅速避免了？这时你可以清楚哪些你可以真正达到，哪些仅仅是纸上谈兵而已。修改或者放弃某些目标，你将会感到好一些，然后重新考虑那些你很重视的，也许是你感觉很好的目标，你就可以很好地安排你的生活了。

(10) 将目标确立看成一个过程。每周当你通过你的主计划安排你的周计划时，你将会作一些调整。这是一个发现什么最重要的过程。真实的目标会给你建议，而不是对你的个人发展产生约束。

(11) 坚持下去。你可自由地改变你的计划并不意味着你必须这样做。实现目标最关键的是坚持。如果你不放弃，有多少目标会失败呢？几乎很少。成功的人可以铲除或者绕过障碍，坚持不懈地朝着既定的目标前进。只有当目标对你失去意义时再修改它，千万不要仅仅因为它太高、太难或者你受到挫折而放弃它。

> 目标要远大，不达目的决不罢休。
>
> ——波·杰克逊

三、制订职业生涯目标应注意的问题

(一) 要注重职业生涯发展环境的分析

在制订职业生涯规划时，对环境的分析是重要的环节。进行环境分析主要包括以下 3 个方面。

1. 对组织环境的分析

对组织环境的分析，应是个人着重分析的部分，因为组织是实现个人抱负的舞台。西方有句关于职业发展的名言：“你选择了一个组织，就是选择了一种生活。”特别是现代组织越来越强调组织文化建设，对职员的生存适应能力要求越来越高，因而应详细了解自己将寄身其中的组织的各个方面。在知己知彼的基础上，寻求具有相同价值观的组织，才是个人融入组织的最佳选择。组织环境分析有以下 6 个方面的内容。

(1) 组织特色分析。了解组织的风格与经营理念，以判定跟个人的价值观是否吻合，具体包括对组织规模、组织结构、组织文化、人员流动性等内容的分析。

(2) 组织经营战略分析。战略决定了组织未来的发展走势，也影响着个人的发展空间，具体包括组织发展战略、组织发展措施、组织的竞争实力、组织发展态势分析等。

(3) 人力资源状况评估。根据现状分析个人的发展机会，具体包括人力资源需求预测和组织的升迁政策、培训方法、招聘方式等。

(4) 人力资源管理分析。包括人事管理方案、薪资报酬、福利措施、雇员关系等。

(5) 组织工作环境与特性分析。包括组织是集权式管理还是授权式管理，组织氛围等，通过对组织环境的分析、了解，判定个人在组织中的发展机会与空间。

(6) 组织人际关系分析。弄清个人职业发展过程中将同哪些人交往，其中哪些人将对自身发展起重要作用；工作中会遇到什么样的上下级、同事及竞争者，对自己会有什么样的影响，如何与他们相处等。

2. 对社会环境的分析

个人的发展与组织的发展都离不开一定的社会经济环境。社会环境为人的发展提供了条件和可能性。当前我国社会正处在快速转型期，作为即将步入社会的医学生，应该善于把握社会发展脉搏，这就需要对社会大环境进行分析。社会环境的分析主要包括以下 3 个方面。

(1) 社会政策分析。弄清社会上哪些是可以做的，哪些是不能做的；哪些事是现在可以干的，哪些是将来有潜力的；当前社会热点医学职业门类分布及需求状况；所学专业在社会上的需求形势；自己所选择职业在目前与未来社会中的地位；自己所选择的单位在未来行业发展中的变化情况，在本行业中的地位、市场占有及发展趋势等。

(2) 社会变迁与价值观念分析。了解当前社会、政治、经济发展趋势；社会发展对自身发展的影响；弄清信息化社会对生涯发展、人才成长、价值观等的影响。

(3) 科技发展的趋势及其影响分析。包括知识积累和补充、理论更新、观念转变、思维变革等产生的影响，对这些社会发展大趋势问题的清醒认识，有助于把握职业社会需求，使自己的职业选择紧跟时代发展的步伐。

3. 对经济环境的分析

经济环境对人的生涯发展有着直接、重要的影响。这些影响包括以下 3 个方面。

(1) 经济发展的影响。经济发展将使社会不断出现新行业，使机构增加、编制扩充、就业和晋升机会增加等。

(2) 经济模式变化。市场经济的发展，知识经济的到来，对就业、发展、素质提出了更高要求。

(3) 经济全球化。经营策略的变化、经济法规的调整、对从业人员素质的要求、竞争压力增大等，都会影响个人的生涯发展。只有弄清了经济环境对职业发展的作用及影响，才能更好地进行职业目标定位。

(二) 要符合社会与组织的需要

职业生涯目标如同一种“产品”，这种“产品”有市场，才有“生产”的必要。故在确定职业生涯目标时，要考虑到内外环境的需要，特别是要考虑到社会与组织的需要。有需求，才有市场，才有位置。同时，目标必须是符合党和国家的方针政策，符合道德规范，不损害社会的利益，不会给任何人带来痛苦和损失的，这样的目标才能引导自己走上成功路。否则，它将引导你走向邪路，走向失败之途，还将对国家和社会造成损失，也将毁掉自己的前途。

(三) 要适合自身的特点并建立在自身的优势之上

不同的人有不同的特点和优势。将目标建立在个人优势的基础上，才能左右逢源，处于主动有利的位置。要选择与自身长处相符或相近的目标，在目标选择时应注意以下两点：

(1) 人之才能，各不相同。目标选择不能偏离自身长处，否则便是自己跟自己过不去，自己为自己设置前进道路上的障碍。有的人选择目标违背以上原则而误入歧途，他们的选择不是单凭自己的爱好，就是盲目追逐世俗的热点。所谓凭自己的爱好，可以进行具体分析，倘若你的所爱正是你的所长，那么不在纠正之列；有的人所热爱的正是他所短缺的，这就很容易视“所爱”为“所长”，步入误区而不能自拔。

(2) 才能相近。所谓才能相近，指的是才能之间跨度不大，如写字与绘画，体育表演与杂技表演，写小说与写话剧，党的工作与团的工作等。但是，才能相近，也需要花费相当的气力才能做到相符。只有自己的才能、长处与自己的目标方向一致起来，才能长驱直入，事半功倍。

(四) 要高远但决不能好高骛远

人追求的目标越高，其才能就发展得越快，对社会越有益，所以不应根据现有能力制订目标。人不可能超过自己设定的目标，因此自我人生目标就是自己发展水平的上限。但人的潜能又是巨大的，只要不断挖掘，就能够取得了不起的成就。

俄国的大文豪高尔基说：“我常常重复这一句话，一个人追求的目标越高，他的才能就发展得越快，对社会就越有益，我确信这也是一个真理。这个真理是由我的全部生活经验，即我观察、阅读、比较和深思熟虑过的一切确定下来的，大的生涯目标，应追求符合实际的远大目标。在与实际相符合的范围内，自我确定的目标越高，其发展前途也越大。”“志存高远”，存者，存乎于心中也，这是说，当前的行动要立足于现实，心中要有符合实际的崇高而远大的抱负。如此，则前途无量。有了远大的目标，能起到激励作用，能促进学习，改进工作方法，为达到目标而发奋工作。所订目标如果仅限于自己能力范围之内，只求工作轻松省力，回避新的激励，结果就会使人陷于畏缩不前、消极保守的状态。可见，设定人生远大目标可以发挥人的更大潜能，目标越高远，人的进步越大。

当然，目标也不能过高。如果目标过高，则使人悬在幻想的高空，在现实生活中必然一事无成，目标就失去了意义。不切实际盲目地过分提高目标，也会因好高骛远而招致失败。同时，值得注意的是，目标不是理想、不是希望，而是理想与希望的具体化。理想是对未来事物的想象或希望，是一种崇高的精神境界，而目标是实际的，是具体的。目标与理想的关系是目标指向理想，二者虽有关系，但不能相互替代。

(五) 目标幅度不宜过宽

在目标确定过程中，最好选择窄一点的领域，并全身心投入其中，这样更容易获得成功。奋斗目标有高有低，专业面有宽有窄。在目标选择中，是宽一点好，还是窄一点好呢？一般来说，专业面越窄，所需的力量相对越少，换句话说，用相同的力量对不同的工作对象，专业面越窄的，其作用越大，成功的机会也越多。所以，职业生涯目标的专业面不宜过宽。例如，某人想成为一名人力资源管理专家。此目标定得就太宽，因为人力资源管理包括招聘、薪酬、福利、培训、绩效考核等许多领域，一个人的精力有限，要想成为人力资源管理各方面的专家，似乎有点不太现实。但如果你想成为一名薪酬专家，经过几年的努力，就有可能实现。

(六) 要注意长期目标与短期目标的结合

职业生涯目标应长短结合。长期目标指明了发展的方向，可以鼓舞斗志，防止短期行为。短期目标是实现长期目标的保证，没有短期目标，也就不会有长期目标。特别是在职业生涯发展过程中，通过短期目标的达成，能体验到达成目标的成就感和乐趣，鼓舞自己为了取得更大的成就，从而向更高的目标前进，所以长短结合更有利于生涯目标的实现。如果只有短期目标，看不到远大的理想，也会影响长期目标的激励作用，还会使事业发展摇摆不定，甚至偏离发展方同。

需要指出的是，职业生涯规划中的职业目标同日常工作目标有很大差异。工作目标是个人在当前的工作岗位上想要完成的任务目标，可以是自设的，也可以是组织给定的。工作目标一般是较具体的、同本职工作紧密相关并随时间而变化的短期目标。职业目标相对来说是较为抽象的长期目标，而且不一定完全同当前的工作有关。但是，职业目标的达成，尤其是计划在单一专业或组织内部提升的目标，同当前工作目标的选择及完成情况关系密切。可以说，选择适当的工作目标并很好地实现这些目标是最终达成职业目标的最佳途径。

(七) 目标要明确、具体并可以量化，同一时期的目标不宜太多

> 每走一步都走向一个终于要达到的目标，这并不够，应该眼下就是一个目标，每一步都自有价值。
>
> ——歌德

目标越简明、具体，就越容易实现，促进个人的发展。目标应该像射击的靶子一样清清楚楚地摆在那里，干什么，干到什么程度，要有明确具体的要求。比如从事某一专业到哪年，学习哪些知识，达到什么程度，都要明确、具体地确定下来。目标明确不仅指业务发展目标，而且与之相应的其他目标也要明确具体，比如学习进修目标、思想目标、经济收益目标、身体锻炼目标等。这些目标也要有明确的要求，同时要做到互相配合、共同作用，促进个人的身心、生活和事业的全面发展。无论是什么目标，都要有时间和度的要求。只有这两者完全结合，才能成为明确的目标。比如从事某一管理工作，在什么时间达到什么能力，达到什么级别等。没有时间限制的目标是难以实现的，因此，目标要有明确的时间限制。

同一时期目标不宜过多，应相对集中。要实现人生目标，成就一番事业，须把目标集中到一个焦点上。集中一个目标，并不是说你不能设立多个目标，而是你可以把它们分开设置。具体说，就是一个时期一个目标，拉开时间差距，实现一个目标后，再实现其他目标。美国的卡尔森从一个推销员成为知名的企业家，他保持不断前进的动力，就是不断定下更为远大的目标。卡尔森有一个习惯，就是把生意的发展目标写在纸上。当他达到这个目标时就换一张纸，再制订一项新的目标。他还把目标用广告牌竖立在公司的餐厅门前，使公司从业人员每天都能看得见，他是在用目标推动企业不断地向前发展。

(八) 要注意职业目标与家庭目标以及个人生活与健康目标的协调与结合

人生除了事业目标外，还有财富、婚姻、健康等问题。家庭与健康是事业成功的基础和保障，并直接影响着人生事业的发展和生活质量。所以，财富、婚姻、健康也是人生的重要组成部分，在制订职业生涯目标时应加以考虑。人生立志闯一番事业，物质基础是必要的，没有一定的物质基础，事业也难以得到发展。所以，在制订人生事业目标时，应适当地对个人收入问题加以规划，其规划的方法是：计划好自己所希望得到的薪资，今年、明年、后年希望得到多少，可以把计划记录下来，写成文字，不要含糊不清。婚姻也是人生中一件大事，处理得好，有助于事业的发展，一生幸福；处理不好，不但影响事业的发展，而且终生痛苦。人人都希望健康、长寿，事业发展也离不开健康。许多人，年轻时用身体换金钱，年老时用金钱买健康。如果你渴望这辈子过得幸福，渴望健康长寿，那么你最好趁早把“健康”二字提到议事日程上来，从现在起，把你的健康计划纳入规划目标。值得注意的是，无论是你的事业目标，还是你的健康目标，一旦确定后，就要坚决执行。要明白人的生命与成败掌握在自己手中。规划好你的人生，规划好你的发展，是你的义务、责任，也是你的权力，更是决定你一生伟大与平凡、成功与失败的关键。

第三节　职业生涯目标的实现

有一个美国人一直想到中国旅游，于是定了一个旅行计划。他花了几个月来阅读搜集

资料——中国的艺术、历史、哲学、文化。他研究了中国各省地图，订了飞机票，并制订了一个详细的日程表。他标出要去观光的每一个地点，每个小时去哪里都定好了。这人有个朋友知道他翘首以待这次旅游。在他预定回国的日子之后几天，这个朋友到他家做客，问他："中国怎么样？"这人答道："我猜想中国是不错的，可我没去。"他的朋友大惑不解："什么？你花了那么多时间作准备，却没有去，出什么事啦？"他回答道："我喜欢制订旅行计划，但我不愿去飞机场，所以待在家没去。"

想一想：听了这个故事，你有何感想？

有了计划就要行动，有了目标就要实现。实现就是通过行动把目标变成现实，这是职业生涯规划中最艰难的一个步骤，因为这意味着要停止梦想而切实地开始行动。如果动机不转化成为行动，动机终归是动机，目标也只能停留在梦想阶段，因此需要确定职业生涯发展路线。

一、职业生涯发展路线

(一) 职业生涯发展路线的含义

所谓职业生涯发展路线，指的是向专业技术方向发展，还是向行政管理方向发展。不同的发展路线对从业者的素质要求不同，今后的发展阶梯也不同。

发展方向不同，要求也不同。这就如登山，要最快到达山顶，就要选择最佳的登山路线与方式。人们常说条条大路通罗马，讲的是途径多、选择多、办法多的道理。

可是那么多途径到底哪条是到罗马最近最好走的呢？这就是实现目标中的路线选择问题。选择了捷径，就易于进入职业发展的快车道，否则，就会耽搁在路上。而且没有一个职业发展的路线蓝图，就会走错路、走弯路、走回头路，这将直接影响我们的心情和成就，导致我们的努力、动力、能力不能直接作用于目标，造成资源、时间、精力的浪费，在无形中延长了我们取得成功的期限。因此，在职业确定之后，必须对职业生涯路线进行选择，以使今后的学习和工作沿着职业生涯路线和预定的方向发展。

在职业生涯发展路线选择过程中，可以针对下面 3 个问题进行考虑：

(1) 我想往哪一路线发展？

(2) 我适合往哪一路线发展？

(3) 我可以往哪一路线发展？

职业生涯发展路线包括一个个发展阶梯，我们可以由低阶向高阶步步上升。例如，大学教师的职业生涯发展路线通常是：助教→讲师→副教授→教授，护士的职业生涯发展路线是：初级职称→中级职称→主管护师→副主任护师→主任护师。

每个人的基础素质不同，适合的职业生涯发展路线也就不同，如有的人适合搞研究，能够在专攻领域求得突破，有的人适合做管理，可以成为一名优秀的管理人员。

(二) 职业生涯发展路线

职业生涯发展路线主要有三种，即专业技术型路线、行政管理型路线和自我创业型路线。

1. 专业技术型路线

专业技术型路线指工程、财会、医学、生产、法律等职能性专业方向。共同特点是：都要求有一定的专门技术性知识与能力，并需要有较好的分析能力，这些技能必须经过长期的培训与锻炼才能具备。如果一个人对专业技术内容及其活动本身感兴趣，并追求这方面的提高和成就，喜欢独立思考，而不喜欢从事管理活动，专业技术型发展途径便是他最好的选择。如果一个人在开始时选择了专业技术方向，但仍然对管理有兴趣，并且希望在管理领域做出一番事业，也完全可以跨越发展，即一开始从事某种技术性专业，不断积累充实自己的专业知识，打下坚实的技术基础，然后，在适当的时候，转向专业技术部门的管理职位。事实上，现代社会中的很多地方都有这样的客观要求。

2. 行政管理型路线

如果一个人很喜欢与人打交道，处理起人际关系问题总是感到得心应手，并且由衷地热爱管理，考虑问题比较理智，善于从宏观角度考虑问题，并善于影响、控制他人，追求权力，那么行政管理型路线就是他最恰当的选择。如果将管理这个职业本身视为自己的目标，相应的发展阶梯一般是从基层职能部门开始，然后向中级部门、高级部门逐步提升，管理的权限越大，承担的责任也就越大。晋升的前提条件是个人的才能与业绩不断地积累提高，达到了相应层次职位的要求。行政管理型路线对个人素质、人际关系技巧的要求很高。那些既有思维能力又善于处理人际关系的人，总是能够成为任职部门的主管干部，甚至做到组织分管技术工作的副总经理、总监、副院长、副厂长等高层职位；而那些虽然善于处理人际关系，但是欠缺思维分析能力，以及感情耐受力较差的人，只能停留在低层领导岗位上。

3. 自我创业型路线

现在，有很多人选择了自我创业这条途径。创业自由快乐，但创业途中的艰难也不是常人能够想象的。客观上，要有良好的机会和适宜的土壤；主观上，创业人不仅要有强烈的创造与成就愿望，而且心理素质要强，能够承担风险，善于发现并开拓新领域、新产品、新思维。

(三) 职业生涯发展路线选择的意义

职业生涯路发展线选择是人生发展的重要环节之一，在进行职业生涯发展路线选择时可以从以下三个方面考虑：一是个人希望向哪一条路线发展，主要考虑自己的价值、理想、成就动机，确定自己的目标取向；二是个人适合向哪一条路线发展，主要考虑自己的性格、特长、经历、学历等主观条件，确定自己的能力取向；三是个人能够向哪一条路线发展，主要考虑自身所处的社会环境、政治与经济环境、组织环境等，确定自己的机会取向。职业生涯路线选择的重点是对生涯选择要素进行系统分析，在对上述三方面要素综合分析的基础上确定自己的职业生涯发展路线。

充分了解不同公司的职业生涯阶梯设置模式，对于求职者职业生涯路线的选择具有重要意义。

首先，就一般情况而言，组织内部的生涯发展轨道越多，个人的发展机会就越多，对个人的发展就越有利，因此，在进行职业生涯路线选择时，要尽可能选择那些职业生涯阶梯较多的组织，并在选定的路线上尽快朝着目标前进。

其次，职业生涯路线的选择要综合考虑自己的专业背景、个人经历、知识能力等因素。学文科的学生一般会选择走行政管理路线，学理、工科的学生一般会选择走专业技术路线。

再者，职业生涯路线不是固定不变的，可能在一定时期出现交叉与转换。如有些人先走专业技术路线，到一定程度后“学而优则仕”，再走管理路线，许多专业技术人员都会走此路线。相反的路线转化也存在，特别是当人年轻的时候，认为自己有领导能力适合走“仕途”，工作了几年发现自己很难适应行政管理工作，转过头来再考硕士生、博士生，转换路线的人也很多。职业生涯路线的转换可以根据自身的情况与处境来决定。

(四) 职业生涯发展路线的类型

1. 典型的职业生涯发展路线

典型的职业生涯路线是一个“V”字形的图形。假定一个人 22 岁大学毕业参加工作，4 年后获得初级职称，“V”形图的起点是 26 岁。从起点向上发展，“V”形图的左侧是行政管理路线，右侧是专业技术路线。按照年龄或时间将路线划分为若干部分，并将专业技术等级或行政职务等级分别标在路线图上，作为自己职业生涯的目标。当然，职业生涯路线也可能会出现交叉与转换，可以根据自身的情况与规划画出相应的职业生涯路线(见图 3-1)。

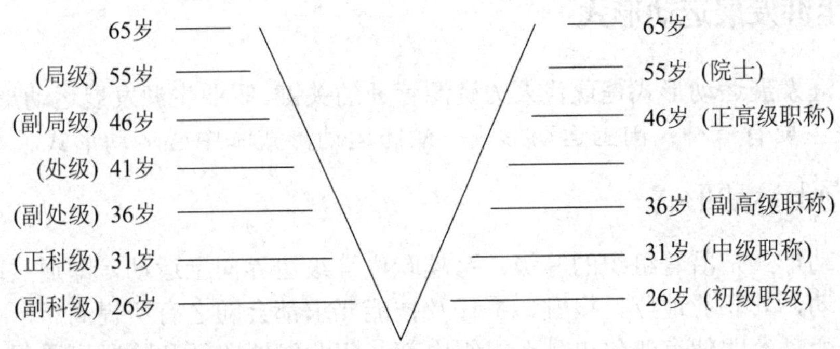

图 3-1　典型的职业生涯路线

2. 直线型的职业生涯发展路线

直线型的职业生涯发展路线即一生只从事一种职业，不断学习和提高专业技能，积累经验和资历，只在这个职业的一系列职位中发展，最后获得成功。比如只从事教师职业，先后担任助教、讲师、副教授和教授。此路线只有一个通道，目标清晰明确。从业者通常做垂直运动，目标就是晋级，这不仅需要个人的努力，更需要组织的栽培。

3. 螺旋型的职业生涯发展路线

螺旋型的职业生涯发展路线即在实现目标的过程中从事两种或两种以上的职业，不断学习和提高多种技能，培养灵活的就业能力，不断积累，提升人力资本，在不同职业甚至不同行业中寻求发展。如做外贸、信息收集员后，做某网络公司策划总监，原有的市场经验和信息收集分析经验都为从事策划奠定了基础。此种路线的通道不明晰，总在追求心理成就感的满足，呈螺旋型上升趋势，主要靠个人的设计与管理。此种路线方式在我国随处可见，主要原因有：体制改变，取消了户籍限制，提供了人员自由流动的可能；人们观念发生变化，由于计划经济条件下那个虽不富有但稳定可靠的企业不见了，长期安全的承诺成为空话，组织保障变成了自我保障，因此提升自己就业能力成为内心强烈需求；就业压力增大，一步到位的就业模式难以实现，人员流动性增大，不成熟的从业者在寻寻觅觅中完成职业成熟过程。

4. 跳跃型的职业生涯发展路线

跳跃型的职业生涯发展路线即为一生中职务等级或职称等级不是一级一级晋升，而是越级晋升。出现越级晋升的原因主要有：组织因规模扩大等原因，人员紧张，岗位出现空缺，任命于急需之时；为符合政策规定，破格提拔人员；个人在学术、业务方面刻苦钻研，成果显著，脱颖而出；等等。此种模式可用较短时间到达较高职业高度，但是需要机遇或个人特别的努力，并非普遍的现象。

5. 双重型的职业生涯发展路线

双重型的职业生涯发展路线指有两个可以相互跨越的职业生涯发展途径，可自行决定其实现目标的路线。该路线让管理层级和技术等级在各个水平上有可以比价的报酬、责任和影响力。走双重型路线的大多为专业技术人员，他们可以从技术路线或管理路线中选择一条自己最适合的发展路线，减少改变职业路线的成本。

二、职业生涯发展运动形式

职业生涯发展运动形式是现代人力资源管理的关键。职业生涯发展运动形式多种多样，但概括起来主要有三种：向上运动形式、横向运动形式和中心运动形式。

(一) 向上运动形式

向上运动形式是沿着组织的等级，跨越职位等级边界向上运动，即通过职位升迁而向权力中心移动，其职业地位、报酬、责任及技能要求都会随之有所提高。一个人的职业一生很少发生变动，即使有变化也是在组织内部。职业发展路径和阶段可看得见、摸得着，比较标准化，可以预期。组织是线性的等级结构，较高的等级意味着较大的权力、责任和较高的薪金。职业发展的主动权在组织手中，职业生涯管理的责任主要由组织承担，人们更注重工作的安全感。组织成员往往先从基层做起，经过多年的经验积累逐步沿着特定的线性等级向上升迁。

(二) 横向运动形式

横向运动形式指跨越职能边界的横向运动，通过部门间或不同单位间的调动而积累个人的技能和经历，发展潜力，为进一步精通某一专业、提升更高职位打下较宽广的基础，其地位和报酬与原来的工作大致相同，但承担了新的责任。

在新的组织环境中，由于上升的空间受到限制，人员更加频繁地在组织的不同部门间流动、在不同组织和不同专业间流动，流动模式更加多样化，不稳定的因素也越来越多。一份调查结果显示：在找到第一份工作后，50%的大学生选择在一年内更换工作，两年内大学生的流失率接近 75%。第一份工作仅仅是由学校到社会的跳板，而随着职业变动频率的增加以及流动方式的变化，终身依附一个组织的固定职业不断削减，独立的、不依赖于任何组织的自由职业不断产生，例如培训师、咨询顾问、个体医生、家教等。知识性和服务性职业所涉及的活动是很难像传统的工厂和办公室的工作那样职责界定明确的。

(三) 中心运动形式

中心运动形式是通过赋予员工更大的权利和责任而向权力中心运动的形式。员工虽然没有改变岗位，甚至经济待遇也没有改变，但赋予工作更多的权利和责任，增加了工作的挑战性，员工掌握更多的资源，有更多的决策权、更高的工作意义、更强的成就感。一般说，按等级向上的运动与进入核心的中心运动是相关的，不过，人完全有可能停留在一个给定等级上，由于他拥有经验而更接近核心，受到更多的信任；也有可能向上移动，仍置身外围的情况，恰如常言所说的“明升暗降”。也可以说，这是另一形式的横向运动，对于许多无法再往上升的人来说，这种成长仍有可能，并且具有非同一般的意义。

传统的职业生涯成功的标准是沿着金字塔式的组织结构向上爬，担任更高的职位，承担更多的责任，获得更多的物质财富。但是这种职业生涯目标的实现，不仅受个人自身努力的影响，还受到组织发展的制约。为了应对激烈的竞争，组织常常采用结构扁平化和降低劳动力成本的策略，致使组织能够提供给雇员实现职业成功的资源越来越少。很多人过早进入了职业高原区而无法向上升迁，这给越来越多的人带来了职业上的挫败感，加大了人们的职业压力。在这种情况下，职场上成长起来的新一代，对衡量职业成功的标准发生了很大的变化，他们更多地强调职业生涯的目标是心理成就感，对地位并不十分看重，但希望工作丰富，具有灵活性，并渴望从工作中获得乐趣。与传统职业生涯目标相比心理成就感更大程度上由自我主观感觉认定，而不仅仅指组织对个人如晋升、加薪等的认可。这些因素使得中心运动的方式逐渐增多。

三、职业生涯目标的分解

在职业生涯总目标确定以后，想要实现这个目标，就要将长远的总目标加以细化和落实，这就需要对目标进行分解。职业生涯的实现可以用一系列的阶段来表示。为了顺利进入下一个新阶段，应根据新阶段的特点制订分目标。目标分解就是根据观念、知识、能力差距，将职业生涯长期的远大目标分解为有时间规定的长、中、短期分目标，直至将目标分解为某确定日期可以采取的具体步骤。

实现一个远大的目标很少能够一气呵成，必须分解成若干个易于达到的阶段性目标。目标分解是将目标清晰化，具体化的过程，是将目标量化成可操作的实施方案的有效手段。目标分解帮助我们在现实环境和美好愿望之间建立起可以拾阶而上的途径，从最远、最高的目标开始，一直分解至最近的目标。在现实中，我们做事之所以会半途而废，这其中的原因，往往不是因为难度较大，而是觉得成功离我们较远，确切地说，我们不是因为失败而放弃，而是因为倦怠而失败。

职业生涯目标的实现不可能一蹴而就，需要将目标分解实施。目标分解的方法一般有两种，按时间分解和按性质分解。

（一）按时间分解

个人职业目标，按时间可以分为短期目标、中期目标、长期目标和人生目标。

一般来说，短期目标服从和服务于中期目标，中期目标服从和服务于长期目标，长期目标服从和服务于人生目标。具体实施目标，通常是从具体的、短期的目标开始的。在确定人生目标和长期目标时，要多考虑一些自身因素和社会因素，而确定中期目标和短期目标时，则要更多地考虑工作环境因素。通过确定个人的长期目标、中期目标和短期目标，就形成了完整的个人目标体系。

1. 短期目标

短期目标一般为两年以内的规划，主要是确定近期目标，规划近期完成的任务。如对专业知识的学习，两年内掌握哪些业务知识等。其主要特征有：

(1) 表述清晰、明确；

(2) 对于本人具有意义，与自我价值观和中长期目标一致，有可能暂时不能完全满足自己的兴趣要求；

(3) 切合实际，并非幻想；

(4) 有明确具体的完成时间；

(5) 有明确的努力方向，通过努力能达到适合环境需要的能力，实现起来完全有把握；

(6) 目标精练。

2. 中期规划

中期目标一般为 2～5 年内的目标与任务。如规划到不同业务部门做经理，规划从大公司部门经理到小公司做总经理等。其主要特征有：

(1) 结合自己的志愿、组织的环境及要求制订，与长期目标相一致；

(2) 基本符合自己的兴趣、价值观，使人充满信心，且愿意公之于众；

(3) 切合实际，并且未来的发展有所创新，有一定的挑战性；

(4) 能用明确的语言定量与定性说明；

(5) 有比较明确的执行时间，根据外部环境变化可做适当的调整；

(6) 可以发挥自己的能动性，实现的可能性非常大。

3. 长期目标

长期目标一般为 5～10 年的规划，主要设定较长远的目标。如规划 30 岁时成为一家中型公司的部门经理，规划 40 岁时成为一家大型公司副总经理等。其主要特征有：

(1) 自己认真选择的，和组织、社会的发展需求相结合；

(2) 符合自己的兴趣、价值观，能为自己的选择感到骄傲；

(3) 能用明确的语言定性说明；

(4) 有实现的可能，并有更大的挑战性；

(5) 与志向相吻合，能够立志通过努力实现理想；

(6) 与人生目标相融为一，指导自己为创造美好未来坚持不懈。

4. 人生目标

人生目标是整个职业生涯的规划，时间长至 40 年左右。设定整个人生的发展目标，如规划成为一个有数亿资产的公司董事。

(二) 按性质分解

个人职业目标按性质可以分为外职业生涯目标和内职业生涯目标。

1. 外职业生涯目标

外职业生涯是从事职业时的工作单位、工作地点、工作内容、工作职务、工作环境、工资待遇等因素的组合及其变化过程。外职业生涯的构成因素通常是由别人给予的，也容易被别人收回。外职业生涯因素的取得往往与自己的付出不符，尤其是在职业生涯初期。有的人一生疲于追求外职业生涯的成功，但内心极为痛苦，因为他们往往不了解，外职业生涯发展是以内职业发展为基础的。

(1) 职务目标。职务目标应当具体明确。

(2) 工作内容目标。在现实生活中，能够晋升到高层职位的毕竟是少数。位置越高，留给我们可以选择的机会也就越少，而且，能不能晋升，很大程度上并不取决于我们自己，所以不要只盯着职务目标的晋升，而应该把外职业生涯目标规划的重心移到工作内容目标上来。

(3) 经济目标。我们从事一项工作，获得经济收入是一大目的，毕竟我们谁也离不开生存的物质基础。在职业生涯规划中列出收入期望无可非议。但是要注意的是切合实际和自己的能力素质，然后大胆地规划一个具体的数目，不要含糊不清，或者压根就不敢写。

(4) 工作地点目标和工作环境目标。如果个人对工作地点和工作环境有特殊要求就要在规划中列出这两项内容。

2. 内职业生涯目标

内职业生涯是从事一项职业时所具备的知识、观念、心理素质、能力、内心感受等因素的组合及其变化过程。内职业生涯各项因素要靠自己的主观努力才能实现，别人帮助只是一个助力。而且，内职业生涯的构成因素一旦取得，就成为别人拿不走、收不回的个人财富。内职业生涯的发展是外职业生涯发展的前提，内职业生涯发展了，外职业生涯自然提升。因此，我们应当充分重视内职业生涯的发展，认清它在个人职业生涯乃至整个人生发展中的关键性作用。在职业生涯的各个阶段，我们都应该重视内职业生涯的发展。尤其是在职业生涯早期和中前期，我们一定要把对内职业生涯各因素的追求看得比外职业生涯更重要。

(1) 工作能力目标。工作能力是对处理职业生涯中各种工作问题的能力的统称。如策划能力、管理能力、研究创新能力、与领导无障碍沟通的能力、与同事协调合作的能力等。

职业生涯发展并非一个直线上升的过程，简单地把职业生涯发展定义于职务和职称的晋升只能让自己堕入心灵煎熬的痛苦中。衡量一个人的职业生涯成功与否，不在于他是否赚到很多钱，当上很高的官等这些外在表征，而在于他工作的过程中，是否创造完成了富有实际意义的成绩。很多时候，我们的职业生涯发展是个横向伸展的过程，可能是工作内容范围的扩大，可能是专业领域的进深，这都需要我们不断地提高个人的工作能力，否则职业生涯将停滞不前。

从另一个角度来说，必要的工作能力积累是达到职务目标和收入目标的前提。所以，我们在制订个人职业生涯规划时，工作能力目标应当优先于职务目标。职务能够获得晋升很大程度上不取决于我们自己，但在工作中能否增长知识、提高能力、提高工作效率却是我们可以独立把握的。现在，一些组织的管理者在人事管理中，已经把工作能力提高作为改善员工待遇的重要指标。工作能力目标应当切合实际，具有挑战性，并与该阶段的职务职称目标所要求具备的条件相适应。

(2) 工作成果目标。在很多组织里，工作成果都是进行绩效考核的一个重要指标，出色的工作成果带给我们极大的荣誉感和成就感，也铺砌了通往晋升之途的阶梯。

(3) 提高心理素质目标。心理素质在当今社会越来越受到人们的重视，在职业生涯途中，有人成功达到目标，有人半空而坠，区别其实不在于机遇和外部条件，每个人的职业生涯发展过程中都会遇到这样或那样的困难，只有心理素质合格的人才能正视现实，努力去克服困难，冲向卓越。而心理素质差的人只会怨天尤人、自暴自弃。为了个人的职业生涯规划蓝图能够化为现实，千万别忘记不断提高自己的心理素质。提高心理素质目标包括经受挫折、包容议论，也包括在暂时的成功面前保持清醒冷静。

(4) 观念目标。观念是对人对事的态度、价值观。当今是个强调观念的社会，外面各种各样的新观念层出不穷，很多跨国大企业甚至形成了自己的观念文化。这些观念影响着我们的行动，也影响着组织、领导、同事、客户对我们的态度。随时更新自己的观念，让自己总是站在前沿地带，也是我们规划个人职业生涯的重要一步。

制订外职业生涯目标与内职业生涯目标是同时进行的，两者是相辅相成、相互促进的。内职业生涯目标的发展可以推动外职业生涯目标的发展，而外职业生涯目标的实现又可以促进内职业生涯目标的实现。

四、职业生涯目标组合

目标组合是处理不同目标相互关系的有效措施。如果只看到目标之间的排斥性，就只能在不同目标之间做出排他性选择，而如果能看到目标之间的因果关系与互补性，就能够积极进行不同目标的组合。目标组合有三种方法：时间组合、功能组合和全方位组合。

(一) 时间组合

职业生涯目标在时间上的组合可以分为并进和连续两种情况。

1. 并进

所谓职业生涯目标的并进，指同时着手实现两个平行的工作目标或建立和实现与目前工作内容不相关的预备职业生涯目标。有时候，外部环境给予我们的机会很多，这让我们面临多个选择，于是会出现两个或多个不同方向的职业生涯目标。只要处理得好，在一定时期内，是可以做到鱼与熊掌兼得的，当然，前提条件是有足够的精力和能力来应对，对普通年轻人，建议在一段时间内只订一个大目标。

2. 连续

连续使用时间坐标做纽带，将各个目标前后连接起来，实现一个目标再进行下一个。一般来说，较短期目标是实现较长期目标的支持条件。目标的期限性是相对的，随着时间的推移，长期目标成为中期目标，中期目标成为短期目标，短期目标成为近期目标。

(二) 功能组合

很多职业生涯目标在功能上存在因果关系或互补关系。

1. 因果关系

有些目标之间存在着明显的因果关系，如前面提到的工作能力目标与职务目标和收入目标，前者是因，后者为果，表现为：工作能力提高—职务提升—收入增加。通常情况下，内职业生涯目标是原因，外职业生涯目标是结果。

2. 互补关系

一个教师希望在成为一个优秀的教育者的同时开展科研实践，这两个目标之间存在着直接的互补作用。高校教师往往同时肩负着基础教学和科研两项任务，教学基础为进行科研工作提供了理论基础和方法指导，科研实践又促进了教学内容的丰富更新和质量的提高。

(三) 全方位组合

全方位组合已超越职业的范畴，它涵盖了人生全部活动。全方位组合指职业生涯、家庭和个人事务的均衡发展，相互促进。事业不是生活的全部，任何一个人都不能离开家庭和休闲娱乐，因此职业生涯规划不应把生活中的其他内容排斥在外。目标的全方位组合可以超越狭隘的职业生涯范围，将全部的人生活动联系协调起来。

2018 届大学毕业生就业率

第三方社会调查机构麦可思研究院 2019 年 6 月在北京发布的《2019 年中国大学生就业报告》(就业蓝皮书)显示，2018 届大学毕业生就业率为 91.5%，其中近两届高职高专毕业生就业率高于同届本科。

2018 届本科毕业生就业率为 91%，与过去 4 届相比略有下降；2018 届高职高专毕业生就业率为 92%，与过去 4 届相比稳中有升。根据报告显示，2018 届本科毕业生待就业率为 4.2%，高职高专毕业生待就业率为 7.5%，与 2014 届相比均有下降。从就业去向来看，民营企业、地级城市及以下地区等依然是主要就业去向，2014～2018 届本科毕业生在民营企业就业率从 50%上升到 54%，2014～2018 届高职高专毕业生在民营企业就业率从 65%上升到 68%。

这份报告的调查样本为来自 30 个省区市的 2018 届 30.3 万名大学毕业生，覆盖了 1031 个专业、327 个行业及 603 个职业。

思考与讨论

1. 作为新时代的医学生，在迈入医学校门之际，应当如何做好自己的职业生涯规划？
2. 为什么医学生要确定职业生涯目标？
3. 通过哪些步骤设定职业生涯目标？应掌握哪些方法？

4. 医学生职业生涯目标发展的途径有哪些？具有什么意义？

本章小结

通过本章的学习，我们应该正确地认识到职业生涯规划对一个人职业发展的重要性，同时，同时一定要掌握职业生涯规划的基本方法。具体达成目标如下：

(1) 树立正确的生涯发展观念是人生的起跑点，在制订职业生涯规划时，首先要确立人生目标，期望人生取得更大发展，这是制订职业生涯规划的关键。

(2) 客观认识自我与环境，准确职业定位，客观分析自己的能力结构、职业兴趣、职业价值观、行为风格、个性特征等，作为设定职业生涯目标和策略的基础，准确地进行职业定位。

(3) 评估职业机会(知彼)通过多种途径，尽可能地获取目标行业、目标职业、目标企业(用人单位)的相关资讯，结合自己的专业情况、就业机会、职业选择、家庭环境、社会需求等因素，理性地评估职业机会，以此作为设定自己职业目标的基础。

(4) 择优选择职业目标和路径，在知己、知彼的基础上，以自己的最佳才能、最优性格、最大兴趣、最有利的环境等信息为依据，选择最适合自己的职业目标，并确定相应的职业发展路径。

(5) 制订行动计划和行动策略，终生学习，高效行动，围绕职业目标的实现，制订具有针对性、明确性与可行性的行动计划。

第四章

医学生自我认知与定位

知识目标

1. 了解自我认知的概念、过程和原则。

2. 理解兴趣、能力、气质、性格、价值观与职业生涯的关系。

3. 掌握自我认知的功能和方法。

能力目标

通过本章的学习，使大学生运用兴趣、能力、气质、性格、价值观与职业生涯的关系确定好职业发展的方向。

核心概念

自我认知　职业定位　职业性格　职业兴趣　职业能力　价值观

第一节 自我认知概述

案例导入

认识自己，从容选择

小赵是健康管理系的学生。自进入大学那天起，他就不时地问自己：以后要从事哪方面的工作呢？是健康产业管理方向、健康管理师方向，还是营养师方向呢？

小赵同学首先从自身的职业倾向分析入手。他认为：选择健康管理专业，是基于自身的兴趣，毕业后从事相关领域工作是顺理成章的；自己性格开朗，社交能力强，并具有一定的组织管理水平，适合做一名管理人员……经过专业的学习和深入探索，他确信自己能够胜任健康产业管理人员的要求。

慎重思考之后，小赵确定了自己的职业方向。现在，他在一所知名的医疗服务机构里面实习，快乐而又充实。

想一想：小赵同学是从哪些方面考虑，让他能客观评价和对待自己的优缺点，从而扬长避短，做出合理的职业选择的？

一、自我认知的含义

自我认知也称自我意识，或称自我，是个体对自己存在的觉察，包括对自己的行为和心理状态的认知。自我认知是对自己的洞察和理解，包括自我观察和自我评价。自我观察是指对自己的感知、思维和意向等方面的觉察；自我评价是指对自己的想法、期望、行为及人格特征的判断与评估，这是自我调节的重要条件。

如果一个人不能正确的认识自我，看不到自己的优点，觉得处处不如别人，就会产生自卑，丧失信心，做事畏缩不前……相反，如果一个人过高地估计自己，就会骄傲自大、盲目乐观，导致工作的失误。因此，恰当地认识自我，实事求是地评价自己，是自我调节和人格完善的重要前提。

只有进行了充分的自我认知，才能选定适合自己的职业发展路线，增加职业成功的机会。一般而言，一个人的自我认知是根据自己过去的经历、自己的成功或失败、他人对自己的反映、自己与环境中其他人的比较等方面形成的。它会随着情景的不同而改变，但个人的所有行为、感情和举止，甚至才能都始终与自我意识一致。自我认知既包括对自己的长处与缺点、意识、意向、动机、个性和欲望的认识，也包括对自己的行为进行反省，调整自己的情绪等。在生涯规划中，清楚的自我认知使自己能够了解自己的职业价值观、兴趣、爱好、能力、特长、人格特征以及弱点，以便作出明智的职业选择，找到一份真正适合自己的工作。在职业转换和职业发展中，通过对自己的总结，找到成功和失败的原因，从中吸取经验和教训，可以促使自己的职业生涯成功。

二、自我认知的重要性

一个勇敢的人是敢于面对真实自己的人，也是一个能接受现实自己的人。很多医学生面对自己的世界时，感到非常茫然，很想探寻一些答案；也有一些学生因为不能客观地认识自己，而出现过度地自我接纳和自我拒绝；甚至有的学生躲在自己的世界不肯出来，出现以自我为中心的倾向。在职业的选择中，客观的自我认识和积极的自我态度本身就是做出正确选择的基础。准确的自我认知有助于解决个体发展四个方面的问题：

(1) “WHY”(为什么)。这一过程自我认知的内容是思想和行为的“动机”和“理由”，它要解决的任务是对是否树立目标，是否行动进行决策。这一过程解决不好的人，很难发掘出自己的智慧潜能。

(2) “WHAT”(是什么)。这一过程自我认知的内容是思想和行为的“结果”和“目标”，它要解决的任务是对取得什么样的结果和达到什么样的目标进行决策。这一过程解决不好的人不能合理地估量和揣度事情的结果以及结果对其人生的意义，经常与成功失之交臂。

(3) “HOW”(怎么样)。这一过程自我认知的内容是思想和行为的“方法”和“策略”，它要解决的任务是对方法和策略进行决策。这一过程解决不好的人整天忙忙碌碌，却总是事倍功半。

(4) “WHERE”(在哪里)。这一过程自我认知的内容是理想和行为的环境因素和自然因素，它要解决的任务是分析个体的优缺点、个性以及有无潜能及条件等问题。这一过程解决不好的人对环境及自己在环境中的位置缺乏清晰的认识，不是高估就是低估自己，从而导致自负或者自卑的消极情绪。

> 不会评价自己，就不会评价别人。
>
> —— 德国谚语

三、自我认知的内容

自我认知的内容应该是客观全面的。首先，对自己的认识应该客观，是在正视自己、面对现实基础上做出的，过高或过低评价都会给自己的求职心态带来不利影响。其次，对自己的认识应该是全面的，既包括自己的特殊素质，又包括综合素质；既包括自己的优点和长处，也包括缺点和不足。

(一) 优势分析

个人优势是求职就业制胜的法宝。我们要找出自己与众不同的地方，形成鲜明的自我定位，在招聘者面前亮出一个独特的招牌，让自己的价值更好地为招聘单位所认识。对于自己的优势可以从以下角度进行分析：

1. 知识

要明确十几年寒窗苦读从专业课程中学到了什么，清楚自己的知识面构成如何等。专业在一定程度上决定你的职业方向，因而尽自己最大努力学好专业课程是职业规划的前提条件之一，要善于从中总结，真正化为自己的智慧。只有知识面构成合理才符合社会对复合型人才的需要。

2. 经验

你具有什么社会经验？你有什么样的人生经历和体验？对于刚毕业的大学生而言，这主要表现为在学校期间担任的学生干部职务，曾经参与或组织的实践活动，曾获得过的各种奖励等。这些情况可以从侧面反映出一个人的素质状况。在自我分析时，要善于利用过去的经验选择，推断未来的工作方向与机会。

3. 成绩

你做过什么成功的事情？你可能做过很多事情，但成功的是什么，最成功的又是哪一件？为何成功，是偶然还是必然？通过分析，可以发现自我性格优越的一面，譬如坚强、果断，以此作为个人深层次挖掘的动力之源和魅力闪光点。

(二) 劣势分析

很多人都不喜欢直面自己的缺点和短处。其实，劣势并不总是一无是处。知道自己的劣势，不至于使自己盲目自信，趾高气扬；分析自己的劣势，不至于使自己因为劣势而无端自卑，垂头丧气。与优势分析相似，劣势可从以下角度进行分析：

1. 知识不足

无法想象一个什么都不懂的人能为企业或单位带来效益，因此，专业学得不好要尽量弥补狭窄的知识面，要从现在开始广泛涉猎。俗话说“活到老，学到老”，大学生尚且年轻，亡羊补牢，犹未晚也。

2. 性格弱点

一个独立性过强的人会很难与他人默契合作，而一个优柔寡断的人也难以担当企业管理者的重任。卡耐基曾说，人性的弱点并不可怕，关键要有正确的认识，要认真对待，尽量寻找弥补、克服的办法，使自我趋于完善。

3. 经验缺乏

也许你曾多次失败，总也找不到成功的途径；也许需要你做某项工作，而你之前从未接触过，这都说明经历的欠缺。其实欠缺并不可怕，怕的是自己还没有认识到，甚至还一味地不懂装懂。

了解自己的劣势，求职时可以避免突发事件处置不当而导致用人单位产生误会。认识到自己的缺点，平时要对症下药，从以下几个方面努力改正。

(1) 要加强学习。针对自身劣势，制订出自我学习的具体内容、方式、时间安排，尽量落于实处、便于操作。

(2) 投身社会实践。尽可能在社会实践中锻炼才干，不断总结提升。要主动参与学生活动，接触各色人群，多看、多听、多写，着重锻炼自己能力欠缺的方面。如果可能的话，不妨把自己的收获体会用文字表达出来，这对帮助提高自己更为直接。

(3) 要虚心请教。家人、同学、朋友、师长和专业咨询机构都可以成为个人提高的有力支援，要学会求得他人帮助。对自己了解最深的莫过于你周围最亲密的人，多听听他们的经验与教训以及对自己的评价，尤其是注意他们对你的职业选择和人生发展方向的建议与评价。各类专业咨询机构在指导个人认识和选择职业方面都有一套比较完整的测评手段，也可以借助他们加深自我认识，做到全面了解。

四、自我认知的原则

自我评价是建立在自我观察与自我分析基础上的自我身心素质的全面评估。自我评价的具体方法，主要包括自省、听取并接受他人评价或自行进行心理测验等。对于择业期间的大学生来说，应当注意使用正确的自我评价方法，既要重视躬行自省，又要广泛听取他人意见，要重视心理测量结果的重要参考作用，但不应对其产生绝对依赖。不论采用何种方法，都要注意相互之间参照与综合，把握好以下几个原则，这样才有利于做出准确全面的自我评价。

(一) 适度性

自我评价应该适当。不适当的自我评价有两种：过高评价和过低评价。过高评价往往使自己脱离现实，意识不到自己的条件限制，甚至自傲狂妄，由自信走向自负；过低评价往往忽视自我的长处，缺乏自信，过于自卑。过高或过低的自我评价对自己都是不公平的。

(二) 全面性

自我评价应当全面。也就是说，既要看到自己的优点和特长，又要看到自己的缺点和不足；既要对自我某一方面的特殊素质进行具体评价，又要对各个方面的整体素质进行综合评价；既要考虑到全面的整体因素，又要考虑到其中占主导地位的重点因素。任何一种片面的、孤立的、不分主次的自我评价，都不可能全面而正确地反映自己的整体素质状况。

(三) 客观性

自我评价还应当掌握客观性的原则。尽管是自己对自己进行观察、分析和评价，但仍需要以客观事实作为基础和依据。常言说：人贵有自知之明，“自知”的可贵之处在于其难度，“自知”之所以难度大，就在于自知的过程往往会受到个人主观因素的限制和干扰。只有努力克服和排除这种限制及干扰，才有可能使自我评价趋于客观和真实。

(四) 发展性

自我评价时，应以发展变化的眼光看待自己。世间万物都不可能是静止不变的，包括自己。今日的自我，已不同于昨日的自我；明日的自我，相对于今天也会有所不同。自我评价不但应当对自己的现实素质做出适当、全面、客观的评价，而且应当着眼于未来的发展变化，有预见性地估计自己将来的发展潜力和前景。

诸葛亮的职业选择

东汉三国时期，群雄逐鹿，人杰辈出。隐居南阳的诸葛亮一出山就投靠了当时最为势单力薄的刘备集团并终生为其奔走效力。在为刘备集团作出杰出贡献的基础上，诸葛亮实现了个人事业的成功，而他的成功归根结底取决于他对外部环境的准确评估。

首先，诸葛亮对三足鼎立的政治、军事环境分析透彻，准确把握了各方实力对比以及发展趋势。他认为曹操已经统一了半个中国，实力最雄厚；孙权只求偏安自保；而势力最为弱小的刘备集团却具备快速成长，与曹操、孙权三足鼎立乃至形成一统天下的可能性。

其次，诸葛亮对刘备集团的组织环境考察全面，正确选择了自己所要投身的组织。诸葛亮从五个方面分析了刘备本人及刘备集团。第一，刘备始终坚持光复汉室的理想，在全国赢得了相当一批支持者；第二，刘备品性坚忍顽强，敢于与任何强大的敌人对抗；第三，刘备待人宽厚谦和，团队凝聚力超强；第四，刘备是汉朝皇族后裔，具备名正言顺继承“大统”的资格；第五刘备集团武将居多，高级参谋人才奇缺。通过分析，诸葛亮认为组织领导人刘备性格、抱负和才能与自己的价值观高度吻合，而且以刘备集团内部的人才构成的状况，自己若去投奔，会获得破格提拔到最高领导层的机会。

最后，诸葛亮对职业要求了如指掌，长期努力积累了“谋略大师”的才干。诸葛亮始终以春秋战国时期两位著名的最高参谋管仲、乐毅为榜样，分析“谋略大师”所要具备的素质，并不断努力完善自我，其才干已具备了实现人生目标的可能。

第二节　自我认知的方法

山东某名牌师范大学中文系本科毕业王某某是一个比较文静，有些内向的女孩，读大学期间学习成绩一直很好，曾多次参加学校的征文比赛并获奖，有较强的文字表达能力，但有些腼腆的她不善于口头表达，也不善于人际交往。现在她在一所中学担任语文教师。在近三年的工作过程中，王某某发现自己其实并不适合做老师，虽然具备了工作需要的相应学历，但她并不具备应有的管理学生的能力。课堂上她总是不能很好地调动学生的积极性，因此她所带的班级语文成绩不够理想，学校对她的工作表现也不是很满意，王某某自己也觉得非常苦恼。因此王某某想转行从事其他工作并且能够发挥自己的文字特长，但是具体向哪一个行业转？什么工作适合自己呢？

自我认知是职业生涯规划的重要环节，是职业生涯规划的主体对自己的知识、能力、价值观、愿望、行为和个性特点等有关职业发展的因素所作的分析、判断和评价。个人对自己的思想、动机、行为和个性等的评价，直接影响学习和参与社会活动的积极性，也影响着与他人的交往。一个人如果能够正确、如实地认识和评价自己，就能正确地对待和处理个人与社会、集体及他人的关系，有利于自己克服缺点、发扬优点，在工作中充分发挥自己的作用。自我分析与评价的结果可能是积极的，也可能是消极的。自我评价往往是自己行为的主要调节器，自我评价较高的人往往具有较高的抱负水平，可以取得较高的成就。因此，积极的自我分析与评价有助于保持身心健康，适应新环境，摆脱孤独和困境。自我分析的方法有多种，个人在做自我探索时，可以考虑综合运用多种手段和方法，全面认知个人特点与需要，为合理的职业生涯规划做好准备。常用的自我认知的方法有以下几种。

一、橱窗分析法

认识自我，了解自我是非常不易之事，所以有做事难、做人难、了解自己就更难的说法。心理学家们就曾把对个人的了解比作橱窗一样，可大可小。为便于理解，人们通常把橱窗放在直角坐标中加以分析。坐标的横轴正向表示“别人知道”，坐标横轴负向表示“别人不知道”；纵轴正向表示“自己知道”，负向表示“自己不知道”。坐标橱窗如图 4-1 所示。

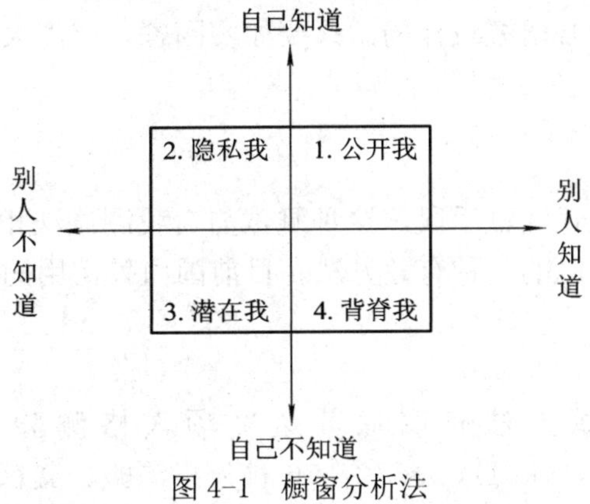

图 4-1　橱窗分析法

橱窗 1：为自己知道，别人知道的部分，称为“公开我”，属于个人展现在外，无所隐藏的部分。

橱窗 2：为自己知道，别人不知道的部分，称为“隐私我”，属于个人内在的私有秘密部分。

橱窗 3：为自己不知道，别人也不知道的部分，称为“潜在我”，是有待开发的部分。

橱窗 4：为自己不知道，别人知道的部分，称为“背脊我”，犹如一个人的背部，自己看不到，别人却看得很清楚。

通过四个橱窗可知，在进行自我认知时，必须加强了解的是橱窗 3 和橱窗 4 这两个部分，橱窗 3 是“潜在我”，橱窗 4 是“背脊我”，如果自己诚恳地、真心实意地征询他人的意见和看法，就不难了解“背脊我”。我们可以采取多种方式，可以借助录音、录像设备，尽量开诚布公。要做到这一点，需要开阔的胸怀，确实能够正确对待，有则改之，无则加勉，否则，别人是不会说实话的。对于橱窗 2，我们可以采取撰写自传或 24 小时日记的方式来了解自我。撰写自传，可以了解我们自身成长的大致经历和自我计划情况等，而 24 小时日记对我们一个工作日和一个非工作日经历的对比，也可以了解一些侧面的信息。

职场新人需要对此予以重视，尽管我们还年轻，不需要什么自传，但是这是了解自我的一种比较不错的途径。

科学家研究发现，每个人都有巨大的潜能，人类平常只发挥了极小部分的大脑功能。如果一个人能发挥一半的大脑功能，将轻易地学会 40 种语言，背整套百科全书，拿 12 个博士学位。著名心理学家赫伯特·奥托指出，一个人一生所发挥出来的能力，只占他全部能力的 4%，也就是说一个人 96%的能力还未开发。赫赫有名的控制论奠基人诺伯特·维纳说："可以完全有把握地说，一个人即使他是做出了辉煌成就的人，在他的一生中利用他自己的大脑潜能还不到百亿分之一。"由此可见，认识、了解"潜在我"，是自我认识的重点之一。

二、自我测试法

自我测试法也称心理测试法，就是通过自己回答有关问题来认识自己、了解自己，这是一种比较简便经济的自我认知的方法，如目前各类书籍、资料中的性格测试、气质测试、情绪测试等。这些测试的内容涉及自我认知中包含对自己性格、气质等方面的评估，测试题目都是心理学家经过精心研究设计的，只要如实回答，就能大概了解自己有关情况。

三、计算机测试法

计算机测试是一种现代测试手段。这种测试与自我测试法相比，其科学性、准确性较高，是了解自己、认识自己的一种有效方法。目前国内外常用的几种测试方法如下。

(一) 人格测试

最常用的人格测试方法有明尼苏达多项人格测验(Minnesota Multiphasic Per-sonality Inventory，MMPI)、卡特尔 16 种人格测验、艾森克人格问卷测试以及瑟斯顿人格测验等。

(二) 智力测试

智力具有隐蔽性和抽象性的特点，很难直观地把握，因此有必要了解一些智力测试的方法，以便于我们开发与选择合适的智力测试工具，提高自我剖析的水平。如史丹福比奈智力量表、韦克斯勒成人智力量表、瑞文推理量表以及威斯曼人事分类测验(Personnel Classification Test，PCT)、基本成就测验、高级人员测验等。

(三) 能力测验

能力测验内容较多，有文职人员能力与机械能力两种测验。文职人员是指工作地点在办公室而主要从事创造力要求较低工作的脑力劳动者，如出纳、秘书、干事等。这类人员的测试方法有明尼苏达办事员测验、一般办事员测验、短期雇佣测验(Short-term Employment Test，SET)等。机械能力测验方法有明尼苏达拼板测验、贝内特理解测验等。

(四) 职业倾向测验

职业能力的大小及其发展，与个人对职业的倾向兴趣有很大的关系。职业兴趣的测试有爱丁堡职业倾向问卷、男性职业兴趣问卷表、库德职业偏好记录、明尼苏达职业兴趣问卷表等。

四、绘制生命线

生命线简单来说，就是给自己的寿命定个期限，然后按照时间顺序来自由确定人生的大事件。画生命线的目的是对自己的人生有所展望和安排，以增加人生目的性和规划性，为创造理想人生打下基础。可以从幼年时代开始回顾过去的生活，挖掘曾经的理想志向，并利用“生命线”对自己的成长事件进行概括、提炼，并以一段时间为单位，确定事业主线，通览生活和工作的整个框架，从而帮助自己更好地了解自己，特别是对那些“不知道想做什么”的人来说，生命事件梳理尤为重要。

比如现在20岁，给自己的生命线的终点定为70岁，那就有50年的自由支配时间，可以将20～24岁定为大学学习期，24～27岁定为经验累积期，28～30岁定为去某个行业、公司工作，35岁为部门主管，40岁开始创业……

五、求助他人

个人在进行探索的时候，也可以适当地向亲朋好友或专业的咨询师寻求帮助，获得他人对自己的评价或专业指导，一般来说，借助他人对自己的评价，会帮助自己更加全面地了解自我。尤其是职业咨询师，会利用其专业的知识与技能，从专业角度分析自我特点。需要指出的是了解个人特质与职业规划都是复杂的事情，在寻求职业咨询师指导的时候，咨询师需要对你的个性、能力、经验，甚至工作、学习、生活环境有一定的了解，才能给出科学的指导建议，这个指导过程是个长期的过程，甚至在咨询中会出现一些动态和反复。

第三节　大学生职业定位

把职业看成饭碗是中国人习以为常的一种比喻，由此可见职业对于人生的重要性。选择职业，就是对过去自我的深思回顾和对未来自我的设计展望。我们大多数人都希望能在毕业后立刻找到适合自己的工作(这里包括职业适合个人的兴趣、性格等个人特征，职业有较好的发展前景，能提供丰厚的回报)。

个体差异和社会职业的多样性是职业选择的前提。心理学的研究表明，人与人之间的差异最主要表现在身体素质、智力和个体特征上。个体差异的存在决定了一个人对于某种职业的适应性不同。而社会职业也是种类繁多、千差万别的，每种职业因其自身性质和内容等差异，使得它对任职者的要求也不相同。个体如果能找到符合自身个性特征、兴趣，又有适当能力去完成的职业，就能充分发挥其潜力，最大限度地提高工作效率，取得较好业绩，也能产生工作满意感、自我实现感，从而心情舒畅。如果职员能够有上述现象，对于组织而言，目标自然就容易实现了。因此，人和职业能否相匹配，对于个体和组织来说都是至关重要的。

一、性格与职业选择

人们常说“性格决定命运”。许多企业在进行人才招聘时，往往将性格的测试放在首位，当性格与职业相匹配时，才对其能力进行测试考查。他们认为性格比能力重要，如果一个人能力不足，可通过培训提高，但一个人的性格与职业不匹配，要改变起来，就困难多了。其实性格并无好坏之分，但性格类型与职业类型的匹配度，却对事业的成败有着重要影响。

（一）性格的含义

一般来说，性格指个人在先天生理素质的基础上，在社会实践活动和不同环境熏陶下逐渐形成的、对现实较为稳固的心理特征。近年来，国外用人单位在选人时出现一种新观念，即认为性格比能力重要。其原因是，如果一个人能力不足，可通过培训提高，一年不行两年，两年不行三年，总可以开发出来。但一个人的性格不好，却很难改变，正所谓“江山易改，本性难移”。所以，这些单位在招聘新人时，将性格的测试放在首位，当性格与职业相吻合时，才对其能力进行测试考查。

在进行职业生涯规划时，正确地测定自己的个性是其中非常重要的环节，职业生涯规划是与职业性格、气质、能力、兴趣、潜力、价值观等因素相关联的，性格若能与职业相匹配，工作中就能更加得心应手、轻松愉快、富有成就，反之则会不适应、困难重重，给个人和组织发展造成不利影响。

借助科学手段了解自己的性格类型，有利于进行准确的职业定位，更有利于职业生涯的发展。许多职业对性格品质有着特定的要求，要选择某一职业就必须具备这一职业所要求的性格特征。但是，性格在很大程度上是来源于后天的培养，并不是无法改变的，每个人在社会中都会因为种种外界原因而改变原先的性格，也许这种改变会让你意外地发现自己的潜力。另外，人的个性并不能决定他的社会价值与成就水平。当你发现你的个性与职业的匹配度不高时，可以通过个人努力来弥补自身不足。

（二）气质的含义及类型

现代心理学认为，气质是指一个人心理活动典型的、稳定的动力性特征。气质这种心理活动的特征，主要表现在人们与外界事物接触中反映出来的感受性、耐受性、反应的敏捷性、情绪的兴奋性以及心理活动的内向性和外向性等特点。气质在人性结构中处于基础地位，它使人的各种心理活动和行为表现染上个人独特的色彩，与性格相比，气质具有更多的先天成分，并在出生以后就表现出来。如有的婴儿一出生就表现得很好动，喜欢吵闹，对外界的事物反应迅速；有的婴儿则表现得比较平稳、安静，对外界事物反应缓慢。

气质类型是指表现为心理特征的神经系统基本特征的典型结合。构成气质类型的各种心理特征，多数是某一种神经特性的表现，但有的也可能是两种神经特性的结合。例如：感受性是神经系统强度特性在心理上的表现，反应的速度是灵活性特征在心理上的体现。而情绪兴奋性既体现兴奋或抑制过程的强度，也体现两者的平衡性。由于人们的心理反应可以从多方面表现出神经系统的基本特性，所以，在这些心理特性中就可以既从实验结果又从生活指标中判定不同人的气质类型。

气质是一个古老的概念。早在古希腊时期，希波克利特就认为人体内有 4 种液体：黏液汁、黄胆汁、黑胆汁、血液，根据液体在人体内占优势的程度不同，他把人的气质分为 4 种类型：多血质、胆汁质、黏液质和抑郁质。虽然后来的现代生理学研究表明气质的生理基础是人的高级神经活动，气质的类型与人的体液无关，但希波克利特把人的气质分为 4 种基本类型比较符合实际，所以被许多学者所采纳并沿袭至今。

(1) 多血质(又称活泼型)。这种气质类型的特点是活泼好动、善于交际、乐群性高、容易适应环境，思维敏捷、反应迅速，注意力易转移，容易接受新事物，但印象不很深刻，情绪发生快，但体验不深刻，具有外倾性。优点是乐观、开朗、灵活、热情、善交际；缺点是不稳定、易动摇，缺乏持久性。

(2) 胆汁质(又称不可遏止型)。这类气质类型的特点是直率热情、精力旺盛，能经得起强刺激，脾气急躁、易冲动，思维、语言动作反应迅速，心境变化激烈，但体验不强，具有外倾性。优点是有毅力、坚强、勇敢；缺点是暴躁、易着急。

(3) 黏液质(又称安静型)。这类气质类型的特点是安静、稳重、交际适度，善于忍耐，能克制自己，情绪不易外露，思维动作反应慢且不灵活，注意力稳定不易转移，偏内倾性。优点是稳定、安静、可靠；缺点是固执、刚愎自用。

(4) 抑郁质(又称脆弱型)。这种气质类型的特点是羞涩、好静、孤立，情绪发生慢，不易外露，体验深刻，即使是微不足道的小事也容易引起情绪波动，反应迟缓、敏感，注意自己的内心世界，办事认真，具有内倾性。优点是敏感、细心；缺点是自卑、脆弱。

在现实生活中，具有上述 4 种气质类型的典型代表只是少数，大多数人是接近某种气质，同时又具有其他气质的某些特点。因此，判断一个人的气质，主要是观察和测定某个人具有哪些气质特点，而不能简单地用模式去套。

气质是天生的，性格是后天形成的。每种性格类型本身并没有优劣之分。了解自己的性格类型，可以让我们更好地扬长避短；了解他人的性格类型，能够促使彼此更好地达成一致意见。

(三) MBTI 性格类型理论

(1) MBTI(Myers Briggs Type Indicator，麦尔斯布里格斯类型指标)是一种迫选型、自我报告式的性格评估测试，用以衡量和描述人们在获取信息、作出决策、对待生活等方面的心理活动规律和性格类型。

MBTI 人格理论的基础是著名心理学家卡尔·荣格先生关于心理类型的划分，后由美国的心理学家凯恩琳·布里格斯(1875—1968 年)与伊莎贝尔·布里格斯·迈尔斯研究并加以发展。凯恩琳·布里格斯和她的心理学家女儿伊莎贝尔·布里格斯·迈尔斯根据瑞士著名的心理分析学家荣格的心理类型理论和她们对于人类性格差异的长期观察和研究，形成了 MBTI 性格理论。经过长达 50 多年的研究和发展，MBTI 已经成为当今全球最为著名和权威的性格测试指标体系。

MBTI 从四个维度考察个人的偏好倾向，以区分人与人之间的差异，这四个维度为：

(1) 精力支配：Extraversion (E) VS Introversion (I)
外倾 内倾

(2) 接受信息：Sensing (S) VS Intuition (N)
感觉 直觉

(3) 判断事物：Thinking (T) VS Feeling (F)
思考 情感

(4) 行动方式：Judging (J) VS Perceiving (P)
判断 知觉

其中两两组合，可以组合成16种性格类型，如表4-2所示。

表4-2 MBTI性格类型与匹配的职业

ISTJ 内倾感觉思维判断 稽查员	ISFJ 内倾感觉情感判断 保护者	INFJ 内倾直觉情感判断 咨询师	INFP 内倾直觉情感知觉 治疗师、导师
ESTJ 外倾感觉思维判断 督导	ESFJ 外倾感觉情感判断 供给者、销售员	ENFJ 外倾直觉情感判断 教师	ENFP 外倾直觉情感知觉 倡导者、激发者
ISTP 内倾感觉思维知觉 操作者、演奏者	ISFP 内倾感觉情感知觉 作曲家、艺术家	INTJ 内倾直觉思维判断 智多星、科学家	INTP 内倾直觉思维知觉 建筑师、设计师
ESTP 外倾感觉思维知觉 发起者、创设者	ESFP 外倾感觉情感知觉 表演者、演示者	ENTJ 外倾直觉思维判断 统帅、调度者	ENTP 外倾直觉思维知觉 企业家、发明家

MBTI性格类型系统中有四种性格倾向组合，这四种组合如图4-2所示。

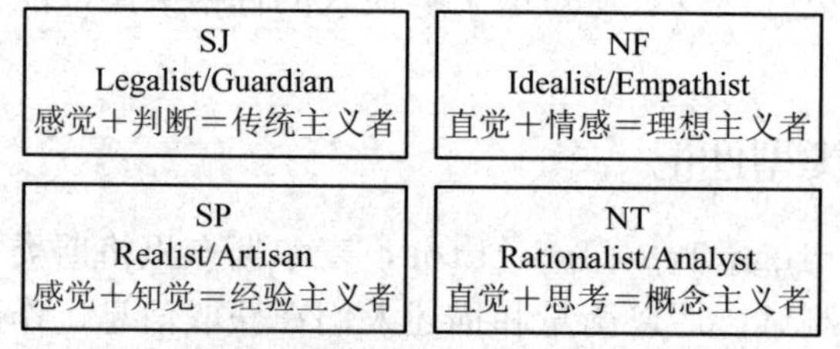

图4-2 MBTI性格类型四种性格倾向组合

1. 直觉＋思考＝概念主义者(NT型)

代表人物：比尔·盖茨、爱因斯坦、撒切尔夫人。

概念主义者自信、有智慧、富有想象力。他们的原则是所有的事情都要做到最好。他们天生好奇，喜欢不断地吸取知识，能够看到同一问题的多个不同方面，习惯于全面地思考问题和一分为二地看待问题，从而对真实或假设的问题构思出解决方案。

概念主义者是四种类型中最独立的一种人。他们工作原则性强，标准高，对自己和对别人的要求都很严格。他们不会被别人的冷遇和批评干扰，喜欢以自己的方式做事。

概念主义者喜欢能提供自由、变化和需要有较高的智力才能完成的工作。他们喜欢看到自己的想法能够得到实施，喜欢与有能力的上司、下属、同事共事。许多概念主义者推崇权力，易于被有权力的人和权力地位所吸引。

当比尔·盖茨只有十三岁的时候，就对学校的那台新电脑产生了浓厚的兴趣。他逃掉数学课，偷偷溜到机房，沉浸在电脑编程的世界里。就是在这一年，他第一次编程出一个能让人和电脑一同游戏的小软件。机器对他来说仿佛是有魔力的。上机的时间对每个学生来说是有限的，他就和几个同学在电脑里植入 Bug，让上机次数变成无限。当学校管理人员发现他的才华之后，他开始为学校编写程序，给学生安排班级。他还偷偷改进程序，把自己安排到女生最多的班级去。后来他以极其优异的成绩从中学毕业，进入哈佛大学。他编写的算法解决了一个一直难以解决的编程问题，运算速度记录保持了三十多年。在哈佛大学读书的那段时期，他一直没有非常明确的专业计划，而是把大部分时间都投入到研究电脑里去。后来，他在大三的时候，看到了软件行业的广阔前景，便说服父母支持自己辍学创业。并在一年之后发布震惊当时 IT 业的《致爱好者的公开信》，提出软件的知识产权保护。从此，比尔·盖茨在复杂的软件世界里如鱼得水，天马行空，并长期占据世界富人前列的位置。同时，一个伟大的公司慢慢崛起，那就是我们熟知的微软。

比尔·盖茨就是一个典型的概念主义者。

2. 感觉＋感知＝经验主义者(SP 型)

代表人物：迈克尔·乔丹、海明威、毕加索。

经验主义者关注五官带给他们的信息，而且相信那些可以测量和证明的东西；同时喜欢面对各种各样的可能性，喜欢自由随意的生活方式，是反应灵敏和主动的人。

经验主义者是四种类型中最富冒险精神的。他们最可贵的地方在于机智多谋，令人兴奋，而且很有趣。他们为行动、冲动和享受现在而活着，一想到某件事情就有立即去做的冲动，而且喜欢一气呵成，一口气把事情做完，但又不喜欢太长时间做同一件事情。

经验主义者喜欢可以提供自由、变化和行动的工作，喜欢那些能够有及时效果的工作，他们以能够巧妙而成功地完成工作为乐。由于他们喜欢充满乐趣地生活，无论做什么都必须让他们感到高度的乐趣，这样才能令他们感到满意。

“迷惘的一代”的代表作家海明威曾经说，“不要害怕……尝试每一件事情……有时候我想，我们只是用了一半的生命活在这个世界上，而意大利人却是在尽最大的努力生活着。”在海明威 62 年的生命中，他一直努力尝试做好每一件事情。他曾在佛罗里达州和古巴享受静美的田园生活，也曾奔波于“一战”“二战”前线。他把自己的游艇改装成巡逻艇侦查德国潜艇的情报；他当过救护车的司机，把巧克力和香烟送上战场前线；他曾因为双腿严重受伤在医院躺了 6 个月；他练过拳击；在帕姆普鲁纳与公牛赛跑；在西林盖提平原上捕过狮子和野牛；在美国爱达荷州捕捞过鳟鱼和马林鱼；滑过雪，玩过帆船；从伦敦的车祸、西珊瑚岛的暴风雨和非洲的两次空难中数次死里逃生。他不仅仅是个小说家，写出了影响整整一代人和几代人的故事，获得了诺贝尔文学奖，给世人留下了《永别了，武器》《老人与海》《丧钟为谁而鸣》等不朽之作，开了一代文风；他还是一个勇敢的战地记者，将数百篇新闻报道送到后方。他笔下的人物常有的形象是“硬汉”，在面对外界的巨大压力和厄运的打击时，仍然坚强不屈，勇往直前，甚至视死如归。他们可能最后还是失败了，但是却保持了人的尊严和勇气，有着胜利者的风度。他的作品中洋溢着对生活的热爱，和对年轻人迷惘和痛苦的安抚。他说过这样一句话："一个人并不是生来要给打败的，你尽可以把他消灭掉，但你打败不了他。"

海明威就是一个经验主义的艺术创造者。

3．直觉＋情感＝理想主义者(NF型)

代表人物：乔布斯、列宁、甘地。

理想主义者感兴趣的是事物的意义、关系和可能性，并基于其个人的价值观念决定。他们做人的原则是：真实地面对自己。

理想主义者是四种类型中精神上最具哲理性的人，乐于接受新的思想，善于容纳他人。他们非常崇尚人与人之间和各种关系中的真实和正直，容易将别人理想化。

对理想主义者而言，一份好工作应该是对他们个人很有意义的工作，而不是简单的常规工作或只是一种谋生手段。他们喜欢民主、能够激励各种层次的人们高度参与的组织，会被那些促进人性价值的组织或那些允许他们帮助别人完成工作的职业所吸引。

乔布斯是一个让大家又爱又恨的天才。他在公司里经常莫名其妙地愤怒，甚至董事会成员中有一位不插手任何其他事务，专门负责帮助处理乔布斯的人际关系。他的员工很委屈，只要产品不能达到他完美的期望，就会被劈头盖脸的大骂一通。员工只要和他碰巧坐了同一个电梯就会提心吊胆。他永远不愿意改变自己的形象，无论是去公司上班还是和总统吃饭，他都一身黑毛衣和牛仔裤，显得特别格格不入。硅谷是创业者云集的地方，可他和大部分创业者都玩不到一块儿去，比较孤僻。他一度拒绝承认和自己的第一个女儿Lisa的关系，甚至声称自己毫无生育能力，不提供女儿的抚养费。甚至还有传闻说他从来不给自己的车上牌照，还总是占用残疾人车位，被拖车无数次。

但是，他无异于是一个教主。每一次苹果的产品发布会都由他亲自演示，每一个苹果的新闻都能激起轩然大波。如果其他公司和品牌的市场宣传算是优秀的话，苹果的市场宣传和公关造势则算是卓越的。每一次苹果的新产品上市，都有人提前一晚上通宵在苹果店门前排队等候。甚至很多年轻人都在自己身上文上苹果的标志，以示对苹果的忠诚。他对产品的完美和简洁的追求永无止境。他甚至会走进一个部门，一声不吭地拿起笔在白板上画出一个方框，说，这个产品就是要这么简洁方便，把需要处理的东西拽进框内，一切就搞定了，不要其他多余的复杂的程序。毋庸置疑，没有乔布斯，就没有苹果的今天。

乔布斯是一个典型的理想主义者。

4．感觉＋判断＝传统主义者(SJ型)

代表人物：乔治·布什、伊丽莎白二世、乔治·华盛顿。

传统主义者相信事实、已证实的数据、过去的经验和五官所带给他们的信息，喜欢有结构、有条理的世界，喜欢做决定，是一种既现实又有明确目标的人。

传统主义者是四种类型中最传统的一类。他们重视法律、秩序、安全、得体、规则和本分。他们尊重权威、等级制度和权力，而且一般具有保守的价值观。他们很有责任感，而且经常努力去做正确的事情，这使他们可以信赖和依靠。

传统主义者需要有归属感，需要服务于别人，需要做正确的事情。他们注重安稳、秩序、合作、前后一致和可靠，而且严肃认真，工作努力。他们在工作中对自己要求十分严格，而且希望别人也是如此。

前苏联有个名叫亚历山大·亚历山大德罗维奇·柳比歇夫的教授。他生前发表了 70 来部学术著作。各种各样的论文和专著，他一共写了 500 多印张，等于 12500 张打字稿。即使以专业作家而论，这也是个庞大的数字。他的知识面很广，比如谈起英国的君主制度，他能够说出任何一个英国国王临朝秉政的细节；说到宗教，不管是古兰经、犹太传经，还是罗马教廷的源流、马丁·路德的学说、毕达哥拉斯学派的思想……他都如数家珍。他博学，但他又是每一个狭隘领域的专家。单单地蚤分类这一项，工作量就颇为壮观：到 1955 年，柳比歇夫已搜集了 35 箱地蚤标本，共 13000 只。其中 5000 只公地蚤做了器官切片。这些地蚤都要鉴定、测量、做切片、制作标本。他收集的材料比动物研究所多 5 倍。他对跳甲属的分类，研究了一生。

是什么造就了这样不可思议的成就？

翻开柳比歇夫的日记，一切变得明晰。他从 1916 年开始记日记，一天也没有间断过。其实那可以不算是日记，而是一个个时间明细账：

乌里扬诺夫斯克。一九六四年四月七日。

分类昆虫学(画两张无名袋蛾的图)：三小时十五分

鉴定袋蛾：二十分

附加工作：给斯拉瓦写信：二小时四十五分

社会工作：植物保护小组开会：二小时二十五分

休息：给伊戈尔写信：十分

《乌里扬诺夫斯克真理报》：十分

列夫·托尔斯泰的《塞瓦斯托波尔纪事》：一小时二十五分

……

基本工作合计：六小时二十分

从一九一六年到一九七二年他去世的那一天，五十年如一日，他以五分钟为单位，一丝不苟地记下他所有的时间支出。他能精确地计算出任何一项研究和工作花费了他多少时间。在《论生物学中运用数学的前景》一文的手稿的最后一页，他写着：

准备(提纲、翻阅其他手稿和参考文献)：十四小时三十分；

写：二十九小时十五分；

共费：四十三小时四十五分共八天；

一九二一年十月十二日至十九日。

柳比歇夫就是传统主义者的代表。

性格的形成不仅受先天影响，而且在很大程度上也受到后天环境的影响，所以性格具有很强的可塑性。性格类型与职业的要求不能实现最佳匹配时，我们不断地在工作中强化我们不习惯的行为方式，按照职业的要求不断改变自己原有的性格特点，这样在潜移默化的过程中，形成一些新的特点，这些变化会让人们更适合这一工作，发现自己意想不到的潜力，并且效率越来越高。亚伯拉罕·马斯洛曾说：“心若改变，你的态度跟着改变；态度改变，你的习惯跟着改变；习惯改变，你的性格跟着改变；性格改变，你的人生跟着改变。”

二、兴趣与职业选择

因为热爱而努力

王蕾是护理系毕业生，学习上，她勤奋刻苦，成绩优秀，经常获得学校奖学金；生活中，她爱好广泛，多才多艺，平常大家遇到什么难题，都会想到找她去解决，她也被大家亲切地称为“老大”；工作上，她认真负责，乐于助人，为了社团的事情，经常早出晚归，尤其是志愿者工作，常常别人还在休息时，她就去急匆匆地赶往工作地点。

毕业时，她以优异的专业成绩、过硬的综合素质，被一家大型医院优先录用。王蕾说，她的努力源于她对护理工作的兴趣。很小的时候，她就非常向往医护这个行业，立志成为其中的一员。王蕾的偶像是南丁格尔，座右铭是“燃烧自己，照亮别人”。正因为这种对医护职业的热爱，她才能放弃玩乐嬉闹的时间，而全心地投入到学习和工作中，最终实现了自己的梦想。

想一想：一个人要获得职业成功的动力源泉是什么？

(一) 兴趣与职业兴趣的概念

1. 兴趣

兴趣是人的认识需要的心理表现，它使人对某些事物优先给予注意，并带有积极的情绪色彩。例如，对音乐感兴趣的人，总是对乐器以及有关音乐的书籍、刊物等优先加以注意，有关于音乐方面的信息，不论是歌剧还是广播或是别人的演奏，甚至报纸上有关音乐的报道，别人议论有关音乐的事，对他都有很大的吸引力，并总是以积极情绪去探究、领会和掌握它。兴趣进一步发展为从事实际活动的需要时，就变成了爱好。所以，兴趣、爱好往往是联系在一起的。

2. 职业兴趣

职业兴趣是指人们对某种职业或工作所抱态度的积极性，是有关职业偏好的认识倾向。通俗地说，就是喜欢某种职业，不喜欢某种职业。人们对某项职业有兴趣，可以是对职业工作过程本身有兴趣，也可以是对由这种职业带来的某种功利感兴趣。比如，有的人想做医生，是因为他想通过自己的努力，减少病人和其家属的病痛，也有的人只是对医生这个职业社会声望高，收入不错而感兴趣，但如果是对后者感兴趣，这种兴趣往往是短暂的。

(二) 兴趣对职业影响

兴趣对人们所从事的职业有很大的影响，具体来说主要表现在以下几方面：

1. 兴趣是影响职业定向和职业选择的重要因素

人们总是带着情绪色彩和向往的心情对有兴趣的事物给予优先关注。在职业定向与选择过程中，人们往往会像在日常生活中喜欢参加自己感兴趣的活动一样，倾向于寻找与个人兴趣类似的职业，特别是在外界环境限制较小时，人们都会选择自己感兴趣的职业。个人如果能根据自己的兴趣来选择职业生涯之路，从事自己感兴趣的职业，就能使个人的主观能动性得到充分发挥，并全身心投入到自己感兴趣的工作中去。因此，兴趣是影响职业定向和职业选择的重要因素。

2. 兴趣可以增强人的职业适应性

研究资料表明，如果一个人对某一工作有兴趣，就能发挥他全部才能的80%～90%，并且能长时间地保持高效率而不感到疲劳。相反，对某项工作不感兴趣，在这方面只能发挥全部才能的20%～30%，也容易感到疲劳、厌倦。因此，兴趣不仅可以促进个人能力的发挥，而且广泛的兴趣可以使人善于应付多变的环境，即使变换工作性质，也能很快熟悉和适应新的工作。

3. 兴趣是保证个人职业稳定性和工作满意度的重要因素

兴趣的本质特征决定了一个人对某事物感兴趣，会激发起他对该事物的求知欲和探索热情，促使他充分调动整个身心的积极性，使情绪饱满，智能和体能进入最佳状态，最大限度地施展才华，挖掘潜力，发挥人的主动性和创造性。一般来说，从事自己不感兴趣的职业很难让人感到满意，并由此导致工作的不稳定。

(三) 职业兴趣的品质

仅有兴趣是不够的，我们要想使兴趣真正成为事业成功的推动力，还必须具有良好的职业兴趣品质。有无良好的职业兴趣品质，对选择职业和适应职业都有重要意义。职业兴趣品质主要包括以下几个方面：

1. 职业兴趣的广度

有的人天文、地理、古今中外的知识无不知晓，对各行各业都有兴趣；有的人除了与自己工作、学习有关的活动外，对其他事物则视而不见，听而不闻，这就是职业兴趣广度上的差异。马克思有句名言："人类的一切东西对我都不是陌生的。"反映了马克思的广泛兴趣和渊博知识。兴趣广泛是青年就业成才的基础，一个人如果只在已习惯的、狭小的活动范围内探寻新的活动方式，是不容易成功的，在职业选择面前也会显得束手无策。具有广泛职业兴趣的人，眼界比较开阔，解决问题时可以从多方面受到启发，有助于确定与其能力倾向一致的职业方向，在职业选择上有更大的余地。

2. 职业兴趣中心

广泛的职业兴趣必须在正确的指导下，与中心兴趣相结合，才能成为良好的职业兴趣品质。只有广泛性而无中心职业兴趣的人，不易集中精力，也不利于自己的成才。只有在广泛职业兴趣的背景上有着决定活动基本倾向的中心职业兴趣，才能使人获得有深度的知识，使活动具有创造性。

3. 职业兴趣的稳定性

有的人职业兴趣一经形成就稳定不变，尽管以后兴趣面不断拓宽，但始终保持着原来的职业兴趣。有的人则职业兴趣波动多变，缺乏稳定性和持久性，对某一职业很容易发生兴趣，但很快又被另一种职业兴趣所代替。这种朝秦暮楚、这山望着那山高的态度，难以适应职业。只有稳定的职业兴趣才能推动人深入钻研问题，获得系统和深刻的知识。

4. 职业兴趣的效能

这是指职业兴趣在选择职业过程中能够产生的效果，包括对职业准备过程和求职行为两方面的作用。职业兴趣的效能水平往往是由职业兴趣的性质所决定的，如果一个人的职业兴趣只停留在期望和等待状态，就缺乏应有的推动力量，不能产生实际效果。只有积极主动的职业兴趣才是有效的。

(四) 职业兴趣类型及相关职业

1. 愿与事物打交道

喜欢同事物打交道，喜欢接触工具、器具或数字，而不喜欢与人打交道，相应的职业诸如制图员、修理工、裁缝、木匠、建筑工、出纳员、记账员、会计、勘测、工程技术机器制造等。

2. 愿与人打交道

这类人喜欢与人交往，愿与人接触，对销售、采访、传递信息一类的活动感兴趣。相应的职业如记者、推销员、营业员、服务员、教师、行政管理人员、外交联络等。

3. 愿与文字符号打交道

这类人喜欢常规的、有规则的活动，习惯在预先安排好的程序下工作，愿干有规律的工作。相应的职业如邮件分类员、办公室职员、图书馆管理员、档案整理员、打字员、统计员等。

4. 愿与大自然打交道

这类人喜欢地理地质类的活动。相应的职业如地质勘探人员、钻井工、矿工等。

5. 愿从事农业、生物、化学类工作，喜欢种养和化工方面的实验性活动

相应的职业如农业技术员、饲养员、水文员、化验员、制药工、菜农等。

6. 愿从事社会福利类的工作，喜欢帮助别人解决困难

这类人乐意帮助人，总是试图改善他人的状况，帮助他人排忧解难，喜欢从事社会福利和助人工作。相应的职业如律师、咨询人员、科技推广人员、教师、医生、护士等。

7. 愿做组织和管理工作

喜欢掌管一些事情，以发挥重要作用，希望受到众人尊敬和获得声望，愿做领导和组织工作。相应的职业是各级各类组织领导、管理者，如行政人员、企业管理干部、学校领导和辅导员等。

8. 愿研究人的行为和心理

喜欢谈涉及人的主题，对人的行为举止和心理状态感兴趣。相应的职业大都是研究人、管理人的工作，如心理学、政治学、人类学、人事管理、思想政治教育等研究工作以及教育、行为管理工作、社会科学工作者、作家等。

9. 愿从事科学技术事业

喜欢通过逻辑推理、理论分析、独立思考或实验发现解决问题，对分析、推理、测试活动感兴趣，长于理论分析，喜欢独立地解决问题，也喜欢通过实验得出新发现。相应的职业如生物、化学、工程学、物理学、自然科学工作者以及工程技术人员等。

10. 愿从事有想象力和创造力的工作

对需要想象力和创造力的工作感兴趣，喜欢创造新的式样和概念，大都喜欢独立的工作，对自己的学识和才能颇为自信。乐于解决抽象的问题，而且急于了解周围的世界。相应的职业大都是科学研究工作和实验室工作，如社会调查、经济分析、各类科学研究工作、化验、新产品开发以及演员、画家、创作或设计人员等。

11. 愿做操作机器的技术工作

喜欢通过一定的技术来进行活动，对运用一定技术、操作各种机械、制造新产品或完成其他任务感兴趣。喜欢使用工具特别是大型的、马力强的先进机器，喜欢具体的东西。相应的职业如飞行员、驾驶员、机械制造工等。

12. 愿从事具体的工作

愿从事制作能看得见摸得着的产品的工作，希望能很快看到自己的劳动成果，并从完成的产品中得到满足和乐趣，相应的职业如室内装饰、园林、美容、理发、手工制作、机械维修、厨师等。

根据这种分类，一种兴趣类型可以对应许多种职业，同时绝大多数的职业也都与几种兴趣类型的特点相近，而每一个人往往又都同时具有其中几种类型的特点。假如你要成为一名教师，那你就应有愿与人打交道(类型 2)、愿热心助人(类型 6)、愿做具体工作(类型 12)这三方面的兴趣类型；如果你对其中的某一方面缺乏兴趣，那就应努力培养和发展这方面的兴趣，以适应教师职业的要求，否则，还是选择更适合你兴趣类型的职业为好。

(五) 兴趣的培养

兴趣虽然有一定的稳定性，但却不是固定不变的，它可以随着生活条件、自身努力而发生变化。所以，医学生应该努力培养良好的兴趣品质。培养自己多方面的兴趣爱好，并注意培养自己的中心兴趣，努力发展自己的专长，从而使自己的兴趣爱好有明确的针对性，在进行职业选择决策时可以既有一个较广的适应范围又有一个明确的指向。培养优良的兴趣品质可以从以下几个方面做起。

1. 培养广泛的兴趣

广泛的兴趣是成才的基础。一个人的兴趣越广泛，思想就越活跃，求知欲就越强。涉猎的范围也就越宽，也就越有利于创造性思维的培养，进而促进自己的全面发展。因此，大学生应多参与校内外各种有益活动，培养广泛的兴趣。有人评论《红楼梦》时指出：曹雪芹在写大观园的建筑时，表现出他是一个精通建筑学的建筑师；写大观园的花草树木时，他又像颇有研究的植物学家；在给病人开的药方当中，又显露了他的医学才能；而描写人物内心冲突和刻画典型性格时，他又是一个造诣很深的心理学家。没有广泛的兴趣是不可能写出这样不朽的著作的。在世界科学史、哲学史和教育史上声誉斐然的笛卡儿，也正是由于其广泛的探索兴趣，才使其获得“百科全书”式天才的成就和美名。

2. 要注意培养职业性的中心兴趣

兴趣具有指向性，因此在培养广泛的兴趣的同时，要注意引导树立与职业兴趣相结合的中心兴趣，否则将会变得样样通，样样松，最后一事无成。马克思兴趣广泛，被称为“科学巨匠”，但马克思首先是一个革命家；曹雪芹兴趣广泛，知识渊博，但他主要还是个小说家。只有在广泛兴趣的背景下确立能决定活动基本倾向的中心兴趣，才能使人获得宝贵的知识，使职业活动充满乐趣。

3. 要培养兴趣的稳定性

兴趣的稳定性是指兴趣保留于某一事物上的时间长短，兴趣越持久，则兴趣的稳定性越好。有的人兴趣一旦形成就稳定不变，有的人兴趣则波动多变，缺乏稳定性和持久性，对某一职业很容易发生兴趣，但很快会被另一种职业兴趣所代替。这种人见异思迁，很难适应长期、稳定的职业。一个人只有具备持久而稳定的兴趣，才能对工作全身心地投入，遇到困难才能迎难而上，最后取得事业的成功。

4. 要积极参加社会实践，强化专业兴趣

人们只有通过实践活动才能够认识社会，了解专业在社会中的地位、前景与意义，明确自身价值，激发自豪感，进而巩固和强化自身的专业兴趣，保证自身的职业发展。与每个人的兴趣息息相关的就是他的特长，大多数人因为自己的兴趣而爱好某种活动，慢慢地这种活动便成了他的特长，只有少数人的特长非自己所好。但无论怎样，当代大学生面对着空前的就业压力，在选择自己的职业时，特长也是要考虑的必要因素，要在自己的兴趣和特长之间寻找一个平衡，既要让自己尽量快乐地工作，又要让工作得心应手，从而起到相辅相成的作用。

三、能力与职业选择

(一) 能力的含义

概括地说，能力是指影响活动效率、促使活动顺利完成所必备的个性心理特征，是人们在社会实践活动中表现出来的身心力量。从这个角度来说，首先，能力关注的是活动的结果，成功完成了任务，才能体现一个人的能力。其次，能力和活动紧密相连，并在活动中得到发展。第三，能力是顺利完成某种活动直接有效的心理特征，而不是顺利完成某种活动的全部心理条件。

(二) 大学生择业应具备的基本能力

大学生面临的主要任务是学习科学文化知识，加强自身修养，为适应社会发展需要打下坚实的基础。但是，知识累积的多少与能力的强弱往往并不成正比，而用人单位在挑选毕业生时更看重的是能力。一个能力欠缺的毕业生即使书本知识掌握很多，也很难适应工作、做出成绩。尽管不同学校不同专业的大学生所从事的专业不尽相同，但是根据我国高等学校的培养目标，大学生就业所应具备的基本能力还是大体相同的。

1. 社会适应能力

大学生社会适应能力，是指一个人随社会外部环境变化而不断调整改变自己的行为方式、思维方式的个性心理特征。大学毕业生走出校门之前大都有“海阔凭鱼跃，天高任鸟飞”、在五彩纷呈的社会生活中创造一番业绩的宏大抱负，但当他们在真正的生活激流中奋勇前行时，可能会发现老师描绘给他们的社会与眼前真正接触的社会相距甚远。他们想干的事业的成败并不简单取决于他们是否肯干，还要受到许多别的因素的牵制和干扰，他们可能会发现生活中的消极现象完全超乎他们的想象，有些人由此可能产生不安或不满情绪，甚至由此想到去改写自己的理想坐标。其实深究一下，我们不难发现导致这一情况的真正原因可能来自于毕业生自身，因为他们对真正的社会生活只做了简单或片面的估计。需要提醒的是，人类文明始终是在继承和创新的矛盾运动中不断发展的，要改造世界，首先得接纳世界，只有接纳了这个世界自己才能站稳脚跟，真正找到改造世界、创造业绩的切入点。所以，适应社会首先需要调整自己的观念，培养对环境和自身的分析能力，勇敢地面对世界、接纳世界。当然，接纳世界并不是要被动地去接受现实，因为即使在比较困难的条件下和比较差的环境中，每个人都能变不利因素为有利因素，通过自己的努力取得好的成绩。其次，要培养自己的社会交往能力。社会交往能力是指大学生在进行社会交往时应有的礼貌谈吐和处事能力，主要体现在个体与周围人的接触是否融洽、是否能与周围人合作等方面，在当今的竞争社会，社会交往能力显得尤为重要。最后，要培养自我控制能力。自我控制能力是个人根据环境的需要对心理、时间、学习及工作进行自我控制和调节的能力。在大学及将来工作中难免遇到困难、挫折，出现不顺心、不适应、反感、压抑等多种情况，所以遇事要冷静分析，尽量防止做出情绪偏激的行为。

2. 组织管理能力

现代社会和科学的发展，对人才的管理能力的要求越来越高。大学生毕业后不可能每个人都走上领导岗位从事管理工作，但每个人在将来的工作中却都会不同程度地用到组织管理才能。因此每个大学生都应培养和发展自己的管理能力。对于组织管理能力的培养和锻炼，首先要多向别人学习。如果我们没有机会组织别人，势必有机会接受别人的组织，我们应以积极的态度配合别人，并不断揣摩别人的长处。其次要珍惜机会，大学里有很多职位对于自己的组织管理能力有一定程度的锻炼，我们应尽可能地把握机会，在实际经历中锻炼自身的能力。

3. 表达能力

表达能力是指把自己的认识、情感及愿望表达出来，并被他人理解和接受的能力。包括口头表达能力、文字表达能力、数字表达能力及图示表达能力等几种形式，这里我们主要强调的是口头表达能力和文字表达能力。口头表达能力，就是我们俗话所说的“口才”，一个人“口才”不佳，“壶里有饺子倒不出来”，那对自己是非常不利的。大学毕业生在求职过程中首先需要展现的才能就是口头表达能力，因为用人单位向你提出的第一个问题可能就是“为什么要来我们单位应聘，说说你的想法和情况”，虽有才华但不善于口头表达，无论如何用人单位会认为这是你的一个缺陷。所以平时要敢于说话、善于说话，要有话可说。文字表达能力也是各类高级专门人才必备的基本素质之一。对于毕业生而言，无论是将来撰写论文、著作，还是撰写有关工作的计划、总结，文件的起草、甚至于求职信的书写都离不开文字的表达。因此，大学生应该充分意识到文字表达能力的重要性，抓住机会勤于练笔。

4. 创新能力

这是各种智力因素和能力品质在新的层面上融为一体、相互制约、有机结合所形成的融合力，也是以智能为基础具有一定科学根据的标新立异的能力。著名物理学家、诺贝尔奖获得者温伯格说过：“不要安于书本上给你的答案，要去尝试发现与书本上不同的东西。”这种素质可能比智力更重要，往往是最好的学生和次好的学生的分水岭。创新并不是少数人的专利，陶行知先生就曾说过：“处处是创造之地，天天是创造之时，人人是创造之人。”创造学研究表明：凡是能够正常思维的人，都具有创造发明的潜在能力。每个人创造天赋并没有多大差异。人们的创造能力之所以表现出很大差异主要是由于后天所受教育、环境影响、自身创新意识和主动开发创造潜能等因素造成的。创新能力是开拓型人才的必备条件，大学生的创新能力尚属于开发阶段，随着知识技能的积累，大学生应自觉地培养创新性分析问题、解决问题的能力。

5. 沟通能力

现代社会的进步和科学技术的发展要求每个出色的社会成员必须具备较强的沟通能力，一个人已不可能再像过去那样独立地去完成任何一个具有社会意义的工作或研究课题。每个人都有不同的文化背景，都有自己的社会经验、能力、性格和不同的做事方式，这就需要和别人沟通，同时我们每个人的能力都是有限的，做任何事情都需要别人提供支持和帮助。如何让别人了解自己的想法、困难，并乐意为自己提供帮助，同样需要沟通技巧。培养沟通能力除了需要掌握人际沟通的技巧之外，更重要的是要建立自信，充满自信，既给自己带来自信，也给企业带来信心。

(三) 职业能力分类

职业能力是在职业活动中发展起来的，直接影响职业活动效率，使职业活动得以顺利完成的心理特征。职业能力一方面要在职业活动中形成和发展，并在职业活动中表现出来；另一方面，从事某种职业又必须以一定的能力为前提。社会分工的发展，使得人们从事的职业领域日益扩大，因而具体的职业能力模式是非常丰富的。美国的一般能力倾向测验(General Aptitude Battery Test,GABT)鉴定了 9 种能力，分别为一般学习能力、言语能力、数理能力、判断能力、图形知觉能力、符号知觉能力、运动协调能力、手指灵活度、手腕灵巧度。该测验可帮助确定在 8 大类 32 小类职业领域内的职业能力，被认为是职业指导中较好的测验。

1. 一般学习能力

一般学习能力是指人认识、理解客观事物并运用知识、经验等解决问题的能力。它包括记忆能力、观察能力、注意能力，其核心是逻辑思维能力。一般学习能力是人在学习、工作、日常生活中必须具备、广泛使用的能力。职业或专业的水平越高，对人的一般学习能力的要求越高。

2. 语言表达能力

语言表达能力是指对词及其含义的理解和使用的能力，对词、句子、段落、篇章的理解能力，以及善于清楚而正确地表达自己的观点和向别人介绍信息的能力。简单说来，它包括语言文字的理解能力和口头表达能力。不同的职业对人的语言能力要求不相同，例如教师、营销员、公关人员等必须具备较好的语言表达能力。

3. 算术能力

算术能力是指迅速而准确地运算的能力。大部分职业都要求工作者有一定的算术能力，但不同的职业对人的算术能力要求的程度不同。例如会计、出纳、统计、建筑师等职业，对工作者的计算能力要求较高，而法官、律师、护士等职业对人的计算能力要求则一般，对演员、话务员、厨师、理发师等工作来说，对算术的能力要求相对就较低了。

4. 空间判断能力

空间判断能力是指能看懂几何图形、识别物体在空间运动中的联系、解决几何问题的能力。如果一个人爱好平面几何及立体几何并且学得很好，通常这个人的空间判断能力就比较强。与图纸、工程、建筑有关的职业，牙科医生、内外科医生等职业，对空间判断能力的要求较高。对裁缝、电工、无线电修理等工作来说，也要求具有一定的空间判断能力。

5. 形态知觉能力

形态知觉能力是指对物体或图像的有关细节的知觉能力。如对于图形的阴暗、线的长短做出视觉的区别和比较，能看出其细微的差异。对于生物学家、建筑师、测量员、制图员、农业技术员、医生、药剂师、画家等来说，需要较强的形态知觉能力；而对于历史学家、政治家、社会服务工作者、普通办公室职员来说，形态知觉能力的要求不高。

6. 事务能力

事务能力是指对言语或表格式的材料的细节的知觉能力，发现错字或正确地校对数字的能力等。像设计、记账、出纳、办公室、打字等工作，都必须具备一定的事务能力。

7. 动作协调能力

动作协调能力是指能迅速、准确、协调地做出精确的动作和运动反应的能力。对于驾驶员、飞行员、牙科医生、外科医生、雕刻家、运动员、舞蹈家来说，这种能力是非常重要的。

8. 手指灵活度

手指灵活度是指手指迅速、准确、和谐地操作小物体的能力。打字员、外科医生、五官科医生、护士、雕刻家、画家、兽医等，手指必须比一般人的灵活。

9. 手腕灵巧度

手腕灵巧度是指手腕灵巧活动的能力。像体育运动员、舞蹈家、画家、兽医等，手腕必须能灵巧活动。

10. 眼—手—足协调能力

眼—手—足协调能力是指根据视觉刺激，手足配合活动的能力。

11. 颜色分辨能力

颜色分辨能力是指观察或识别相似或相异色彩，或对相同色彩明暗效果的感知能力。包括识别特殊色彩、识别调和色或对比色以及正确配色的能力。

(四) 能力与职业的吻合

对任何一种职业而言，必须要求从业者具备相应的能力。能力是职业适应性首要和基本的制约因素。因此，无论是用人单位在招聘人员时，还是个人在职业生涯规划与择业时，都应考虑到能力与职业的吻合问题。

能力的不同，对职业选择就有差异。从能力差异的角度来看，在职业选择时应遵循以下原则：

1. 注意能力类型与职业相吻合

(1) 人的能力类型是有差异的，即人的能力发展方向存在差异。对职业的研究表明，职业也是可以根据工作的性质、内容和环境而划分为不同的类型，并且对人的能力也有不同的要求。因而应注意能力类型与职业类型的吻合。

(2) 能力水平要与职业层次一致或基本一致。对一种职业或职业类型来说，根据所承担的不同责任，又可分为不同层次，不同的层次对人的能力有不同的要求。因而，在根据能力类型确定了职业类型后，还应根据自己所达到或可能达到的能力水平确定相吻合的职业层次。只有这样，才能使能力与职业的吻合具体化。

(3) 充分发挥优势能力的作用。每个人都具有一个由多种能力组成的能力系统，每个人在这个能力系统中，各方面能力的发展是不平衡的，常常是某方面的能力占优势，而另一些能力则不太突出。对职业选择和职业指导而言，应主要考虑其最佳能力，选择最能运用其优势能力的职业。同样，在人事安排中，如能注重一个人的优势能力并分配相应的工作，会更好地发挥一个人的作用。

2. 注意一般能力与职业相吻合

一般能力通常又称为智力，包括注意力、观察力、记忆力、思维能力和想象力等。不同的职业对人的一般能力的要求不同。有些职业对从业者的智力水平有绝对的要求，如律师、工程师、科研人员、大学教师等都要求有很高的智商，智力在相当大的程度上决定着其所从事的职业类型。

3. 注意特殊能力与职业相吻合

特殊能力是指从事某项专业活动的能力，也可称特长，如计算能力、音乐能力、动作协调能力、语言表达能力、事务能力、空间判断能力、形态知觉能力、手指灵活度与手腕灵巧度等。要顺利完成某项工作，除要具有一般能力外，又要具有该项工作所要求的特殊能力，如从事教育工作需要有阅读能力和表达能力，从事数学研究需要具有计算能力、空间想象能力和逻辑思维能力。

(五) 能力的培养

高等教育虽说属于专业教育，大学学习过程中也安排有专业见习和实习，但很多人大学毕业后并没有从事与专业对口的工作，同时，为了节省教育开支，相当多的高等学校实践环节十分薄弱，有些学校甚至连过场都懒得走，很显然这对于我们从业所需的职业技能的培养是不利的。随着科学技术的发展和社会的进步，特别是知识经济的发展，人们逐渐认识到，教育中除了知识之外，还必须注重能力和综合素质的培养。

1. 积累知识，勤于思考

知识是载体，是基础；能力是展现，是升华；素质是核心，是智慧的结晶。掌握知识是提高能力和素质的前提条件，没有渊博的知识不可能有很强的能力，更谈不上良好的素质。因此大学生在校期间，首先要注意拓宽自己的知识面，勤奋学习。一个人的知识和经验积累越多，那他开拓创新的能力就愈强。其次要勤于思考，培养想象力、科学的思想方法和熟练的技能技巧。想象力并不是文学家、艺术家的专利，它是从事任何职业的人都需要的，狄德罗就说过，想象是人的一种特质，爱因斯坦在总结自身经验时指出：想象力概括着世界上的一切，推动着社会进步，并且是知识进化的源泉。要培养发散性思维能力，学会沿着不同方向、不同角度，全方位、多层次地寻找解决问题的思维方式，要变被动动思维为主动思维，平时善动脑筋，克服随波逐流心理，摆脱从众心理的束缚，做到思想解放、冲破世俗、不拘常规、大胆探索，抓住更多的成才机遇。

2. 勤于实践

医学生对社会了解不多，因而在观察问题、分析问题、处理问题时，只凭书本上讲的条条框框去生搬硬套，缺少理性的眼光。在对自我评价上，有的同学因为学到了一些专业技能便夸夸其谈，纸上谈兵，择业时容易期望值过高，缺乏承受挫折的心理准备。也有的毕业生由于缺乏社会经验，心理上还没有完全成熟，经济上还不能完全独立，社会角色和社会地位还没能确立，面对复杂的环境，常常不知所措。有的则在择业决策上，独立性不够，难以摆脱依赖心理。我们知道，能力是在实践过程中培养形成并在实践过程中表现出来的，因此实践是培养能力的重要途径，积极主动地、有意识地在法规和校纪约束范围内参加一些社团组织，参与一些社会工作，不仅可以陶冶情操，同时也能促进自己各方面能力的提高。

3. 培养竞争能力

要认识到培养竞争能力是自身发展和社会发展的需要，要敢于承担风险，勇于接受挑战。随着毕业生就业的逐步市场化，“双向选择”已成为毕业生落实就业单位的唯一方式，每一个用人单位也可在众多的求职者中选定自己的最佳人选。竞争能力强的大学毕业生被他向往的用人单位录用的可能性必然很大。要提高竞争能力首先要提高自己的综合实力，努力掌握更多的技能，善于把握时机，积极参加各项活动，敢于展示自身才华，树立自信。要注意在竞争中保持健康的心态，竞争是众多的人在追求同一个目标，不能达到目标的可能是大多数，要认识到这是一种正常的现象，如果遇到挫折，要重整旗鼓，寻找新的目标继续前进。成功有先后、胜利有迟早，只要目标合乎客观实际，加上自己顽强的努力，人人都能成功。

4. 超越自我

作为一名医学生，要注意发展自己的优势能力。但仅有优势能力是不够的，还必须对前面列出的最基本能力都有所拓展，这些能力是今后生存的需要，也是发展的需要。现代社会面临多维竞争，加大了单一能力持有者的生存难度，同时也增加了可生的机会，近几年用人单位对综合能力强的学生表现出偏爱，正说明了这一点。因此不管兴趣之所在，都必须注重全面发展自己的各种能力，要有超越自我的信心和勇气。

四、价值观与职业选择

任何人在选择职业时都会受到一定动机的支配，而择业的动机一般都是由价值观决定的。在选择职业的过程中，人们总是盼望所选择的职业能够满足自己的某种物质和精神需要。

对于个人而言，挑选一份符合自己职业价值观的职业将会使其工作更愉快，更容易获得成功。心理学家研究发现，由于受家庭环境、教育、兴趣爱好等多方面的影响，不同个体的职业价值观是不同的，因而对某一职业的评价和取向也会不同。如有的喜欢同人打交道的职业，有的喜欢同物打交道的职业，有的喜欢运用脑力的职业，有的喜欢社会地位高的职业，有的喜欢安全平稳的职业，有的喜欢经济收入高的职业等。

（一）价值观的概述

1. 价值观的含义

价值观是指个人对客观事物(包括人、物、事)及对自己的行为结果的意义、作用、效果和重要性的总体评价，是对什么是“好的”、什么是“应该的”的总看法，是推动并指引个人决定和采取行动的原则、标准，是个性心理结构的核心因素之一，它使人的行为带有稳定的倾向性。价值观是人用于区别好坏，分辨是非及重要性的心理倾向体系，它反映人对客观事物的是非及重要性的评价。人不同于动物，动物只能被动适应环境，人不仅能认识世界是什么、怎么样和为什么，而还知道应该做什么、选择什么，发现事物对自己的意义，设计自己，确定并实现奋斗目标。这些都是由每个人的价值观支配的。价值观决定、调节、制约个性倾向中低层次的需要、动机、愿望等，它是人的动机和行为模式的统帅。人的价值观建立在需求的基础上，一旦确定则反过来影响、调节人进一步的需求活动。人们对各种事物，如学习、劳动、享受、贡献、成就等，在心目中存在主次之分，对这些事物的轻重排序和好坏排序构成一个人的价值观体系。价值观体系是决定个人行为及态度的基础，受制于人生观和世界观。一个人的价值观是从出生开始，在家庭和社会的影响下逐渐形成的，一个人价值观的形成受其所处的社会生产方式及经济地位的影响，是决定性的，在一定程度上是不可逆的。具有不同价值观的人会产生不同的态度和行为。

2. 价值观的特征

（1）主观性。人们区分好与坏的标准，即我们平常所说的区分得与失、荣与辱、成与败、福与祸、善与恶的标准，是根据个人内心的尺度进行衡量和评价的，这些标准均可以称为价值观。

（2）选择性。个人价值观是在个体出生后随着社会生活实践的扩展而逐渐萌发和形成的。儿童期的“价值观”是通过对父母和亲人言行的模仿而形成的，这时的“价值观”是照搬成人的价值观，具有明显的感性形式，儿童期的“价值观”称为价值感，还不能成为价值观。只有到了青春期随着自我意识逐渐成熟，才开始主动地、有意识地选择符合自己的评价标准，形成个人特有的价值观。

（3）稳定性。个人的价值观形成之后具有相当的稳定性，往往不易改变，并在人的兴趣、愿望、目标、理想、信念和行为上表现出来。

(4) 社会历史性。处于不同历史时代、不同社会生活环境里的人的价值观是不同的。

(二) 职业价值观的特征与作用

1. 职业价值观含义

职业价值观也叫工作价值观，是价值观在所从事职业上的体现，是人们对待职业的一种信念和态度，或是人们在职业生涯中表现出来的一种价值取向。职业价值观是个人对某一职业的价值判断，是个人希望从事某项职业的态度倾向，也是个人对某一项职业的希望、愿望和向往。个人的职业价值观是其人生观、世界观在职业上的体现。我们考察职业价值观，不是看人们如何看待“职业价值”的本质，而是注重探讨人们在职业选择和职业生涯中，在众多的价值取向里优先考虑哪种价值。价值观的个体系统包括价值、价值取向和价值体系。价值就是一个个认为“值得的”东西，在其背后是一整套具有普遍性的、有组织的结构系统，在这个系统中，人们认为哪些值得做、哪些不值得做，这就是价值取向。职业价值观也有与之相对应的职业价值、职业价值系统和职业价值取向。

职业价值观表明了一个人通过工作所要追求的理想是什么，是为了财富，还是为了地位或其他的因素。由于个人的身心条件、年龄阅历、教育状况、家庭影响、兴趣爱好等方面的不同，人们对各种职业有着不同的主观评价。从社会来讲，由于社会分工的不同和生产力水平的差异，各种职业在劳动性质的内容上，在劳动难度和强度上，在劳动条件和待遇上，在所有制形式和稳定性等诸多问题上，都存在着差别。再加上传统的思想观念等的影响，各类职业在人们心目中的声望地位便也有好坏、高低之分，这些评价都形成了人的职业价值观，并影响着人们对就业方向和具体职业岗位的选择。

心理学家马丁·凯茨找出了10种与职业有关的价值观：

(1) 高收入：指除足够生活的费用之外还有可以随意支配的钱。

(2) 社会声望：指是否受到人们的尊重。

(3) 独立性：指可以在职业中有更多自己做决定的自由。

(4) 帮助别人：愿意把助人作为职业的重要部分，帮助他人改善其健康、教育与福利。

(5) 稳定性：在一定时间内始终有工作，不会被轻易解雇，收入稳定。

(6) 多样性：所从事职业要参与不同的活动，解决不同的问题，不断变化工作场所，结识新人。

(7) 领导力：在工作中可以控制事情的发展，愿意影响别人，承担责任。

(8) 在自己感兴趣的领域中工作：坚持所从事的职业必须是自己感兴趣的领域。

(9) 休闲：把休闲看得很重要，不愿意让工作影响休息。

(10) 尽早进入工作领域：涉及一个人是否在意进入工作领域的早晚，是否希望节省时间和不支付高等教育的费用而尽早进入工作领域。

2. 职业价值观的特征

(1) 职业价值观是因人而异的。由于每个人的先天条件和后天经历不同，其职业价值观的形成也会受到不同因素的影响，因此，每个人都有自己的价值观和价值观体系。在同样的职业环境与客观条件下，具有不同职业价值观和价值观体系的人，其职业动机模式不同，产生的职业行为也不同。

(2) 职业价值观是相对稳定的。价值观是随着人们认知能力的发展，在环境、教育等诸多要素的影响下，逐步培养而成的，是决定一个人行为及态度的基础。人的价值观一旦形成，便会相对稳定。但随着个人经验的积累、知识的增长，自身状况的改变和外界环境因素的变化，职业价值观也会随之而改变。

(3) 职业价值观具有阶段性。根据马斯洛的需求层次理论，当人低层次的需要得到满足以后，他就会产生更高层次的需求。从职业生涯历程来看，大多数人的职业价值观是具有阶段性的，特别是随着某一阶段的自身需求满足后，新的职业价值观也就会随之产生并确定下来。

(4) 职业价值观是多元化的。人的职业价值观是多元化的而不是唯一的，人们择业时会有多个动机支配着他的选择，人们常常为选择感到痛苦时，就是因为个人的职业价值观不唯一，而在某一职业中又难以得到全部满足，从而患得患失。因此，对职业价值观要素的内容排序和强度分析就变得非常重要。

3. 职业价值观的作用

价值观决定人的自我认识，它直接影响和决定一个人的理想、信念、生活目标和追求方向。职业价值观对人们自身的职业行为的定向和调节起着非常重要的作用。具体而言，职业价值观的作用可以体现在以下几个方面。

(1) 职业价值观对择业动机有导向作用。人们职业行为的动机受职业价值观的支配和制约，职业价值观对择业动机模式有着重要影响。在同样的外部条件下，具有不同职业价值观的人，其择业动机模式不同，产生的择业行为也不相同，其择业动机的目的方向受职业价值观的支配。这也正是为什么同样的职业不同的人有不同评价和选择的原因。每一个求职者由于其所受教育的不同和所处环境的差异，在职业取向上的目标和要求也是不相同的。在许多场合，人们往往要在一些得失中做出选择，而左右人们选择的，往往就是职业价值观。例如，是要工作舒适轻松，还是要高标准的工资待遇；是要成就一番事业，还是要安稳太平，当两者有矛盾冲突时，最终影响他们决策的是存在于内心的职业价值观。

(2) 职业价值观反映了人们对职业的认知和需求状况。职业价值观是人们对职业及职业行为结果的评价和看法，因而，它从某个方面反映了人们的人生观和价值观，反映了人的主观认知世界的状况和差异。

(3) 职业价值观是判定职业生涯发展状况和人才配置的重要依据。价值观是一种基本信念，它带有主观判断的色彩，代表了一个人对于什么是好、什么是对以及什么会令人喜爱的意见。职业价值观是对自己职业生涯成功与否及其发展状况评价的依据，也是组织进行人力资源配置的重要依据。因此，树立良好的职业价值观，对于个人正确判断职业生涯发展状况以及组织合理开展人力资源管理工作都具有重要意义。

(三) 职业价值观与相应职业

许多职业方面的专家通过大量的调查，从人们的理想、信念和世界观方面把职业价值观分成八大类，即自由型职业价值观、小康型职业价值观、支配型职业价值观、自我实现型职业价值观、志愿型职业价值观、技术型职业价值观、经济型职业价值观和享受型职业价值观。

1. 自由型职业价值观

自由型职业价值观的人，凭自己的能力拥有自己的小“城堡”，不愿受人干涉，想充分施展本领。适合的职业类型有室内装饰专家、图书管理专家、摄影师、音乐教师、作曲家、编剧、雕刻家、漫画家等艺术性职业。在工作中能有弹性，不想受太多的约束，可以充分掌握自己的时间和行动，自由度高，不想与太多人发生工作关系，既不想限制人也不想受制于人。

2. 小康型职业价值观

小康型职业价值观的人追求虚荣，优越感很强。很渴望能有社会地位和名誉，希望常常受到众人尊敬。欲望得不到满足时，由于过分强烈的自我意识，有时反而很自卑。适合的职业类型有记账员、会计、银行出纳、法庭速记员、成本估算员、税务员、核算员、打字员、办公室职员、计算机操作员、统计员、秘书等。

3. 支配型职业价值观

支配型职业价值观的人有较高的权力欲望，希望能够影响或控制他人，使他人按照自己的意愿行动；认为有较高的权力地位会受到他人尊重，从中可以得到较强的成就感和满足感。想当上组织的一把手，无视他人的想法，为所欲为，且视此为无比快乐的事。适合的职业类型有推销员、进货员、商品批发员、旅馆经理、饭店经理、广告宣传员、调度员、律师、政治家、零售商等。

4. 自我实现型职业价值观

自我实现型职业价值观的人不关心平常的幸福，一心一意想发挥个性，追求真理。不考虑收入地位及他人对自己的看法，尽力挖掘自己的潜力，施展自己的本领，并视此为有意义的生活。适合的职业类型有气象学家、生物学家、天文学家、药剂师、动物学者、化学家报刊编辑、地质学者、物理学者、数学家、实验员、科研人员、科技工作者等。

5. 志愿型职业价值观

志愿型职业价值观的人富于同情心，把他人的痛苦视为自己的痛苦，不愿干表面上哗众取宠的事，把默默地帮助不幸的人视为无比快乐的事。适合的职业类型有社会学家、福利机构工作者、导游、咨询人员、社会工作者、社会科学教师、护士等。

6. 技术型职业价值观

技术型职业价值观的人认为立足社会的根本在于一技之长。因此会专心钻研一门技术，认为靠本事吃饭既可靠，又稳当。适合的职业类型有木匠、农民、工程师、飞机机械师、自动化技师、野生动物专家、机械工、电工、司机、机械制图员等。

7. 经济型职业价值观

经济型职业价值观的人断然认为世界上的各种关系都建立在金钱的基础上，包括人与人之间的关系，甚至父母与子女之间的爱也带有金钱的烙印。这种类型的人确信金钱可以买到世界上所有的幸福。各种职业中都有这种类型的人，商人为甚。

8. 享受型职业价值观

享受型职业价值观的人喜欢安逸的生活，不愿从事任何挑战性的工作，无固定职业类型。工作能够免于危险、过度劳累，免于焦虑、紧张和恐惧，使自己的身心健康不受影响。

思考与讨论

1. 什么是自我认识？通过哪些内容来更好地了解自己？
2. 在自我认知过程中应掌握哪些基本原则？
3. 自我认知的方法有哪些？怎样理解和评价？
4. 兴趣对职业选择有哪些影响？如何培养自己的职业兴趣？
5. 大学生选择职业应具备哪些能力？如何培养？

本章小结

职业个性倾向性主要包括职业兴趣和职业价值观。人们的工作稳定性、职业成就感和工作满意度深受兴趣和价值观的影响。职业兴趣是指人们对即将从事或正在从事的某种职业活动的喜爱程度，职业兴趣在职业活动中起着重要的作用。职业价值观是人们依据自身的需要对待职业、职业行为和工作结果比较稳定的、具有概括性和动力作用的信念系统。及早进行职业个性倾向性探索，可以帮助大学生更快地熟悉并适应职业环境和职业角色。

职业个性特征是职业发展的基础，良好的职业个性特征是职业成功的重要保障。大学生职业个性特征主要包括职业性格和职业技能。职业性格是指人们在长期特定的职业生活中所形成的与职业相联系的比较稳定的心理特征。具备一定的技能是大学生求职成功的必备条件。大学生通过职业个性特征探索，可以及早地了解自己的职业性格及职业技能，促进技能的增强、性格的优化和提升。

第五章 大学生涯规划

知识目标

1. 了解医学生大学不同阶段的主要任务。
2. 了解高职医学生学历提升的几种途径。
3. 掌握医学生自我成长规划的内容和培养方法。

能力目标

通过本章的学习，使医学生能够结合自身的实际情况规划好大学生活。

核心概念

大学规划　三年制　五年制　专升本　自我成长规划

古人云："凡事预则立，不预则废。""预"即有规划的意思，这句话同时也指出了事先规划与否的重大差别。作为医学生，其专业的明确性有别于其他专业的学生，且高职医学生大学生活只有短短三年，如果没有规划，虚度光阴，三年时间一晃而过，到头来学业无成，工作无着落。因此，进入大学后，医学生必须对学业、生活等方面进行明确的规划，改变被动学习的局面，增强学习的主动性，确保自身顺利完成学业，为成功实现就业或开辟事业打好基础。

第一节　医学生大学规划

1984 年，在东京国际马拉松邀请赛中，名不见经传的日本选手山田本一出人预料地夺得了世界冠军。当记者问他凭什么取得如此惊人的成绩时，他说了这么一句话：用智慧战胜对手。两年后，国际马拉松邀请赛在意大利北部城市米兰举行，山田本一代表日本参加比赛。

这一次，他又获得了世界冠军。记者又请他谈经验。山田本一回答的仍是上次那句话：用智慧战胜对手。记者对他所谓的智慧迷惑不解。10 年后，这个谜终于被解开了，他在他的自传中是这么说的：每次比赛之前，我都要乘车把比赛的线路仔细地看一遍，并把沿途比较醒目的标志画下来，比如第一个标志是银行，第二个标志是一棵大树，第三个标志是一座红房子……这样一直画到赛程的终点。比赛开始后，我就以百米的速度奋力地向第一个目标冲去，等到达第一个目标后，我又以同样的速度向第二个目标冲去。40 多千米的赛程，就被我分解成这么几个小目标轻松地跑完了。起初，我并不懂这个道理，我把我的目标定在 40 多千米外终点线上的那面旗帜上，结果我跑了十几千米时就疲惫不堪了，我被前面那段遥远的路程给吓倒了。

想一想：从山田本一的经验中，我们可以获取到什么有益的启示？

目标是规划的灵魂。美国学者戴维·坎贝尔曾说，设定目标能指引我们走向未来和成功。医学生在校发展规划目标的设定是否科学合理，关系到大学阶段的成败。每个终极目标是由许许多多的小目标构成的，要达到终极目标，就要像上楼梯一样，一步一个台阶。当人们的行动有了明确目标，并能把自己的行动与目标不断地加以对照，进而清楚地知道自己的行进速度与目标之间的距离，人们行动的动机就会得到维持和加强，就会自觉地克服一切困难，努力达到目标。当我们每前进一步，达到一个小目标，就会体验到"成功的喜悦"，这种"感觉"将推动我们充分调动自己的潜能去达到下一个目标时。医学生在校发展规划目标的设定是否科学合理，关系到大学阶段的成败。制订目标时，主要考虑两个方面的因素：一是学校根据专业制订的人才培养目标；二是考虑社会的需要和将来就职岗位的要求。

以护理专业的人才培养目标为例，目前社会对护理专业的要求是：护理专业是培养符合现代医学模式要求的，具备人文素养、护理技术、预防保健知识及护理管理能力等职业素养的高端技能型专门人才的专业。护理专业随着现代医学模式的转变，从生物医学模式转化为生物—医学模式，再转化为生物—医学—社会模式。护理教学的重点也从以疾病为中心转化为以病人为中心，再转化为以人的健康为中心。护理服务从传统的功能制护理到责任制护理，再发展到现在的系统化整体护理。

护理专业人才培养目标明确了护理专业学生在知识、技能、素质等方面的要求，护理专业的学生可以以此为依据制订在校的发展规划目标。

同时，医学生与普通大学生不同的地方，不仅在于学制的长短不一，更在于医学行业的特殊性。医学生为完成医疗卫生活动必须具备四个核心能力：语言交流能力、自我学习能力、问题解决能力和医学职业人格。医学生在制订学业规划时，必须考虑其核心能力的培养。

刚跨入大学校门的新生，应该明白：今天的生活是由三年前的选择决定的，而今天的选择又将决定三年后的生活。如今，很多大学生在毕业时会感慨地说："假如时光可以倒流，我会比现在做得更好。"还有毕业生说："回首大学生活，我浪费了太多时光，好像什么都没有学到，好像自己什么都不行。"为什么会这样呢？就是因为没有做好大学生涯规划，在茫然、混沌中，凭感觉度过宝贵的三年时光。

> 进则救世，退则救民；不能为良相，亦当为良医。
>
> ——张仲景《伤寒杂病论》

创新工场董事长李开复先生曾这样描述大学生活："大学是人生中最为关键的阶段。从入学的第一天起，你就应当对大学四年有一个正确的认知和规划，为了在学习中享受到最大的快乐，为了在毕业时找到自己最喜爱的工作，每一个刚进入大学校园的人都应当掌握七项学习内容：自修之道、基础知识、实践贯通、兴趣培养、积极主动、掌控时间、为人处世。只要做好了这七点，大学生临近毕业时的最大收获就绝不会是'对什么都没有的忍耐和适应'，而应当是'对什么都可以有的自信和渴望'。只要做好了这七点，你就能成为一个有潜力、有思想、有价值、有前途的快乐的大学毕业生。"

大学应该围绕着目标过。如果上大学前或入学后你有具体的期望、目标，如你想成为本专业最优秀的学生，大专毕业后保送读本科、报考某大学本科等，那么你应按照这个目标去具体规划你的大学生活。如果没有明确的大学目标，那么应以就业为导向来安排自己的大学生活，从专业学习、能力培养、实践经验积累等维度努力发展自己、完善自己。

大学规划在这里指的是大学生的学业规划，学业规划是大学生涯最重要的规划内容。因为大学生本质上还是学生，大学阶段的主要任务还是学习，包括学习专业知识、职业技能、为人处世的道理及成功的方法等。医学生的学业规划应具体到几年的学习生活中，实际上就是规划学业发展、个性与社会发展、生涯发展的过程。当然，学业规划需要循序渐进、分阶段进行。

一、医学生涯规划

（一）三年制医学生大学规划

三年制医学生，其学制为三年。由于医学是一门实践性较强的学科，一般为两年理论知识学习和一年临床实习。在校三年的学习，大致可分为试探期、定向期、冲刺期、分化期。一年级上学期——试探期：初步了解专业的就业情况；增加人际沟通与交流；学习计算机和普通话。一年级下学期、二年级上学期——定向期：提高自身素质，锻炼各种能力；学习专业知识技能；参加社会实践，尝试专业相关社会实践活动；提高责任感和受挫能力；了解职业资格证书考试。二年级下学期——冲刺期：进一步完成专业知识及技能学习，为高质量求职增加筹码；确定是否升学；学习交流求职心得；学写简历；了解往年求职情况。三年级——分化期：通过临床实习，充分接触医疗环境；培养实践动手能力；注意考试咨询；进行模拟面试；强化求职技巧；准备升学。

1. 一年级学业规划

通过了解专业和职业，培养专业兴趣和职业意识，明确本专业的学习要求；制订和实施专业学习、实践计划；明确大学期间对外语、计算机及其他专业能力的要求，制订学习规划；注重拓展个人综合素质，参加各类社会实践活动；不断探索适合个人学习的新方法、方式，提高学习效率；基本完成专业基础课程学习、掌握基本的理论知识和技能技巧。

1）职业认知

通过寒、暑假临床见习，临床志愿者活动，早期接触临床。一是完成职业认知，通过职业认知对职业目标、职业要求、职业特点、职业道德等进行分析，从而加深对职业的理解，寻找自身条件与职业要求的差距，从而有效地规划学业生涯。二是通过早期接触临床培养职业人格。良好的职业人格一旦形成，往往能使个人正确的职业观成为一种自觉的行为表现，从而应对复杂的社会环境和激烈的竞争。当前，新医改对医疗服务提出了更高的要求，医疗环境客观上又存在着医患关系紧张、医疗道德缺失、监督机制缺失等不利因素，使医学生不得不面对复杂的社会环境和巨大的工作压力。因此，通过加强医学生职业人格的培养，为医学生今后进行职业实践打下坚实的基础。

2）培养通用能力

通用能力是职业人要想取得成功必须具备的基本能力，是人们在教育或工作等不同环境中培养出来的可迁移的、从事任何职业都必不可少的跨职业的能力。

(1) 适应能力：一个人适应社会的能力是其素质、能力的综合反映，适应社会能力的强弱是与他的思想品格、知识技能、活动能力、创造能力、处理人际关系能力以及健康状况等密切相关的。一般来说，一个素质高、各方面能力比较强、身心健康的大学毕业生走上社会后，能很快适应环境，适应工作，即使是在比较困难的条件下和比较差的环境中，也能通过自己的能力取得好成绩，或者变不利的环境为有利的环境。大学生只有注意培养自己适应社会的能力，走向社会后才能尽可能地缩短自己的适应期，充分发挥自己的聪明才智。

(2) 表达能力：自古以来，医生承担着救死扶伤的神圣使命，履行着治病救人的崇高职责。医者，悬壶济世。但由于种种原因，目前医患关系紧张，医疗纠纷、医疗诉讼层出不穷。患方为讨一个说法，在医院吵、闹、打、砸的场景时时上演，甚至发生杀害医生的恶性事件。而医务人员也倍感焦虑、委屈、无奈，医院也失去了往日的恬静、安宁。分析医患纠纷产生的原因，医疗技术水平缺陷只占20%，80%是因为医患沟通不足。因此，培养良好的表达能力，是大学生在校期间的"必修课"。同学们可通过社会实践活动打开视野、走向社会、锻炼自身医患沟通能力。在社会实践活动中，同学们要学会利用微笑、目光、体态、手势等与病人进行非语言交流的技能。要从沟通内容、方式、方法等方面学会与病人语言交流的技能。要学会应对危急情况、通报坏消息的技能。通过学会沟通交流的技巧，为病人提供人性化服务，医患一心，共同对付病魔。

(3) 交往能力：实际上就是与他人相处的能力。社会上的人际关系不像学校中的同学、师生关系那么简单。当学生步入社会后，要与各种各样的人发生这样或那样的关系，能否正确、有效地处理、协调好职业生活中人与人的各种关系，不仅影响一个人对环境的适应状况，而且影响着他的工作效能、心理健康状况、生活的愉悦感和事业的成败。

3) 获取相关证书

通过计算机、外语等级考试并取得相应证书。

4) 探索新的学习方法、技巧

大学的学习要求、生活环境等都不同于中学时代，大学新生应尽快适应大学各方面提出的新要求，向师哥师姐学习，找到适合自己的学习方法和技巧，顺利完成学业。

2. 二年级学业规划

在一年级学业规划的基础上，进一步明确社会对本专业的能力要求，构架专业知识结构；有针对性地强化专业技能训练；积极参加社会实践活动，培养职业适应、社会适应能力，为临床实践打下基础。

1) 构架专业知识结构

合理构建个人的外沿知识：外沿知识是指本专业知识以外的知识。现代职业都要求从业者的知识"程度高(知识量大、面宽)、内容新(以新知识、新信息为主)、实用强(所学知识有很强的使用价值)"。因此，在校医学生要不断地调整自己的知识结构，应根据社会"市场"这张晴雨表来调整自己的学习行为。在构建合理的知识结构时，应坚持广博性与精深性、理论与实践、积累与调节相统一的原则，培养宽厚扎实的基础知识、广博精深的专业知识，构建合理的知识结构。这一过程没有捷径可走，其基本途径只能是学习和积累，也绝非一劳永逸，必须持续不断地付出艰辛劳动。只有采取适合自己的科学方法，并且不断努力、辛勤耕耘，才能建立和完善自己的知识结构，为顺利成才打下良好的基础。

2) 提高专业技能

专业技能是指将所掌握的专业理论知识综合运用于实践的能力。目前，医学生到医院进行临床实习，在病人身上进行实践操作练习越来越困难，究其原因，一是学生人数多；二是病人、家属不配合；三是医患关系紧张，临床医生怕影响医患关系，也不太愿意学生在病人身上进行实践操作。因此，学生在校期间应积极参与实训及专业技能比赛，从而提高自身专业技能。

3) 培养职业适应能力、社会适应能力

利用寒假、暑假、课余时间积极参加社会实践、医疗实践活动，借助社会实践平台，可以提高大学生的组织管理能力、心理承受能力、人际交往能力和应变能力等。此外，还可以使他们了解到就业环境、政策和形势等，有利于他们找到与自己知识水平、性格特征和能力素质等相匹配的职业。大学生对社会和环境的适应应该是积极主动的，而不是消极的等待和退却。大学生只有具备较强的社会适应能力，走入社会后才能缩短自己的适应期，充分发挥自己的聪明才智。因此，在不影响专业知识学习的基础上，医学生应大胆走向社会、参与包括兼职在内的社会活动，这是医学生提升自身职业适应能力和尽快适应社会的有效途径。

3. 三年级学业规划

这一年，医学生已走入临床进行实习。通过临床实习应掌握临床各项操作规程、了解和熟悉临床常规流程、不断训练正确诊疗思维；应强化个人责任意识，提高抗挫、抗压能力，逐步完成踏入社会前的观念转变；收集各类就业信息，关注职场机会，初步确定个人就业目标或做好“专升本”考试准备。

1）临床实习

医学是一门实践性很强的学科，医学生由学校走向社会，进行临床实习，将在学校所学的理论知识转化为临床实践的过程，是医科类学校必不可少的一个重要阶段。不论是“2+1”人才培养模式的三年制专科，还是“4+1”人才培养模式的五年制专科，缺“1”不可，只有理论知识的把握，没有临床实习的打磨过程，就好像一个做工粗糙的毛坯杯子，只有经过精工细作的打磨，其美观实用性才能体现。同时这个过程是培养医学生临床思维方式的关键过程。通过临床实习，医学生掌握临床各项操作规程，了解和熟悉临床常规流程，不断训练正确诊疗思维。在此期间，医学生应积极参加临床实践，勤学苦练，在医疗工作实践中不断增长自己的才智，提高操作技能和临床诊治能力。同时通过临床实习，进一步了解本专业的职业目标、职业要求、职业特点、职业道德等。在临床实践中，不断强化个人责任意识，提高抗挫、抗压能力，逐步完成踏入社会前的观念转变。

2）确立就业定位和方向

通过分析就业形势、了解就业政策、掌握就业程序以及收集各类就业信息，确定个人就业目标，实现职业和人生发展的目标。此阶段毕业生应锻炼自己各项求职技能，如学写自荐书、提高面试技能，学会用得体的方法自我推荐等。

3）升学

对于有继续升学意愿的同学，在此期间，应密切关注有关专升本考试的报名时间、考试时间、考试科目的安排等。

4. 相关职(执)业资格证的获取

获取相关专业职业技能资格证书。目前高职高专所开设的专业都有与之相对应的由国家劳动人社部门或医药学行业部门颁发的职(执)业资格证书，如护理专业毕业生的《护士执业资格证》，药学专业的《药品营销员资格证书》，眼视光技术专业的《眼镜配镜师资格证书》等，医学生应根据所学专业获取相关资格证书，为将来进入劳动市场取得准入资格。

(二) 五年制医学生学业规划

“五年一贯制”职业教育是以招收应届初中毕业生为起点，以培养专科层次高素质技能人才为目标，中高职统筹，共同实施五年一体化人才培养方案的职业教育形式，实行“2+2+1”分段教学，即 2 学年中等职业学校教育课程学习，2 学年高职教育课程学习，1 学年临床实习。

1. 一年级学业规划

当医学生入校后生活时空发生变化，此阶段规划的重点有：适应大学生活；掌握正确的学习方法，学好文化基础课，为今后的可持续发展奠定基础；有计划地参加一些文体活动，有意识地培养自己的特长，关注自身综合素质的发展；初步了解将来所从事的职业。

1）适应大学生活

(1) 确立学习生活目标：中学阶段，学生的目标非常明确，那就是一切为中考奋斗。但升入大学后，大部分学生心里出现了目标和理想的空缺，许多人抱着轻松一下的想法，虚度了大一的美好时光。人生短暂，大学生活更是一晃而过，所以大家要抓住大学的每一天。在进入大学的第一天起就给自己一个新的定位，考虑一下自己将来要成为一个什么样的人，从事什么样的职业，通过对自己人生理想的重新思考，及时确立新的学习和生活目标。

(2) 安排时间，学会自我管理：对许多新生来说，上大学是他们第一次开始独自独立生活，能否自理自立，合理安排时间直接影响到大学学习、工作、生活的效能。因此，学会自我管理，是大学生活的重要 课。习惯了中学生活中老师和家长的安排和管制，许多学生面对大学老师新的授课方法常常感到无所适从，不知该如何学习，而把大量时间浪费在发短信、逛商场、泡网吧上。对此，大家应多参加一些与老生的交流活动，通过他们的经验和自身情况设定一个时间表，以尽快适应大学学习的特点。

(3) 良好的人际关系：进入大学，大家会发现人与人之间交流与接触的机会增多，自己的交际圈也随之扩大。如何树立良好的人际关系，对自己今后事业的发展有着重要影响。大学是一个良好的人与人交流和沟通的平台，大家要不断提升自身修养，学会包容和换位思考，设身处地为他人着想；学会尊重他人、关爱他人；学会打开自己的心扉，坦诚相待，用真诚和努力博得大家的喜爱和支持。

2）学好文化基础课

(1) 提高科学文化素质，提高认识水平、理解能力、自学能力、应变能力，开阔视野，发展智力、个性和特长，培养良好的思想品德、健康体魄和高尚的审美情趣。

(2) 为学习专业知识和形成职业技能打好基础。

(3) 为接受继续教育、转换职业、适应科技发展提供必要的条件。

3）培养职业兴趣

职业兴趣是指一个人是否喜爱某种职业，是一种职业选择与态度方面的倾向。如果人们对所从事的工作有“职业兴趣”，就会充分调动和发挥自己的主观能动性，充分开发智力和潜能，即使很枯燥的工作也会变得丰富多彩，从而增强职业的适应性，职业稳定性也会加强。同学们可以通过积极参加相关的专业兴趣小组、社团、学会，接受专业兴趣熏陶；利用图书馆、网络资源，参加校内外举办的专业知识讲座，更广泛地了解专业理论的发展状况，从而增强专业学习兴趣。

4）培养特长，关注自身综合发展

个人特长是用人单位极为关注的一个重要内容之一，可以更全面地考察一个人的能力以及职位的适应性。当今，一些用人单位招聘，在看重求职者专业知识和工作经验的同时，把一些兴趣、特长也作为求职者的综合素质来看待，并作为是否聘用的因素之一。因此作为当代大学生在学好书本知识的同时，要注意个人的全面发展，培养个人兴趣爱好，增强就业竞争力。

2. 二年级学业规划

二年级是确立目标的阶段，是五年学习中的重要时期，此时，大学的概念已在大学生的脑海里形成，大学生们已经渐渐地适应了校园生活。本阶段的主要任务是进一步完成文化基础课学习，参加英语、计算机等级考试。通过社会实践进一步了解本专业今后从事的职业目标、职业要求、职业特点、职业道德等；通过对社会的了解和接触，提高求职意识，收集各种求职信息；积极参加社团活动，培养通用能力。

3. 三、四年级学业规划

三、四年级的课程更加集中，无论课程数还是课时数都比前两年多，这一阶段的专业学习任务很重，要合理安排好时间，把专业知识学好。通过构架专业知识结构、提高专业技能、培养职业适应能力、社会适应能力，为下一步参加临床实践打基础。积极参加社团活动，为提高就业竞争力打下基础(具体参照三年制学业规划)。

4. 五年级学业规划

大学生由学校走向社会，学生进入临床实习，部分学生对自己的出路有了规划，大学生此时要对前几年的准备做总结。此阶段是把在学校所学的理论知识转化为临床实践的过程。同时，也是进行职业选择的关键时期。此阶段规划重点是积极参加临床实践，勤学苦练，在医疗工作实践中不断增长自己的才能，提高操作技能和临床诊疗能力。接受择业技巧培训。充分利用学校提供的条件，收集学校就业处及各种渠道提供的信息，强化求职技巧，制作简历、写求职信，进行面试培训，积极准备就业。

(三) 实习期学业规划

临床实习是医学生学习的重要环节，是培养医学生充分掌握基本理论、基本知识、基本技能，培养他们分析及解决问题的能力及临床操作技能的最佳途径之一，也是培养医学生向一名合格医务工作者转变的重要教育过程。

1. 实习前准备

在正式进入临床实习前，同学们应做好以下几方面的准备：

1）医学知识的准备

由于医学知识涉及的科目繁多，学习时间相对较长，到进入临床实习时有许多内容将会逐渐生疏，甚至遗忘。因此，有必要对这些知识进行温习。但面对众多的课程，要在短时间内全部温习一遍，显然不现实，所以，建议医学生们在进入实习之前，将所学的科目浏览一遍，看看自己学过哪些内容，哪些内容学得较好，哪些内容学得不好，针对那些学得不好的内容，重点进行补救，特别要注意对与临床密切相关的科目的温习和补救。同时，不要忘记携带学过的所有教材，有了这些教材，在实习中遇到问题，可以及时温习并巩固知识。

2）对有关实习守则及职责的学习

在进入实习前，学校都要发实习守则和工作职责，通过对实习守则和职责的学习，同学们能够明确实习任务，知道自己在实习中应该干什么，不应该干什么。

3）工作制度的学习

在校学习期间，同学们系统学习了专业知识，对于工作制度的学习相对较少，而这些工作制度是实习单位正常运转的法规。系统学习这些制度，对于了解实习单位运行机制，尽快熟悉实习环境，避免发生差错和事故，将大有裨益。因此，在正式进入实习岗位前补上这一课，很有必要。

4）物品准备

准备好实习所需的各种物品，包括文具、工作服、笔记本等。

2. 实习期学业规划

1）实习初期尽快完成角色转换

医学生们初到实习岗位，常常出现角色适应不良的情况。究其原因：一是学生对实习认识上的偏差，顶岗实习的目的不明确，对顶岗实习的效果有怀疑，以致影响到工作情绪。二是工作角色模糊，对工作的权限和工作流程不清楚，协作意识差，引发协作失调。三是对工作规定意识淡漠，工作场所行为举止随意，容易引起工作秩序混乱。四是主动性和责任感不强，工作中不能集中精力，低级失误比较常见等。

因此，同学们应尽快完成角色转换，可通过以下措施，确保实习效果。

(1) 实习前仔细阅读毕业实习指导手册，明确实习目的；

(2) 认真学习各种规章制度，明确工作权限和工作流程；

(3) 加强修养，培养主动性和责任感。

2）加强综合素质培养，提高就业竞争力

(1) 培养责任心。责任心是人能否立足于社会，获得事业发展的至关重要的人格品质是做人的基本素质。一个人工作能力的大小与他掌握知识的程度和工作方法有很大关系，而个人的工作态度，即责任心问题则是影响一个人事业成败的关键。从某种意义上说，责任心往往比能力更为重要。医学生一定要树立对自己和他人、对家庭和集体、对国家和社会的责任心，这样才能得到用人单位的青睐。

(2) 培养基本工作能力。一个职业人的基本工作能力包括了学习能力、创新能力、人际交往能力、语言表达能力。医学生在实习期间，应有意识地培养自己这几方面的能力。

(3) 加强专业技能训练。医学生不仅要掌握本学科、本专业的基本理论和方法，更需要具备运用专业技能的实践能力，包括动手能力、分析问题及解决问题的能力等。这是学生可持续发展的基础，是学生就业核心竞争力之所在，也是用人单位挑选学生的关键标准之一。在实习期间要结合所学专业和个人的职业生涯规划，结合市场需求掌握多种技能，提升竞争优势，使自己成为复合型人才。

二、医学生涯规划实施方案

拿破仑说得好："想得好是聪明，计划得好是更聪明，做得好才是最聪明。"完美的解决方案只有得到严谨的执行，才能真正解决问题。成功人士的秘诀是：唯有行动才能决定你的价值。大学生涯目标规划制订好之后，下一步的关键是制订配套的实施方案，并根据实施方案来行动。实施方案是为了达到制订的目标而必须采取的行动措施。实施方案必须具体，它可以分为年度实施方案(年计划)、月度实施方案(月计划)、周实施方案(周计划)和日实施方案(日计划)。年度计划从宏观上规定你一年要做的事，可以以每月要干什么来做计划；而月计划应以每周要干什么来计划，四周完成即月度计划；周计划则以日为单位来计划，即每天要完成多少事；日计划则必须以小时来计划，从而指导自己一天之中什么时间应该干什么。在现实生活中，人们做事为什么经常会半途而废？往往不是因为目标难度过大，而是觉得成功离自己很远。因此，我们制订大学生涯目标实施方案时，应该把大的目标分解成一个个阶段性目标，相应地制订阶段性实施方案。这样的话，只要坚持实施这些阶段性方案，完成这些阶段性目标，自己大学三年的生涯目标就一定能实现。

必须了解的是，规划方案的超前性包含了方案实施过程中的诸多不确定因素，因此必须重视规划方案实施过程中的行动反馈和结果反馈，如有无出现目标制订过高或过低的情况；自己在执行中是不是坚决(比如规定每天背 30 个英语单词，你是否只背了 20 个等)，这些因素会导致在目标与结果之间出现差距。我们要经常对出现的差距进行分析，找出原因，重新调整自己的目标，或者改变自己执行不力的习惯。

(一) 大学三年的行动计划

大学三年的行动计划是根据你的毕业去向目标制订的，它可以以年度为单位来分阶段实施。比如如果去向是升学(参加专升本考试)，那么在学业上，第一年就要开始做好准备工作，侧重学习英语和高数。第二年开始结合所学的医学知识复习医学综合，第三年参加专升本考试机构的培训……同时还要学好本专业的知识，锻炼和培养自己的交际和沟通能力等。

(二) 年度(或学期)行动计划

年度(或学期)计划是为了完成年度任务而制订的配套的实施方案。比如，计划第一年要复习英语，那我每月要完成复习多少内容，或者前 3 个月完成单词的背诵，后 3 个月复习语法，再用 3 个月锻炼阅读能力和听说能力，最后 3 个月做模拟考试技巧的培训等。

(三) 月度计划

月度计划围绕月度目标来制订，它应以周为单位来实施，如计划本月完成 200 个单词的学习，就把每周学习单词的数量安排好。计划要包括应完成的任务的质和量方面的要求，还要结合该月的其他任务，进行综合谋划。

(四) 周计划

周计划围绕周目标来制订，但应以每天的行动方案为单位来制订。比如一周要完成 100 个单词的学习，那我每天至少要完成 15 个单词的学习。

(五) 日计划

日计划是计划中最细小的单位，它围绕每天的目标来制订，一般计划到每小时的工作安排，非常具体。比如，我们可以每天安排早上六点至七点的时间来学习英语，晚上八点至九点学习高数，九点到十点复习当天所学的专业知识。每天晚上对当天计划的执行进行总结并考虑明天的计划。

大学期间，制订了科学合理的生涯规划和与之配套的实施方案，就必须按照该方案严格实行，约束自己的散漫行为，使自己的生涯规划目标得以实现。同时，在制订具体方案时，要留有一定的机动时间处理一些突发事情。

这里提出几项措施，帮助医学生们更好地实施自己的大学生涯规划方案。

(1) 经常回顾和总结行动规划，必要时做出变动。有些人制订了计划，但总是不将计划放在心上，只知道埋头做事，不知道自己努力的方向在哪里，缺乏总结意识，结果贻误了大学生涯的发展机会。

(2) 如果自己的理想蓝图发生变化，生涯构想和行动方案也要做出相应的变动，方法和策略也应随之改变。计划毕竟是计划，往往需要和现实结合起来，实施动态管理，如果缺乏灵活性，也会导致计划落空。

(3) 把任务方案放在电脑桌面、贴在床头或者写在日历上，经常可以看见，时刻提醒自己。

(4) 与亲朋好友讨论自己的生涯构想和行动方案，并查询实现该构想的途径，在执行过程中请求他们监督。

(5) 保证至少每 3 个月检查一次自己的执行情况。过程监督十分重要，可以考虑计划的落实情况，可以有针对性地提出解决方案。如果感到生活过于忙乱，那就意味着方案需要调整，适时适当地调低目标。如果感到自己的生活节奏很慢，效率很低，没有实现原生涯规划的目标，那就要考虑自己的动机水平是否足够。

(6) 要有毅力。在大学里，朋友交际会比较多，很多人都在娱乐，自己也有兴趣参加，如果没有执行计划的毅力，通常会使计划流产，以后也容易放弃，这是大学生们一定要注意的地方。

第二节　升学规划

小王从某医专学校毕业，考入一所县级医院工作后，想进一步提高学历，咨询医院人事部门，被告知医院只承认全日制本科学历，小王所在的县城没有医学类的本科办学点，如果参加成人高考到省城脱产学习，医院将解除劳动合同，究竟应该何去何从，面对如此两难选择，小王很是苦恼。

想一想：小王有如此苦恼的深层原因是什么？

> 凡事豫(预)则立，不豫(预)则废。
>
> ——《礼记·中庸》

医药卫生行业是特殊的行业，关系到人的生命安危，故对本行业人员的专业技术和职业道德都有较高的要求。明·裴一中《言医·序》中说："学不贯今古，识不通天人，才不近仙，心不近佛者，宁耕田织布取衣食耳，断不可作医以误世！这就要求医学毕业生不仅要有熟练、精深的专业技能，广博的专业知识，更要有勤学、严谨的工作态度，有不辞辛苦、病人为上的奉献精神。随着科学技术的不断进步，医学也在不断地发展，要想提高医术，只有不断地学习，学习，再学习！因此，高职高专医学毕业生在规划自身学业、职业的同时，应对学历提升的途径有一定的了解。

一、专升本的意义

为什么要获得本科学历？获得本科学历到底有哪些重要的意义？花钱又花时间到底值吗？对于高职高专的医学生而言，这是一个困扰大家的问题，下面就从以下几个主要方面来分析获得本科学历的主要意义。

本科学历相对于专科学历，从求职、人事晋升、工资定级、考证、考公务员、职称评定、办理人才引进等各方面都存在着优势。

(1) 求职：很多单位，特别是国家机关、事业单位、国企、外企，招聘的基本要求是"本科学历"，没有本科学历即使专业技术能力再突出求职也会受到限制。

(2) 晋升：本科学历被提升的概率比专科大，很多人在做了几年技术人员之后势必会向管理层发展，而中层以上的管理者基本上须为本科以上学历。

(3) 工资定级：同样的单位，同样优秀的员工，本科学历员工的工资比专科高一档次，一般在 500 元以上。

(4) 考资格证、考公务员及职称评定：部分国家职业资格证和公务员考试报考都要求为本科以上学历，所有高级职称的评定也需要本科以上学历。

所以不管是求职、晋升还是后续的成长，学历一直伴随着我们。在知识经济时代，学历是每个人职业生涯的敲门砖，学历越高机会越多，发展空间也越大。

二、专升本的主要类型

1. 普通高校专升本

普通高校专升本又称统招专升本，招生对象为本省应届专科(高职)毕业生。普通高校专升本按国家规定入学后，按本科院校学生学籍进行管理。其各项收费按升入学校的本科同专业学生收费标准收取。毕业后由学校统一颁发毕业证书。学习期满且成绩合格的学生，可根据《中华人民共和国学位条例》及有关规定申请授予相应的学士学位。

注意：

(1) 普通高校专升本纳入国家统一招生范畴，是国家统招。

(2) 只有应届生才能参加，往届生不能参加。

(3) 报名者一般需要英语和计算机考试通过并取得相应证书。

(4) 目前只能报本省高校，医学类要求专科所学的专业和要报考的本科专业一致。

毋庸置疑，普通高校专升本是最可取的一种升本方式，是人们通常所说的"正规军"，只要参加统一的入学考试，被录取后即可注册电子学籍，在校期间各项管理及毕业证书、学位证书都和高考直接进入本科的学生一样。而且入学考试医学类学生只考高等数学、医学综合、公共英语三门课程，相对于其他类型的专升本要通过十几门国家统考课程，从某种程度上来说，是最容易和稳妥的方式。

每年的专升本招考计划可在各省教育厅网站查询，或直接在搜索引擎中输入“云南省××××年普通高等学校本科招收应届专科毕业生升学统一招生考试试行办法”查询。

2. 网络远程教育

专升本招生对象为已获得专科毕业证书的学生。网络教育属国民教育系列，国家承认网络教育的毕业证书和学位证书，毕业证书有电子注册号。网络教育是近年崛起的新型教育模式，对无缘全日制高校而又想接受高等教育求学者来说，网络教育具有弹性学制、互动学制、学费实惠、报考简单等独特的优势。

注意：网络远程教育模式必须通过教育部规定的英语和计算机基础统考才能毕业。

3. 成人高考专升本

招生对象为已获得专科毕业证书的学生。专科毕业后，可通过全国成人高考中的专升本考试进入成人院校学习，一般包括业余、脱产、函授、夜大。考试时间一般在10月。成人高考专升本毕业后由学校颁发毕业证书，证书上注有“成人”二字，国家承认学历，达到一定要求者可获得学位证书。成人高考因入学需要参加全国统考，增加了一层门槛。录取后需要边工作边学习，由于成人教育大多是面对面授课，大多数学校对出勤的管理比较严格，将出勤率与考试成绩挂钩，很多同学通常因工作原因无法兼顾。有些学校采用课程学习班的形式，在校期间即可参加本科课程学习，毕业后参加成人高考，通过后取得学籍，之前的学科和学分都予以承认，可不必集中授课。

4. 自学考试专升本

高教自考中有独立本科考试，每个专业有10多门课程，通过所有课程可获得国家承认的本科学历。自学考试独立本科毕业后，由主考院校颁发毕业证书，由自学考试办公室和主考院校分别盖章，国家承认学历，达到一定要求者可获得学位证书(比例较低)。自考是全国考试，更重要的是自考有很多门，不管是理论考试课、实践课，还是毕业论文，只要有一样不及格，就拿不到毕业证，较为难考(当然自考的补考次数是不限的)。所以，虽然有许多人报自考，也考及格了许多门课，却往往因为个别课考不及格，一直拿不到毕业证，参加工作后一忙，就顾不上了，而且自考学分的有效期为6年，6年内不能全部通过，学分将被清空。很多人考很多年也拿不到毕业证，不得不中途放弃了自考。

不管何种形式，有志升本的同学应全面了解升本的各种类型的利弊，并结合自己的实际情况，慎重选择，早做准备！

三、什么是学位

学位是标志被授予者的受教育程度和学术水平达到规定标准的学术称号。我国学位分为：学士、硕士、博士三级(“博士后”不是学位，而是指获准进入博士后科研流动站从事科学研究工作的博士学位获得者)。学士学位，由国务院授权高等学校授予；硕士学位、博士学位由国务院授权的高等学校和科研机构授予。

高等学校本科毕业生(包括专升本)，成绩优良，达到规定的学术水平者，授予学士学位；高等学校和科研机构的研究生，或具有研究生毕业同等学力的人员，通过硕士(博士)学位的课程考试和论文答辩，成绩合格，达到规定的学术水平者，授予硕士(博士)学位。授予学位的高等学校和科学研究机构，在学位评定委员会做出授予学位的决议后，发给学位获得者相应的学位证书。

四、针对在校高职医学生的建议

高职医学生拿到国家承认的全日制本科学历，在今后的人生道路上无疑是很重要的。考虑到自考要考的科目多、周期长、环节多，什么都完全靠自己是很困难的，关键是如果长期不能考过，会耽误很多时间，走很多弯路。又由于它是一个人的战斗，通过率一般不高。而成人本科和远程教育本科含金量比自考还低，同时也需要花很多时间和金钱。所以建议在校高职医学生要认真面对普通专升本这种社会承认度高、一步到位的专升本考试，只要考上就几乎相当于已经拿到了本科毕业证和学士学位证，还可以在正规的大学里跟“五年制本科医学生”一起多学三年的文化知识、享受三年的大学生活，对于自己将来的发展更有利，发展机会更多。虽然普通专升本是最直接便利的方式，但是它在招生考试上还是有一定难度的，所以建议有条件的同学尽早复习，可以更好地提高自己的升学概率。

第三节　医学生自我成长规划

梦想有多大，舞台就有多大

——一名成长为医学博士的高职生的心路历程

杨满出生在一个群山包裹着的小山村，1996 年，杨满初中毕业后被县重点高中和南充卫校同时录取，虽然当时他很希望能上高中，但因为家里经济困难，杨满最终还是选择了能早些就业的南充卫校，进入了 96 级妇幼班学习。四年的中专学习，杨满对医学知识有了初步的了解。由于中专学习时间安排相对轻松，从第二年开始，杨满报名参加了中医(大专)自考。到中专第三年下学期的时候，他就完成了中医(大专)自考的全部理论课考试，2000 年杨满做出了人生中第二次重要的决定：参加全国成人高考专升本考试，然后再参加研究生考试。2001 年 9 月杨满终于顺利通过专升本入学考试，进入川北医学院临床医学本科学习。2003 年 9 月杨满以初试和复试总分第一的成绩进入四川大学华西医院肾内科攻读硕士研究生。梦想的画卷在杨满的眼前一点一点地展开。2006 年 7 月杨满硕士毕业，进入广西医科大学第六附属医院(广西玉林市第一人民医院)肾内科工作。在该院一年的工作经历中，他的临床工作能力得到进一步提升。经过不懈的努力，2007 年 9 月杨满顺利考入中山大学附属第一医院肾内科读博，于 2010 年 7 月毕业。从 1996 年跨入中专学习，通过 13 年艰苦不懈的努力，杨满从一名职高生成长为一名医学博士，一路走来真的不易。“梦想有多大，舞台就有多大”。在医学浩瀚的海洋里，杨满还在继续探索，他将用自己的绵薄之力回报社会！

想一想：杨满的事例对你有何启发？医学生应该如何学习自我成长，实现自己的梦想呢？

> 只要生命还是珍贵的，医生这个职业就永远备受崇拜！
>
> ——爱默生

一、培养健康的兴趣和良好的心态

著名科学家、物理学家杨振宁说过：“成功的秘诀在于兴趣”。健康的兴趣是医学生实现职业理想、获得幸福的需要。兴趣是影响大学生职业选择的重要因素之一，兴趣与职业理想的结合，可以使人产生更明确的目标和方向，并且积极地为未来所从事的职业打好基础。一个人对某一方面的工作有兴趣时，枯燥的工作也会变得丰富多彩，趣味无穷。兴趣可以使工作不再是一种负担，而是一种享受。曾有人进行过研究，如果从事自己感兴趣的职业，则能发挥全部才能的80%～90%，而且长时间保持高效率而不感到疲劳；而如果对所从事的工作没有兴趣，则只能发挥全部才能的20%～30%。爱迪生就是一个很好的例子，他几乎每天都在实验室里辛苦工作十几个小时，在那里吃饭、睡觉，但丝毫不以为苦，他宣称“我每天其乐无穷”。所以，当代医学生只有积极培养自己的职业兴趣，规划好自己生涯发展的道路，才能享受职业带来的幸福和快乐。

随着知识经济和信息社会的不断发展，良好的心理素质已成为现代人的一个重要标志。心理素质不仅是大学生综合素质的重要组成部分，也对大学生其他素质的发展有很大影响。培养良好的心理素质，医学生应根据个人具体情况而定，树立正确的自我观念，学会客观地分析自我，学会自我心理行为的控制与调节，使自己在学校、社会、家庭的活动交往中保持健康的心理状态。

(一) 培养健康的兴趣

1. 提高个人志向水平

志向水平是指积极探究某种事物或进行某种活动的倾向，这种倾向使人在认识过程或活动过程中对某事物带有稳定、主动、持久的指向性，是人们行为的内动力。

学习兴趣是指一个人对学习的一种积极的认识倾向与情绪状态，它是渴望探索未知世界的一种倾向，是学习动机中最积极、最活跃的因素。学习兴趣和学习志向是紧密联系的，个人学习志向水平高，相应的对自己的目标设置就高，对学习抱有较高的期望，也就会对学习产生浓厚的兴趣，并愿意付出更大的努力去学习，以实现自己的目标。如果一个人能经常获得成功的体验，那么他的志向水平就会得到进一步的提高；相反，学习志向水平低，缺乏明确的目标，得过且过，没有足够的学习动力，自然会经常感受失败的体验，导致志向水平越来越低，最终会丧失学习的信心。医学生要提高个人的志向水平，努力刻苦地学习，激发起获得成就的动机。

2. 激发个人学习的需要

心理学认为，需要是主体在存在和发展过程中，由于某方面缺乏而引起的一种攫取状态，这种状态形成了主体生存和发展的客观依据。只有在具有内在动机的情况下学习，才能在学习活动过程中或在学习活动结束时的成功中获得快乐和回报，从而使其他方面的需要也获得满足。另外，要了解时代对医学生的要求与期望，认识到在经济时代只有知识才是发展的核心，将社会外部需求转化为个体内部需要，形成持久、积极的学习动力。

3. 培养健康的课余兴趣

大学阶段，可以自由支配的时间相当多，如何充分利用这些时间开阔视野是一个非常重要的问题。医学生可以根据自己的实际情况参加第二课堂的教学活动、学生社团、兴趣协会等，培养个人在文学、艺术、体育等方面的兴趣。通过培养课余兴趣，医学生可以扩展知识面，比如培养阅读兴趣，可以了解其他领域的知识；培养文艺和体育方面的兴趣和才能可以展示自我，给自己心灵带来愉悦，还可以提高个人的综合素质等。当然，医学生培养课余兴趣要分清主次，切忌顾此失彼，不能因为业余爱好而影响自身专业的学习。

(二) 养成良好的心态

1. 了解自己的心理特点

医学生要充分认识、判断自己的心理状态，同时和周围其他同学相比较，通过比较发现自己心理品质方面的优势和不足。另外，要善于征求他人对自己的看法，以便对自己的心理特点有更全面、更科学的了解。

2. 建立良好的人际关系

一个人能在自己的周围常见一种相互关心、相互谅解、友善和谐的人际关系，身处其间，必然会感到心情舒畅，心理也容易保持健康。因此，医学生在交往中要以信任、尊重、友谊、礼貌、诚挚、谦让的态度与他人相处，诚恳地赞赏和学习别人的优点，积极地与周围的人建立和发展良好的人际关系，才能促进自己心理健康水平的不断提高，培养良好的心理素质。

3. 积极参加各种有益活动

参加有益活动是医学生培养良好心理素质的有效方法。比如，参加青年志愿者活动，为他人、社会奉献一份爱心，能够感受到社会之美，享受劳动乐趣，丰富道德情感，心理得到锻炼；游览祖国的大好河山，感受大自然的神奇、美丽、博大，能使人心胸开阔、情绪放松，精神为之一振。因此，参加各类社会实践活动，能使医学生们不断地获得新知识，丰富生活内容，同时排解不良情绪，培养良好的心理素质。

4. 常怀感恩之心

医学生应该常怀感恩之心，不论对父母、对朋友还是对社会。感恩绝不是简单的回报，它更是一种责任意识、自立意识和自尊意识。内心充满感恩之情的人，总是会笑对生活，觉得生活是如此美好。医学生感恩不仅是出于礼貌待人的需要，也是锻造良好思想品行的需要，试想，一个只关心自己，不关心他人，没有基本的知恩图报意识的人，能受到人们的尊敬吗？因此，医学生应常怀感恩之心。当你为自己的理想不懈奋斗之时，不要忘记那些谆谆教导你戒骄戒躁的人；当你终于摆脱失败阴影缠绕之时，不要忘记那些在你遭受挫折的时候给你希望和阳光的人。

5. 正确应对挫折

大学生活中不免遇到各种挫折，医学生应该学会正确应对挫折。第一，学会从容面对、快乐掌控。面对挫折，不同的人有不同的态度，与其闪避、畏惧、排斥，不如迎难而上。面对不可拒绝的挫折，唯一可取的态度是从容面对，如果进而能够快乐地掌控挫折带来的烦恼，那么，一次挫折就会变为一笔宝贵的财富。第二，学会适度宣泄、尽早摆脱。如果心中苦闷，不妨找一两个亲近的人，把心里的话倾吐出来，这样，不健康的情绪就得到宣泄。宣泄是一种自我心理救护，它可以消除因挫折而带来的精神压力。第三，激励潜能、独立自救。面对挫折的打击，有的人一蹶不振，有的人则激发潜能，自己拯救自己。第四，适当取舍、远离烦恼。放弃是一种智慧和境界，学会取舍，不必事事争第一，“塞翁失马，焉知非福”，舍弃自己还不具备能力与条件的目标不一定是坏事。

二、养成良好的生活习惯

大学生精力旺盛，又处于长身体、长知识的阶段，良好的生活习惯是确保顺利度过大学阶段的重要基础。为了身心健康，大学生从进入大学开始，就该切实重视这个问题，培养良好的生活习惯。

（一）养成良好的作息习惯

有关研究表明，有规律的生活能使大脑和神经系统的兴奋和抑制交替进行，时间久了，能在大脑皮层上形成动力定型，这对促进身心健康是非常有利的。高中阶段，学生学业负担重、学习压力大，不少学生形成了自己的学习和作息习惯。进入大学后不少学校对学生的作息时间要求不明确、不严格，学生没有了沉重的学习压力，加上大学管理较为宽松、学生自由支配时间多，有的学生由于没有明确的学习目标，失去了努力方向，沉迷于网络游戏、网络聊天等，形成了不良的作息习惯。因此，大学生应注意培养自我控制和约束能力，增强时间观念，养成良好的作息习惯，睡眠时间每天一般不少于 7 个小时，早睡早起，适当午休。

（二）养成自觉参加体育锻炼的习惯

生命在于运动。在安排好学习的同时，也要根据自身的条件进行适当的体育锻炼，这样不但可以缓解紧张的学习和生活压力，还可以放松心情、增加生活乐趣，有助于提高学习效率。跑步、打篮球、踢足球、打羽毛球等活动都有助于增强体质，提高对疾病的抵抗能力，这也是一种积极的休息。如果能在锻炼过程中逐步找到适合自身特点的体育活动项目并一直坚持下去，将会终生受益。当前不少大学生不懂得体育锻炼的重要性，没有锻炼意识，认为自己年轻、身体好，没有锻炼的必要，体育锻炼是中老年人的事。其实青少年体育锻炼的效果最好，从青少年开始锻炼并形成习惯，对身体、工作和学习都是大有裨益的。

（三）养成良好的饮食习惯

饮食不良现象在大学生中比较普遍，医学生亦不例外，其主要表现在以下几个方面：一是饮食不规律。很多学生早晨起床比较迟，不吃早饭便去上课，或匆匆忙忙往教室边赶边吃一点，有的索性取消了早饭，有的则在课间饿的时候随便吃些零食。二是不懂营养搭配、荤素搭配。喜欢吃什么就经常吃什么、想吃什么就吃什么。三是暴饮暴食。有些学生由于学习或其他原因错过了开饭时间，于是就随便对付一下，等下一顿吃饭时再多吃。大学时期应注意安排好饮食，逐步形成良好的饮食习惯。良好的饮食习惯包括饮食要定时定量，早饭要吃好、午饭要吃饱、晚饭要吃少，吃饭要细嚼慢咽，不要狼吞虎咽，注意营养搭配、荤素搭配，不挑食偏食，还要多吃蔬菜和水果。

（四）养成良好的用网习惯

时至今日网络生活已成为人们日常生活的重要组成部分，不可否认网络在给医学生的学习和生活带来极大便利的同时，也对医学生的思想品德、学业、身心、人际关系、情绪情感、兴趣爱好等多方面带来不少负面影响，部分学生甚至达到上网成瘾的程度。目前在大多数高校中都不同程度地存在一些学生上网成瘾的问题，有的学生经常通宵玩电子游戏，或者沉溺于“网聊”，白天则无精打采甚至在课堂上睡觉，严重地影响了身心健康和学业成绩，同时对以后的工作和生活也产生消极影响。

（五）形成良好的卫生习惯

由于环境不良、奋斗目标不明确、就业压力大等因素，一些大学生与烟酒结缘。生活中有些学生既不注意公共卫生，也不注意个人卫生，随地吐痰，乱丢乱扔废纸、塑料袋，不打扫宿舍卫生，乱倒垃圾，被褥长时间不晒、不洗，衣服鞋袜洗晒不及时，没养成早晚刷牙的习惯等。很难想象基本的公共卫生和个人卫生都不会做、做不好的人，工作上会有大的成就。因此，大学生应该从自身做起，从一点一滴做起，养成良好的卫生习惯。

三、加强人脉建设

大学是人际关系走向社会化的一个重要转折期。踏入大学，就会遇到各方面的人际关系：师生之间、同学之间、同乡之间以及个人与班级、院系、学校之间的关系等。中国人自古以来讲究人和，人脉资源是极为重要的。常言说“一个好汉三个帮，一个篱笆三个桩”“一人成木，二人成林，三人成森林”都是说要想做成大事，必定要有做成大事的人脉网络和人脉支持系统。根据美国人力资源管理协会与《华尔街日报》共同针对人力资源主管与求职者所进行的一项调查显示：95%的人力资源主管或求职者透过人脉关系找到适合的人才或工作，而且61%的人力资源主管及78%的求职者认为，这是最有效的方式。前程无忧网也曾经做过“最有效的求职途径”调查，其中“熟人介绍”被列为第二大有效方法。所以，根据你的人脉发展规划，你可以列出需要开发的人脉对象所在的领域，然后，你就可以利用你现在的人脉帮你寻找或介绍你所希望的目标，然后创造机会，采取行动。

(一) 学会改善人际关系

处于青年时期的大学生，思想活跃，精力充沛，兴趣广泛，人际交往的需要极为强烈，力图通过人际交往去认识世界，获得成就，满足自己物质上和精神上的各种需要。因此，大学生希望被人接受、理解的心情尤为迫切。然而，对大学生而言，他们对人际关系的追求往往带有较多的理想化色彩，无论是对同龄朋友还是对师长，往往是以理想色彩看待交往，希望交往不带任何杂质，同时他们也常常以理想的标准要求对方，一旦发现对方某些不好的品质就深感失望。从个人角度来讲，大学生必须学会调节自己，改善人际关系。

(二) 学会分享

分享是一种最好的建立人脉关系的方式，你分享得越多，得到的就越多。世界上有两种东西是越分享越多的：一是智慧、知识，二是人脉、关系。正如萧伯纳所说："我有一个苹果，你有一个苹果，交换一下每人还是一个苹果；我有一个思想，你有一个思想，交换一下每人至少有两个以上的思想。"同理，你有一个朋友，我有一个朋友，如果各自独享则每人仍是一个朋友，如果拿来分享、交流之后则每人拥有两个以上的朋友。

(三) 学会沟通和赞美

从心理学角度看，赞美是一种很有效的交际技巧，它能有效地缩短人与人之间的心理距离。所谓"良言一句三冬暖"，讲的就是这个道理。会说话的人，首先考虑的是，一句话说出来，是既能够表达自己的意思，还能让对方喜欢接受。所以要学会说话，会说话的人，才能带给对方欢喜，即便不是赞美之词也应该会说，说得使人心服口服，受益匪浅，才能使自己成为一个受欢迎的人。

(四) 学会交友

交友的一个绝佳途径是参与社团活动。在参加社团活动的过程中可以在自然状态下通过与他人的互动建立关系，从中学习服务人群进而扩展自己的人脉网络。平常太主动亲近陌生人时，容易遭受拒绝，但是参与社团时，人与人的交往在自然的情况下将更加顺利。

交友的另一个途径是走出个人封闭的小圈子，你如果想扩展自己的资源和人际关系网，同学会、老乡会、联谊会、沙龙聚会等活动对你来说是必不可少的。你需要做的是，分辨出哪些该参加，哪些该拒绝参加。从这些活动中有所收获了，我们的人脉资源也就丰富了。

掌握职业生涯规划设计的黄金准则

每个人都是自己人生事业的规划者和耕耘者，人生之旅只有单程票，闭门造车很可能充满坎坷，绕不少圈子。作为职业生涯规划的教师，指导学生掌握职业生涯规划的黄金准则才能做到高瞻远瞩、运筹帷幄，获得机遇的垂青。

一、择己所爱——根据自己的兴趣选择职业

“兴趣是最好的老师”，是引领个人事业取得成功的最初动力。从事一项你所喜欢的工作，工作本身就能给你一种满足感，你的职业生涯也会从此变得妙趣横生，乐此不疲。根据美国对1500名商学院的学生长达20年的追踪研究发现：追逐兴趣并发掘自身潜力的人不但更快乐，而且更容易得到财富和名利的眷顾，因为他们所从事的是自己真正喜欢的事情，他们更有动力、有激情将事情做到完美状态。日本著名企业家松下幸之助说过，真正的幸福就是能在工作中培养自己的兴趣和爱好而愉快地工作。因此，兴趣对工作效率和成果影响很大，职业兴趣的发生和发展一般要经历有趣——乐趣——志趣这三个过程。

二、择己所长——根据自己的特长寻找合适的职业

尺有所短，寸有所长。现代社会职业的种类繁多，每一种职业都有相应的职业能力的要求，任何一种技能的掌握都要经过一段时间的训练，而每个人的一生都很短暂，任何人都不可能掌握所有技能。所以，人应该有选择地在自己擅长的职业领域寻求发展，这样更容易发挥个人优势，获得职业生涯的成功。

三、择世所需——根据社会的需要进行职业规划

罗素说：“选择职业就是选择将来的自己”。随着社会的需求不断演化，一些旧的需求不再有市场需要，新的职业应运而生。因此，在设计职业生涯时，一定要运用科学的方法分析社会需求，准确预测未来行业或者职业发展方向，再做出选择。不应把职业单纯看作谋生的手段，而把职业视为一生追求的事业，高瞻远瞩，从长计议。如果仅凭主观臆断、闭门造车，脱离社会发展需求，最后就只能自食苦果，难成大业。

四、择己所利——根据自己的预期收益确定职业

职业是个人谋生的重要手段，同时也是个人获得社会肯定和认可的主要途径。人们通过在职业领域的奋斗服务社会，获得赖以生存和实现人生幸福的经济基础或物质收益，满足自己和家庭生存和发展的需要。因此，选择职业不仅要与自身兴趣相结合，也应考虑到职业所带来的收入、社会地位、社会认可度、个人成就感等因素，即自己的预期收益，理想的职业生涯规划是个人预期利益的最大化。

思考与讨论

1. 医学生学业规划对就业有什么作用？
2. 结合自己的实际情况，为自己制订一份学业规划。
3. 结合自身实际，思考自己大专毕业之后先选择就业还是升学？谈谈选择的理由。
4. 在大学期间，你如何为未来的职业发展做准备？

本章小结

大学规划指的是大学生的学业规划，学业规划是医学生大学生涯最重要的规划内容。三年制医学生和五年制医学高职生应根据自身的学制年限，结合专业特点，循序渐进、分阶段地规划好自己的大学生涯。

本科学历相对于专科学历，从求职、人事晋升、工资定级、考证、考公务员、职称评定、办理人才引进居住证等各方面都存在着优势。专升本的主要类型(途径)有四种：普通高校专升本、网络远程教育、成人高考专升本、自学考试专升本。

医学生的自我成长规划可以从培养健康的兴趣和良好的心态、养成良好的生活习惯、加强人脉建设三个大的方面入手。

第六章

职业生涯决策

知识目标

1. 了解职业生涯决策的含义及原则。
2. 理解职业生涯决策的理论。
3. 掌握医学生职业生涯决策的方法。

能力目标

通过本章学习，达到提高职业决策技能；为职业选择作出正确决策奠定基础。

核心概念

决策　生涯决策　职业生涯决策　医学生职业生涯决策

第一节　职业生涯决策概述

在西方哲学史上，有一个非常著名的故事“布利丹的驴子”。故事说一位名叫布利丹的哲学家养了一头驴，这头驴和别的驴不同，它喜欢思考，凡事都喜欢问为什么。有一次主人在它面前放了两堆体积、色质都一样的干草，给它做午餐。这下可把它给难住了，因为这两堆干草没有任何差别，它没法选择先吃哪一堆，后吃哪一堆，最后，这头驴子面对两堆草料，饿死了。这头驴子也因此而名垂哲学史。

想一想：这个故事对我们有哪些启示？

> 有什么样的选择，就有什么样的人生。
>
> ——诺贝尔

一、职业生涯决策的含义及原则

(一) 职业生涯决策的含义

决策是为了达到一定的目标，从两个或两个以上的可行方案中选择一个合理方案的分析判断过程。决策对于目标的重要性不言而喻，决策正确与否，决定着目标行为的成败。正确决策，能指引个人沿着正确的方向、合理的路线前进；错误的决策，就会使个人走上错误的道路，可能导致目标失败。

具体而言，决策是指个人将数据加以组织，然后在许多可能的选择项目中，进行评估、选择、确定，并承诺付诸实行的一个过程。因此，决策是连环发展的过程，而非单一事件，整个生涯发展过程都会不断面临生涯决策问题。

生涯决策是指对生涯事件的选择和决定的过程。作决定是人成长过程中的重要环节，一些重要决定甚至可能成为一生的里程碑。随着年龄的增长，我们不得不自行决定一些重大的事情，例如考试、升学、交友、就业、婚姻等，甚至日常生活中的琐事也都充满着选择。

职业生涯决策是综合了对自我的认识以及对教育与职业等外在因素的判断，面临生涯抉择情境时所做的各种反应，其构成要素包括决策者个人目标、可供选择的方案与结果，以及对各个结果的评估。而其过程与结果，则受到机会、结构等社会因素以及个人价值观与其他内在因素的影响。

职业生涯决策是一个高度复杂的过程，常常会令人左右为难，很难用简单的方程式概括，人不可能完全理性，但应学会把一些理性方法引入职业生涯决策中。培养理性决策的能力将使你终生受益。

（二）职业生涯决策的原则

1. 择业的愿望与效果相统一的原则

在很多情况下，人们择业的愿望和最终得到的实际效果总是有一段距离，也就是理想与实际的差异。人们总是从职业理想开始设计职业目标，然后按照其理想职业进行择业。事实上，不少人从少年时代就开始在各种社会因素的影响下，形成自己的职业理想。例如，有的人梦想长大以后，能成为一名解放军战士，有的人梦想当一名科学家，有的人则希望当一名医生或者教师。但是，在他们就业之后，多数人的实际职业与原来的理想职业有着一定的差距，甚至大相径庭。每一个人都是正确愿望与良好教育的统一者。为了使愿望与实际相统一，每个人都要考虑主客观条件，考虑愿望与效果二者的统一，从而使自己的潜能得到充分发挥。

2. 个人素质与社会需要相统一的原则

什么是自身素质与社会需要相适应？一般地讲，就是“人适其职”而又要“职适其人”。择业者在选择职业时，必须认清自己所谋求的职业对素质的要求。正如《人类在自然界的位置》一书中赫胥黎在给友人的一封信里所指出的那样：“任何科学事业上的成就，都需要有不寻常的才能、勤勉和精力。你若具有上述资质，你在日常商业工作之余，将有足够的闲暇为自己在科学界觅得立足之地。你若不具有那种资质，还是一心经商为宜。天下最不足取的事情，莫过于一个年轻人，如同苏格兰谚语所说的那样：‘匙子没有做成，倒毁了羊角。’成为在文学或科学领域里滥竽充数的食客。要是去从事其他工作的话，他或许成为社会上有用和有价值的一员。”面对那些素质要求很高的职业，人们大都能够做到“自知之明”，主动放弃对那些不实际的职业目标的追求。但是，绝大多数人面对的都是一般性素质要求的职业，这时则要看他的素质与职业要求的素质是否符合。

3. 职业稳定与职业调节相统一的原则

职业稳定与职业调节相统一，实现人与职业总体和谐，这是社会稳定和发展的基础。敢于和善于充分利用各种就业渠道，去选择自己最喜爱、最有能力做好的职业，既是择业者的权利，也是择业者对社会所承担的一份责任。从国家来说，创造就业机会、提供职业岗位、造就宽松的就业环境是其责无旁贷的任务和使命。但就其一个历史时期来讲，就业机会、职业岗位大体上是一个“定数”，职业的稳定性和劳动者在择业时的自身素质，则是一个“变数”，需要随时调节。所以，要实现职业稳定与职业调节相统一，最主要的还是提高劳动者的自身素质。

二、职业生涯决策的类型

(1) 宿命型。一切都由命运掌握，跟随社会的发展即可，走到哪里就到哪里，事情会自然而然地发生，让外部环境决定。

(2) 直觉型。内心深处感觉是这样的，就这样决定了，跟着感觉走，相信我们自己的直觉。

(3) 挣扎型。在众多选择中不知道怎么办，在各种选择中不能自拔，或前怕狼后怕虎，既想实现远大的理想，又不敢面对现实的无奈。

(4) 麻木型。不愿作出选择，每天都在一种无职业意识的状态中度过，对外部世界的变化失去敏感，不愿为自己的职业发展多动脑子。

(5) 冲动型。不经过策划和准备，直接就冲了出来，很少对未来进行思考和分析，按自己的第一个想法做事。

(6) 拖延型。觉得事情总会解决的，现在不用关心，不用谋划，船到桥头自然直，车到山前必有路，到时自然会有解决的办法，不愿对自己承诺，也不会承诺。

(7) 顺从型。依附于组织或其他人，别人说怎么办就怎么办，“我是革命一块砖，你说向哪里搬就往哪里搬”，让组织或其他人为自己作决定，按照别人的思路发展自己。

(8) 控制型。认真分析自己和外部职业社会，综合考虑各方面因素，果断自信地决定。

(9) 计划型。自己的职业定位与职业方向，敢于自我承诺、自我挑战，有计划、有策略、有控制地发展自己的职业生涯，合理动态地管理自己的职业发展。

(10) 紊乱型。认真分析过自己和外部职业社会，但职业方向在发展过程中，不断变化和调整，没有真正确定过到底要做什么，一会儿东一会儿西，自己使自己陷入迷惘状态。

三、大学生职业生涯决策常见的问题

不是每个人都能成功地做出生涯规划的，这当中会有阻碍因素不利于我们做出决定。要么使我们职业选择不顺利，要么造成生涯发展困境长久无法突破。这些阻碍因素主要包括以下八个方面：

(1) 意志薄弱。个人生涯选择受到父母、他人影响的情形相当明显，因而学生往往忽略真正适合自己的选择，或虽有少数能立定志向的学生却往往因为不能持之以恒或失去毅力而放弃想要发展的方向。这时该去想一想：我的理想是什么？我的生涯目标是否投射了他人的期待？真正适合我发展的方向在哪里？哪些因素影响着我做适当的决定？我应该坚持哪些部分？然后朝自己掌握的方向去努力。

(2) 行动犹豫。许多人虽然有着自己的想法与目标，但可能因为担心、害怕或缺乏信心等而迟迟无法展开实际行动。像这类只想、只计划却不能起而行之的人，就属于“行动犹豫”的群体。这时若能先建立信心，或利用一些策略进行自我督促便可改善。

(3) 信息探索不足。对目前社会或工作环境的信息获取太过缺乏，或不清楚信息取得渠道的人，属于“信息探索不足”的群体。应强化信息的收集与了解，因为有丰富的信息才能有效率地做生涯探索。

(4) 特质表现不佳。对于个性积极有主见者，在生涯发展路上较容易为自己铺一条适当的路。但有些人个性过于被动且缺乏主见，或没有规划的习惯，保持“船到桥头自然直”的态度，这些特质长久下来极不利于自己的生涯探索，属于“特质表现不佳”的群体。只有真切地进行调整，才有机会改变状态。

(5) 方向选择未定。有些人受阻于未来发展的方向模糊，而无法明确地规划，也无法为将来做出预期努力，这是“方向选择未定”的群体。这时应先多花时间去探索自己的兴趣、能力、社会现状等，先找出方向才不会做错选择。

(6) 专业选择不当。若个人所学的领域能与未来生涯相契合，那么将更有助于进入专业领域的生涯发展中，然而许多大学生常因某些因素而进入非原先所期待的学科系部就读，是属于“专业选择不当”的群体。这一群体应先给自己一些时间沉淀，再通过其他方法(如做兴趣测验、与师长讨论等)，寻找适合系所，考虑转系、转学、双学位等的可能性。

(7) 学习状况不佳。在学生生涯中，学习是最重要的一件事。如果有的同学对所处的学习环境不满意，或学习心态不恰当，则可能无法端正学习态度，连带地使自己在为未来发展的准备上受到负面的影响，而成为“学习状况不佳”的群体。这时需要去觉察这现象背后的原因，从而在认知与行动上有所调整，才能自然地投入到学习中去。

(8) 学习困扰高。许多学生会因为与同学、老师互动状况不佳或异性交往问题而明显影响其个人状态，从而无法全心投入学习。恶性循环的结果可能使个人愈加无法达到自己理想的成绩，这是属于“学习困扰高”的群体。这群人急需回到根源处寻找困扰的来源或调整学习习惯，才不致错过适当的学习时机。

拓展阅读

选择无处不在

“我只想谈钓鱼”这句当时让我倍感沮丧的话，现在回味起来却是如此意味深长。杰克的“钓鱼课”既是一堂人生哲理课，更是一堂职业生涯课。

我并非一名哲学家，也算不上一位成功学家(尽管我的工作与之十分类似)，我更愿意将自己称之为“人生规划师”。因此，我将本书讨论的范围集中在“职业生涯”上，一个自己感兴趣，且力所能及的领域，即写作此书的最初选择。

我将书取名为“选对池塘钓大鱼”。将“钓鱼”和“生涯规划”进行比较分析，成为我写作本书的第二选择。的确，每个人每天所做的每一件事情都是一种选择，而我之所以选择以“钓鱼”作比喻，一方面杰克的“钓鱼课”改变了我，另一方面这个比喻太贴切了，我甚至有些自我陶醉。

钓鱼	职业生涯规划
一片水域	一份适合自己的职业
一口池塘	一家有发展前景的公司
一位教练	一个能给自己带来帮助的老板

人无时无处不在选择之中，但是，一旦承担起选择的责任，我们就会体味到选择的困境——选择的两难。譬如我选择“职业生涯规划”这一主题，我就必须放弃以宏大叙事的方式来阐述人生、命运之选择；譬如选择了“钓鱼”，就必须放弃“自助旅行”，尽管我常常梦想去阿拉斯加看雪景；又譬如选择了钓鲨鱼，就不可能同时去钓虹鳟，尽管我从小就羡慕海明威与大海搏斗的波澜壮阔；譬如我们选择这个池塘，就不可能同时置身他处，尽管再走两百米，那里也许有更多更大的鱼在等待我的诱饵……

哲学家说：“人不可能同时踏入两条河流。”因此，我们必须随时做出选择，必须学会舍弃，必须突破一个又一个两难困境，并且在突破中获得并享受一种力量感——就像钓鱼时所感受到的那种。我的职业生涯设计也是从与杰克相遇后才开始的，在此之前几乎什么都不懂。大学毕业，人生和事业才刚刚开始，似乎很难想象自己能够彻底改变自己的人生轨迹。

但是杰克让我对自己有了一个全新的认识，让我感到不安、焦虑，开始迫切地希望重塑自己。

每一种选择都有其合理性，但是这种选择并非唯一的，也并非完全正确。一定有许多更好的选择在等待着我们，也正是这种不确定，构成了选择之美。

第二节　职业生涯决策的理论

比尔·拉福的父亲是洛克菲勒集团的一名高级职员，在商界摔打了多年。受到父亲的影响，拉福中学毕业便立志从商。拉福的父亲认为儿子有商业天赋、机敏果断、敢于创新，但并不赞成他直接攻读商业相关专业。拉福父子进行了一次长谈，最终拉福听从了父亲的劝告，升学时没有直接去读贸易专业，而是选了工科中最基础、最普通的专业——机械制造。这着棋很妙，因为做商贸必须具备一定的专业知识，在贸易中，工业商品占据了绝对多数，如果不了解产品的性能、生产制造情况，很难保证贸易的收益。况且，工科学习，不仅是知识技能的培养，还能帮助你建立起严谨求实的思维体系，训练你的推理分析能力，使你有一种脚踏实地的工作态度，这些素质对经商帮助极大。比尔·拉福就这样在麻省理工学院度过了 4 年。他没有拘泥于本专业，学习了许多化工、建筑、电子等方面的基本知识，这些知识在他后来的商业活动中发挥了不可替代的作用。他的父亲——这位老谋深算的商人深知，经商必须有很强的交往能力，要想在商业上获得成功，必须深知处世规则，充分了解人的心理特征，善于与人交往，能够给人以良好的印象，使人信任你，愿意与你合作。这种开拓人际关系的能力是在任何学校都学不到的，只有在社会上，在工作中才能得到锻炼，而训练交际能力、观察人际关系的最佳去处就是政府部门。在这种环境里工作，每个人都会逐渐变得机敏、老练、处变不惊。

比尔·拉福在政府部门一干就是 5 年。这 5 年中，他从稚嫩的热血青年成长为一名老成持重、不动声色的公务员。比尔在环境的压迫下学会了自我保护，胸中筑起了很深的城府。他在后来的商业生涯中，从未上当受骗，这都归功于他在政府的 5 年锻炼。此外，他通过那 5 年的政府机关工作，结识了大批各界人士，建立起一套关系网络。5 年的政府工作工结束之后，比尔·拉福已完全具备了成功商人所需的各种条件，羽翼丰满了。于是，他辞职下海，去了父亲为他引荐的通用公司熟悉商业业务。用了两年，他熟练掌握了商情与商务技巧，这时候，他不再耽搁时间，婉言谢绝了通用公司的高薪挽留，跳出来开办了拉福商贸公司，开始了梦寐以求的商人生涯，正式实施多年前的计划。比尔·拉福的准备工作太充分了，他几乎考虑到每个细节，学会了商人应学的一切。因此，他的生意进展异常顺利，拉福公司的资产从最初的 20 万美元迅速发展为 2 亿美元，而比尔·拉福本人也成为一个传奇人物。

比尔·拉福的职业生涯设计脉络清晰，步骤合理：工科学习→工学学士；经济学学习→经济学硕士；政府部门工作→锻炼处世能力，建立人际关系；大公司工作→熟悉商务环境；开公司→事业成功。每一步都充分考虑了个人兴趣、个人素质，着重突出了职业技能的培养，这种生涯设计在他坚持不懈的努力下，终于变为现实。

想一想：这个故事对我们有哪些启示？

职业生涯决策理论，是指当一个人在面对职业、生涯等重大问题的决择时，所做的选择尽量能够获得最大收益或满意度。目前，职业生涯决策的理论常见的有以下三种：

一、奇兰特的职业决策理论

奇兰特的职业决策理论认为，决策是一连串的决定的组合，任何一个新决定都是由先前的决定的影响所致，而新做出的决定又会连锁影响导致后来的一个决定的出现，所以，决策是一个决定又一个决定连锁反应的发展历程，而非单一的孤立的事件，这也说明生涯决策不是一次选择或一个结果，而是持续不断地作决定及修正的终生历程，具有系统工程的特征。

为了使决策过程理性化、系统化，奇兰特职业决策理论特别强调资料的重要性和过程的严整性，为此他提出了资料处理的三个策略系统和决策过程的七个步骤。

（一）关于个人处理资料的三个策略系统

1. 预测系统

预测不同的选择可能会造成的结果，及估算出每个行动可能造成该结果的几率，以作为该采取哪个行动方案的参考。

2. 价值系统

个人对于各种可能的行动的喜好程度。

3. 决策系统

评判各种行动方案的标准，其选择取向包括：

(1) 期望取向，即选择可能达成自己最想要的结果的方案，就是与自己的职业观相一致，与自己的兴趣、特长最相符的方案；

(2) 安全取向，选择最安全，最保险的方案。这方案适合追求稳定的人，但该方案也许与你的职业兴趣是不一致的；

(3) 逃避取向，避免选择可能造成最不好结果的方案。这也是适合追求稳妥，不爱挑战的人，选择的结果也许与你的期望有一定差距；

(4) 综合取向，就是考虑自己对于行动结果的需求程度、成功几率及避免最不好的结果，权衡这三个方面，然后选择一个行动方案。

（二）关于职业生涯决策的七个步骤

(1) 个体意识到做决策的需要，根据需要制订决策的目的或目标；

(2) 搜集与目标或目的有关的信息资料，并调查可能的行动方案；

(3) 根据所得的资料，预测各个可能的行动方案的成功概率及其结果；

(4) 根据价值系统，评价结果是否满足需要；

(5) 评估各种可能方案，选择其中的一个方案执行；

(6) 若达成目标则终止决定，然后再等待下一个决定的出现；

(7) 若没有成功，则继续调查其他可行的办法。

二、克朗伯兹的社会学习论

社会学习论由班杜拉在20世纪70年代提出，强调的是个人独特的学习经验对其人格与行为的影响。克朗伯兹将这一观念引用到职业生涯辅导上，用以了解在个人决策历程当中，社会、遗传与个人因素对于决策的影响。在此基础上他提出了影响职业选择的4因素，其后又提出了职业生涯决策的7个步骤。

(一) 影响决策的4因素

1. 遗传特征与特殊能力

遗传因素包括种族、性别、外在的仪表和特征、身体健康程度等；个人的特殊能力包括：职业偏好、智力、音乐能力、美术能力、动作协调能力等。

2. 环境条件与特殊事件

克朗伯兹认为，在影响教育和职业的选择因素中，有许多来自外部环境，非个人所能控制。这些外部因素大多由人为所致(如社会、文化、政治或经济的活动)，也可能由自然力量引起(如自然资源的分布或自然灾害)。

3. 学习经验

克朗伯兹认为，每个人独特的学习经验，在决定其生涯路径时扮演重要的角色作用。学习经验包括你作用于环境的经验和环境作用于你的经验两种。

4. 工作取向技能

前面提到的三种因素会以一种交互影响的方式使个人形成特有的工作取向技能，这些工作取向技能包括解决问题的能力、工作习惯，工作的标准与价值、情绪反应、知觉和认知的历程(如选择、注意、保留、符号知觉等心理过程)等。

(二) 职业生涯决策的7步骤

1977年，克朗伯兹以社会学习理论对职业生涯决策技巧的作用进行研究，提出了进行职业生涯决策的7个步骤：

(1) 界定问题。理清自己的需求和个人限制，即认识自我，明确自己想要什么，自己存在哪些优势与不足，在此基础上，制订出明确的目标和实现目标的时间表。

(2) 拟订行动计划。在明确自己的需求目标基础上，思考可能达到目标的各种行动方案，并规划达成目标的流程。

(3) 澄清价值。界定个人的选择标准，即明确自己最想要的是什么，作为评量各项方案的依据。

(4) 找到可能的选择。搜集资料，找出可能的选择。

(5) 评价各种可能的选择。依据自己的选择标准和评分标准，逐一评价各种可能的选择，找出可能的结果。

(6) 系统地删除。系统地删除不合适的方案，挑选最合适的选择。

(7) 开始行动。开始执行行动方案，以达成选定的目标。

克朗伯兹1983年开始注意决策的个人规则及相应的困难，他认为在进行职业决策时可能会遇到以下5种困难：

(1) 人们可能不会辨认已有的可解决的问题；

(2) 人们可能不努力作决策或解决问题；

(3) 因为错误的原因，人们可能会删除一个潜在的满意的选择对象；

(4) 因为错误的原因，人们可能会选择较差的选择对象；

(5) 在感到没有能力达到目标时，人们可能会经受痛苦和焦虑。

在进行职业决策时，我们要重视以上困难，特别是要克服不努力作决策或解决问题的困难，要积极面对可能出现的问题，通过自身的努力寻求自己最优的选择。该模式注意到社会及遗传因素对个人决策的影响，个人在决策时不仅要考虑个人因素，明确我想要什么，还要考虑社会、遗传等因素，知道我可能得到什么，我能够做到什么。该模式还特别强调学习的重要性以及它们对职业选择的影响，把职业决策看作是一种习得的技能，并主张职业决策技能是可以在教育和职业辅导课程中教授的，特别强调教授识别影响职业决策的因素。

克朗伯兹的理论是以社会学习的观点来解释人类生涯选择的行为，特别强调社会影响因素和学习经验对实际的生涯辅导工作应用，提供了不少方法和启示，具有较高的实用价值。

三、设限妥协理论

戈特弗雷德森的职业抱负发展理论也属于生涯发展理论的一种。该理论讨论职业抱负的内容及其发展过程，其不仅关注兴趣、能力等特质(因素理论所关注的内容)，也关注发展理论所强调的发展问题。该理论将心理学观点与社会学观点相结合，以性别类型、社会声望和职业领域作为研究职业抱负发展的三个重要维度。戈特弗雷德森指出，职业抱负的发展过程是一个不断缩小范围的过程，在这个过程中，人们逐渐淘汰和放弃那些不能接受的选择，建立一个自己认为可以接受的社会空间。不仅如此，人们在面对内在或外在障碍时，为了得到那些虽然他们不太喜欢但更可能得到的机会，还会放弃那些他们最喜欢的选择。

确定范围是个体拒绝那些他们认为不能接受的选择，而妥协是个体放弃那些他们最喜欢的选择，为了那些虽然不太喜欢但更可能得到的机会，个体需要调整抱负以适应外界世界。妥协有两种，一种是预期性妥协，即个体根据自己对现实的知觉，意识到他们最喜欢的选择不可能实现，于是调整自己的希望。另一种是经验性的妥协，即个体在实施自己最喜欢的选择时遇到障碍，他们不得不放弃先前的选择。戈特弗雷德森认为，在某一维度上的妥协可能比另一维度上的妥协更令人不安，因此，妥协会遵循一定的次序进行。当人们必须选择时，首先让步的是个人的兴趣，其次是社会声望，最后是性别类型。后来戈特弗雷德森对其提出的次序优先原则做了补充。他指出，性别类型、社会声望和兴趣的相对重要性取决于所需要妥协的严重程度。对性别类型的威胁比对声望和兴趣的威胁严重，因为错误的性别类型通常对自我概念有更大的威胁。一旦达到了性别类型的可接受阈限，那么就可以牺牲性别类型的相容性而避免丧失声望或兴趣。在妥协兴趣之前要避免对声望的丧失。如果达到声望可接受阈限，兴趣就是主要考虑的因素。当个体需要处理选择其中较小的不一致时，兴趣是优先要考虑的。当需要有中等程度的妥协时，人们最要回避的是声望的丧失。此时人们很少考虑性别类型。当面临很重要的妥协时，人们会首先牺牲兴趣，其次是声望水平，然后是性别类型的界限。在特定的维度上，个体对不同程度妥协的敏感度不同。在特定的环境中，自我概念最核心的要素并不必然是最重要的。性别类型的阈限对女性比对男性更宽松，跨性别的工作在女性中引起的焦虑低于男性。

四、描述性职业生涯决策理论

描述性职业生涯决策理论，主要是解释个体如何从实际生活的职业选项中做出决策，其代表性理论有泰德曼的决策历程理论和丁克里奇的职业生涯决策风格理论。

(一) 泰德曼的决策历程理论

泰德曼生涯决策历程理论的特点是把职业选择作为一个持续不断的历程，而非发生在单一事件上。他将生涯发展概念化为一个不断辨别自我认定、处理发展性任务和解决心理社会危机的过程。这些持续的活动被认为是发生在一个时间阶段架构之内的。根据他的观点，生涯决定是经由一个有系统的问题解决形态而达成的，包括两个阶段 7 个步骤。

1. 确定目标阶段

澄清各个方案的利弊得失，预估其可能的结果，最后做出具体选择。这一阶段可分为 4 个步骤：

(1) 探索：考虑不同选择方向及可能目标。

(2) 具体化：过对各种不同选择方向或目标的优缺点进行斟酌，使情况逐渐清楚。

(3) 选择：制订出一个能够解除目前困扰的目标。

(4) 澄清：再审视、修正与调整准备要行动的目标。

2. 实施与调整阶段

实施与调整阶段。该阶段的任务是将选择的方案落实于现实生活，然后评估其结果，并根据个人对结果的满意程度，对方案进行调整或改变。这一阶段可分为 3 个步骤：

(1) 入门：开始执行自己的预选择，这是新经验的开始，以新的角色出现，应积极争取周围人们的认可。

(2) 革新：调整步伐与心态，专心一致，全力以赴适应新环境。

(3) 整合：个人的信念与集体的信念达到平衡与妥协。

(二) 丁克里奇职业生涯决策风格理论

风格是指不同的人在做事方式上所表现出来的习惯偏好，决策风格是影响决策效果与决策效率的一个重要因素。丁克里奇通过访谈研究，将人们做职业生涯决策时所采用的风格归结为以下 8 类：

1. 冲动型(Impulsive)

抓住遇到的第一个选择，不再考虑其他的选择或收集信息。其想法是“先决定，以后再考虑。”比如，先找到一份工作干着再说。这种决策方式风险太大，等看到有更好的选择时就会追悔莫及。

2. 宿命型(Fatalistic)

将决定留给境遇或命运。迷信“我这个人永远也不会走运”，人生态度消极低沉，显得无力和无助，这样的人容易成为环境的“受害者”。

3. 顺从型(Compliant)

顺从别人的计划而不是独立地做出决定。相信“他们都觉得好，我就觉得好。”从众的人固然在追随群体的过程中获得了一种虚拟的安全感，但却忽略了自身的独特性，其选择在很大程度上并不适合自己。

4. 延迟型(Delaying)

把问题往后推迟。比如“我还没有准备好工作，所以打算先考研。”拖延型的人总是希望也许事情过几天就自动解决了。

5. 烦恼型(Agonizing)

过度搜集信息，使用信息时又顾虑重重，反复比较，当断不断，心境表现常常是“我就是拿不定主意”。

6. 直觉型(Intuitive)

因为感觉到是对的而作决策，但不能说明原因。直觉对人们在环境情况无法获得充分信息时会有效，但可能会不符合事实。

7. 瘫痪型(Paralytic)

接受做决策的责任，但是感觉过于焦虑而不能对决策做出有建设性的工作。他们知道自己应该开始了，可能内心深处总是笼罩着“一想到这种时就害怕”的阴影。结果，无法真正为决策和决策的后果承担责任。

8. 计划型(Planning)

使用如同标准化决策模型所推荐的理性策略。

上述 8 种决策风格没有绝对的优劣之分，各有其适用的范围和局限性。例如，直觉型决策反映了决策者能够迅速提取相关信息的能力，可以说他是一个反应快的理性决策者。那种喜欢到处咨询或模仿他人者，有依赖的倾向，但也有可能把个人的认知偏差减少到最小。决策风格既受个性的影响，又受到环境的塑造，并非绝对无法改变。

根据你对“自己”和“环境”认知的多少，还可以将上述几种决策类型作如表 6-1 划分。

表 6-1　丁克里奇职业生涯决策风格划分表

		自己	
		未知	已知
环境	未知	困惑和麻木性决策 烦恼型、延迟型、瘫痪型	直觉性决策 冲动型、直觉型
	已知	依赖性决策 顺从型、宿命型	信息性决策 计划型

某信息学院电子专业的毕业生张某，在校期间专业成绩优秀，曾多次获得奖学金，发表论文若干，且一直担任学生干部工作。但是他性格焦躁，容易冲动，而且没有直接的工作经历，只是二年级时在一家大型电子公司的人力资源部门实习了半年。现在他想谋取一份人力资源管理的工作。可是他不了解自己是否适合人力资源管理工作，于是，到学校就业指导中心请求帮助。

分析：根据 SWOT 分析法，学校就业指导中心的工作人员首先对他进行自身优势、劣势分析，以及周围职业环境的机会、威胁分析(详见表 6-2)，然后在这些分析结果的基础上制订出各种相关策略。整合后最终确定这名学生应该谋取一份大中型外资企业的人力资源管理部门的工作。

表 6-2　张某的 SWOT 分析表

外部环境分析	机会： (1) 人力资源管理部门逐渐受到企业的重视； (2) 入世后，外资企业的进入导致人力资源管理人才需求量增大	威胁： (1) 人力资源管理方向的毕业生增多； (2) MBA 的兴起； (3) 人力资源管理在很多企业中仍然处于刚起步阶段，其运作很不规范； (4) 比起学历，我国许多企业更看重工作经验	
内部环境分析	优势： (1) 学习成绩优秀； (2) 学生干部管理经历； (3) 大型公司半年实习经历	优势机会策略(S.O.) (1) 将大型公司实习经验运用到人力资源管理中； (2) 发挥担任学生干部的管理特长	优势威胁策略(S.T.) (1) 强调大型公司半年的实习经验； (2) 强调较强的学习能力和适应能力
	劣势： (1) 没有丰富的工作阅历； (2) 专业不对口； (3) 性格急躁，容易冲动	劣势机会策略(W.O.) (1) 利用较强的学习能力，自学人力资源管理课程，加强英语的学习； (2) 继续加强自己在学校中所培养的口语交流、文字书写等优势	劣势威胁策略(W.T.) (1) 克制自己的冲动个性； (2) 结合两个不同的专业，培养宽阔的视野和创新能力； (3) 积极寻找重视员工潜能的企业

分析后的整体结论：职业发展道路定位在大中型的外资企业人力资源管理部门。

决策的重要性

在个人发展过程中，最重要的是对未来 5 到 10 年的决策，这个决策决定你未来 5 到

10年走什么样的路，成为什么样的人。这是非常重要的一点。以朱元璋为例，朱元璋占领南京以后做了两个重大的决策，正是这两个重大决策奠定了朱元璋未来能够称霸天下的关键性基础。一是采用谋士战略方针“高筑墙，广积粮，缓称王”，这在当时是非常关键的，这个决策避免了元朝把矛头对准他，最大程度地保存实力。二在先攻打陈友谅还是先攻打张士诚的战略选择上，大部分谋士认为应该先打势弱的张士诚，而且该地富庶，但是朱元璋从他们的性格特点出发，张士诚器小无远见，陈友谅志骄，志骄易生事。先攻张士诚，陈友谅一定会背后夹击，这样两线作战，胜负难料，如果打陈友谅，张士诚无远见，则会按兵不动。这两个重大决策奠定了朱元璋后期发展的基础，由此可见决策的重要性。

第三节　职业生涯决策的方法

一、影响大学生职业生涯决策的因素

(一) 个人因素

职业生涯决策时之所以会做出不同的判断，就是源于人的个性化差别，所以个人因素是影响职业决策成功的首要因素，它具体包括4个方面。

1. 职业理想

职业理想决定的是这个职业对实现人生理想是否有最大的支持。职业理想是怎样影响择业的呢？设想一下，如果你想成为一名医生，你会选择什么专业呢？无疑，就读医学院校是必然的选择。和职业理想(大学生一般尚未具备)相比，大学生通常具备的是生活理想和社会理想。例如，买个三室一厅的房子就是生活理想，而成为一个有成就的人则是社会理想。但是，生活理想、社会理想等理想只能左右你选择的行业，而职业理想可以直接影响到你选择一个什么职业，职业理想也可以被看成是一种目标和方向。大学生只有确定了正确的目标和方向，才能使其对自己的价值观和世界观进行调整，并在此基础上对相应的医学知识进行学习。另外，大学生的职业理想能够体现出医学职业精神，实现医学生自我价值，优化医学价值追求的医术乃仁术、大医精诚。

2. 职业兴趣

职业兴趣是指人们对某种职业活动具有的比较稳定而持久的心理倾向。它是一个人探究某种职业或从事某种职业活动所表现出来的特殊个性倾向，它使个人对某种职业给予优先的注意，并具有向往的情感。由于兴趣爱好不同，人的职业兴趣也有很大的差异。职业兴趣对职业选择和职业发展都有一定的影响。当理想和兴趣发生冲突时，要么依兴趣而调整理想，要么依理想而培养兴趣。所以医学生在择业时一定要充分考虑自己的兴趣。不断强化医学生自己学医的信念，保持一颗善良的心，平时就培养自己的医者仁心。

3. 职业能力

能力包括职业能力和非职业能力。职业能力特指影响你做好一份职业，影响你在职业上发展的能力，而非指个人的所有能力。如果你能很快地做好九宫格题，这说明你有运算

能力，但这个能力不一定能转化为职业能力，只有当这个能力对你所做的工作有影响时，才可以称作职业能力。职业能力是由具体的职业客观要求的，如果你要做好这项工作，必须具备最起码的职业能力(专项职业能力)。而能力是个人在后天形成的，它有很多项。职业能力的另一个来源是企业通用的商业运作能力，即企业在经营运作中形成一些必要的、基础的职业能力(通用职业能力)，如团队协作能力、商务写作能力等。因此，医学生在学习期间就要不断加强理论学习及实践技能学习，多积累，多实践，才能更好地培养自己具备医学职业能力，只有具备了医学职业能力，才会在择业时派上用场。

4. 职业经历

职业经历指是否做过某个职业。医学生做过哪些工作会在一定程度上影响他的择业，因为实践过、体验过，一方面他会通过实际体验来确定自己是否喜欢、是否能胜任医学事业，另一方面他会产生路径依赖，因为熟悉而选择。应该说，医学生职业经历是医学生了解体验医学职业、验证医学职业选择的一个很好途径。

(二) 外在因素

外在的环境因素能影响医学生职业的发展趋势，影响家庭和谐，也会影响个人生活的舒适度和满意度，这些因素具体如下：

1. 政府导向

社会政策会影响一个行业的兴衰。了解国家提倡、优先发展什么产业、行业是很有必要的，很多行业的未来发展趋势和政府导向是密切相关的。每年的政府工作报告，每个部委的文件，行业协会所倡导的内容等都是把握行业发展趋势的途径。尤其要注意政府所支持倡导的民生、大众产业，在大势所趋的东风下，会有相应的政策支持。

2. 社会需求

社会需求是促进一个行业蓬勃发展的持久动力。一般来说，社会的需求是大学生择业时要考虑的重要外在因素。所以择业时，多分析一下行业在社会中的作用，对社会生活产生的影响。要注意的是，社会需求总是先于政府导向的，因为总是需求先产生，而后才是政府的倡导。健康产业既有政府的支持，又是社会的需求所在，所以，健康产业的发展趋势一定是很好的。

3. 家庭和爱人

家庭和爱人的意见将影响到生活的舒适和情感的和谐。家庭对大学生的影响表现在：一是父母职业潜移默化的影响，导致大学生毕业时也会选择或不选择与父母相同的职业，如你的父母都是医生，那么你在上学时就很可能选择医学专业，而毕业时所从事的职业也就是医生，反之亦然。二是父母左右你的职业选择，如父母希望在家乡找工作，或工作地点离自己很近，或去他们认为有发展前途的城市工作等。爱人的影响是对有未来结婚对象或已经结婚的大学生来说，如果你决定和他(她)生活在一起，那么就要考虑爱人的意见，包括爱人的职业，爱人所在的城市等。这些问题虽然不是影响大学生择业的关键因素，但是如果考虑不周到、协调不好，那么将直接影响情感关系和你的生活，毕竟事业和家庭是人生的两件大事，而其中的取舍决定于你的价值观。

4. 城市环境

城市环境及城市的生活环境将影响到行业发展和个人生活。处于不同区域的城市，其定位和发展战略是不一样的，这对医学生的影响直接表现为两个方面：一是你所选择的医院，二是你的生活。如北京的医院和昆明的医院。一个城市的行业重视程度、战略不同，直接影响你所在的医院，而医院又直接影响着你。这就是城市影响医院发展的道理。另外城市的文化、品位，城市居民的素质，城市市政环境的建设等，都直接影响着你的生活舒适度和满意度。考虑城市对医学生择业影响的意义在于你不能盲目地决定去大城市工作，要结合自己的自身因素综合去选择。

(三) 雇主因素

虽然企业给了你工作机会并让你有施展才华的舞台，但也要考虑企业的具体因素，因为这些因素直接影响你能在这个企业干多久，能和企业一起走多远。

1. 企业文化

企业文化及所决定的工作方式、生活方式将决定你是否能和企业走得更久。一个企业怎样对待新员工，有怎样的企业文化、怎样的思维方式，是否要经常加班，是否干涉你的生活，是否给你培训和成长机会等，都影响了你对企业的忠诚度和满意度。不能适应同事间防不胜防的人际关系，不能理解上司和领导对待员工的管理方式，不能接受家族式的关系、官僚式工作方式等，那你很快就会离开这家企业的。所以，大学生在应聘前对企业文化、工作方式及其所影响下的生活方式进行详细了解是十分必要的，否则就会发生主动辞职的行为。

2. 收入空间

薪资福利及职业的潜在收入空间将影响你的生活满意程度以及是否进行职业转换。毕竟，医学生就业后的生活基本是依靠工作收入的，所以薪资收入空间也是一个医学生择业务必要考虑的因素。这里要说明的是，医学生要以岗位的收入空间为择业依据，而不能仅仅以岗位工资作为标准。一个岗位的收入具体来源于岗位本身的工资、医院的福利、岗位的补贴、岗位在医院的上升空间等，这些因素的综合才是你的收入空间。因为有的医院岗位工资很少，但岗位补贴、医院福利很多，这也是一种薪酬制度。如果这个岗位的收入令你很不满意，你首先想到的不是转换岗位就是变换医院，如果医院不提供岗位轮换的机会，那么你很可能就要离开这家医院。所以医学生在择业时多考虑一下医院的薪酬制度和岗位轮换制度是很有必要的。

二、生涯决策的一般步骤

由于我们的个体差异和个人偏好，很难对职业生涯规划或问题解决建立一个精确的按部就班的程序，一般来说，职业决策有以下步骤：

(1) 认识问题，承担责任。如果你意识到自己对职业前景的困惑，就要采取行动来解决这一问题。职业决策首要任务是界定决定的目标，例如，选择主修专业，选择职业或雇主。

(2) 了解自己。你需要做一个非常彻底的自我分析，如果你现在还没做，则应该尽快完成你的个人分析文件。它将帮助你从你的技能、性格、价值观等方面全面地了解你自己。

(3) 了解环境。了解你所处的社会、经济、政治、地理环境，从而衡量可能影响你的职业选择的环境因素。

(4) 了解职业，收集信息。收集并研究关于你的职业前景的准确信息。

(5) 找出可能的职业选项、目标。了解职业，你需要全面地研究可供你选择的职业选项，筛选出可供自己选择的目标。

(6) 对比分析。运用人职匹配、SWOT 等方法进行个人与职业的对比分析。一般来说，将个人特质与三个候选目标职业进行比较分析，个人的特质与职业特征最相匹配的职业，就是最适合自己的职业。

(7) 做出决定。根据你对自己的特点和职业前景的判断，选择确定一个职业目标。

(8) 执行决定。通过求职活动将你的职业决策付诸实施。

(9) 获得反馈，评估你的职业决策。如果有太多的负面反馈，那就重复以上过程。

三、生涯决策方法

(　) CASVE 循环决策

CASVE 循环决策由五个环节构成：沟通(Communication)、分析(Analysis)、综合(Synthesis)、评估(Valuing)和执行(Excution)，这五个英文单词的首写字母缩写为CASVE，它们构成了决策的循环，见图 6-1。

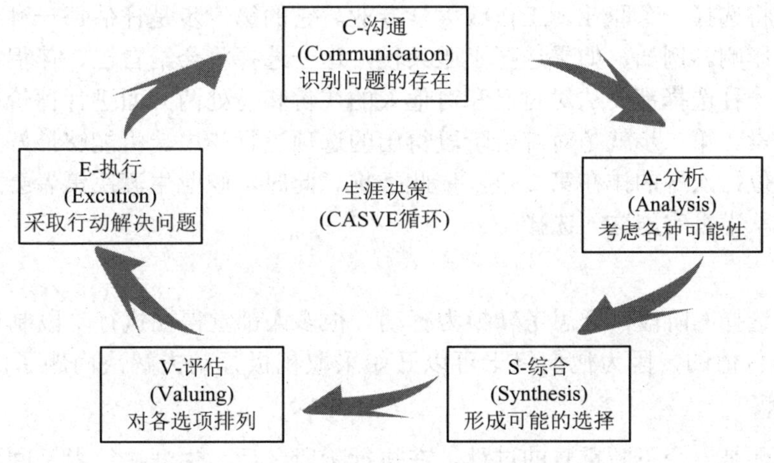

图 6-1　CASVE 循环决策

1. 沟通

在这个阶段，个体意识到理想和现实之间存在差距，于是意识到有做出职业选择的需要。这一步是决策的开始，如果个人没有意识到自己的需要，后面的步骤则无从谈起。沟通包括内部沟通和外部沟通。内部沟通内容包括情绪信号和身体信号，比如，你所接收到的信息对你的职业计划带来的焦虑感(不满、厌烦、失望)；外部沟通内容包括老师、父母、媒体传递给你的有关就业不容乐观的信息，或者是杂志上关于你的专业正在逐渐过时的文章。这是意识到自己需要做出选择的阶段。在这个阶段，医学生通过各种感官和思考充分接触问题，发觉存在一个差距已不容忽视。

2. 分析

在这阶段，医学生需要花时间去思考、观察、研究，从而更充分了解差距，了解自己有效地做出反应的能力。好的生涯决策者会避免用冲动行事来减小在沟通阶段所体验的压力或痛苦，因为他们知道，这是无效的，甚至可能令问题恶化。他们需要弄清楚，要解决这个问题要了解自己的哪些方面，了解环境的哪些方面，需要做些什么才能解决问题，以及为什么有这样的感受，家庭会怎样看待自己的选择等。这是了解自己和各种选择的阶段。在这一阶段，生涯问题解决者通常会充实自我知识，不断了解职业世界和家庭需要。简单说，在分析阶段，生涯决策者应尽可能了解造成在第一阶段发现的差距的原因。分析阶段还需要把各种因素和相关知识联系起来，例如，把自我知识和职业选择联系起来，把家庭和个人生活的需要融入职业选择中。

3. 综合

综合主要是加工上一阶段提供的信息，从而制订消除差距的行动方案。其核心任务是，确定我可以做什么来解决问题。这是一个扩大并缩小选择清单的过程。首先，尽可能多地找到消除差距的方法，发散地思考每一种办法，甚至采用“头脑风暴法”进行创造思考。然后，缩小有效方法的数量，通常缩减到 3～5 个选项，因为我们头脑中最有效的记忆和工作容量就是这个数目。

4. 评估

评估阶段将选择一个职业、工作或大学专业。它的第一步是评估每一种选择对生涯决策者和他人的影响。例如，如果选择了服兵役，这一选择将会给自己、伴侣、父母等带来什么影响？每一种选择都要从对自己和对他人的代价和益处两方面进行评价，并综合物质和精神上的因素。第二步就是对综合阶段得出的选项进行排序。将能够最好地消除差距的选项排在第一位，次好的排在第二位，依此类推。此时，职业生涯决策者会选出一个最佳选项并且做出承诺去实施这一选择。

5. 执行

这是实施选择的阶段，把思考转换为行动。很多人都觉得在执行阶段制订行动计划是令人兴奋和有价值的，因为他们终于可以开始采取积极行动去解决问题了。

6. 再循环

CASVE 循环是一个不断重复的过程，在执行阶段之后，生涯决策者又回到沟通阶段，以确定已经选取的选择是不是最好的，是否能最有效地消除理想与现实间的差距。

CASVE 决策技术，无论是解决个人职业规划问题，还是解决团体问题，都非常有用。职业选择理论从静态的角度来探讨个人特质与职业之间的匹配问题，重视个人的需要、能力、兴趣、人格等内在因素在职业选择中的作用；职业发展理论从动态的角度探讨个人职业生涯的成长历程，强调自我概念、自我职业决策能力的发展；职业适应理论强调个人能力、个人需要与工作之间的配合与协调发展，很好地解释了个人对组织的满意度问题和组织对个人的满意度问题；职业决策理论重视个人生涯发展的历程及选择，重视决策过程中对个人价值观的了解和澄清，认为个人主观的价值评论其实才是最重要的决策依据。

(二) SWOT 分析法

SWOT 分析法在个人职业生涯规划中也具有较好的分析效果。SWOT 分析是一种功能强大的分析工具，是检查个人的技能、能力、职业、偏好和职业机会的有用工具。通过 SWOT 分析，可以很容易了解自己的优点和弱点，并且可以评估出自己所感兴趣的不同职业途径的机会和威胁所在。其中 S 代表 Strength(优势)，W 代表 Weakness(弱势)，O 代表 Opportunity(机会)，T 代表 Threat(威胁)，其中，S、W 是内部因素，O、T 是外部因素。

1. SWOT 分析法的一般步骤

一般来说，在个人职业生涯规划中进行 SWOT 分析时，应遵循以下 5 个步骤。

1) 评估自己的长处和短处，进行 SW 分析

天生我才必有用。每个人都有自己独特的知识、技能、天赋和能力。伴随着社会的进步与发展，劳动分工日益细化，人们在职业领域中都会有自己擅长与适合的领域，也同样会有不喜欢和不胜任的岗位。譬如说，有些人不喜欢整天坐在办公桌旁，而有些人则一想到不得不与陌生人打交道，心里就发麻，惴惴不安。进行 SW 分析，可以先做一个四分格的 SW 分析表(参见表 6-3)，在 S 方向列出自己喜欢做的事情和自己的长处所在。同样，在 W 方向列出自己不喜欢做的事情和自己的弱势。值得注意的是，找出自己的短处与发现自己的长处同样重要，因为这有助于基于自己的长处和短处作两种选择：一是努力去改正自己的缺陷和常犯的错误，提高自己的技能；二是放弃那些自己不擅长、技能要求很高的职业。根据 SW 分析可以列出自己认为所具备的很重要的强项和优势以及对职业选择会产生影响的弱项和劣势。

表 6-3　个人 SW 分析

优势(S)	劣势(W)
1 2 3 ⋮	1 2 3 ⋮

2) 找出自己的职业机会和威胁，进行 OT 分析

进行 OT 分析，同样可以先做一个四分格的 OT 分析表(参见表 6-4)。在 O 方向列出某一职业存在的机遇和资源，在 T 方向列出可能存在的威胁和危险。这些机会和威胁会影响个人的职业选择和未来的职业发展。如果一个行业所处的外部环境不利，那么它能提供的职业机会将会很少，而且其所能提供的职业升迁的机会也会很少。相反，如果一个行业充满了许多积极的外界因素和良好的外部发展环境，该行业将为求职者提供广阔的职业机会和发展前景。可以根据个人的情况和兴趣，选择一两个行业，然后认真地评估这些行业所面临的机会和威胁。

表 6-4 个人 OT 分析

机会(O)	威胁(T)
1 2 3 ⋮	1 2 3 ⋮

3) 提纲式地列出未来 3～5 年的职业目标

在仔细地对自己进行了 SWOT 分析的基础上，列出未来 3～5 年内最想实现的 4～5 个职业目标。这些目标可以包括：你最想从事哪一种职业，你将管理多少人，你期望的薪酬水平，你想达到的管理岗位级别等。需要注意的是，必须充分发挥自己的优势，并使之与所在行业提供的职业机会相匹配。

4) 列出未来 3～5 年的职业行动计划方案

围绕第 3)步提出的未来 3～5 年的职业目标，拟定一份实现每一目标的行动计划，并详细说明为实现每一目标需要做的具体事，及何时完成这些事，如果需要外界帮助，那么它们是何种帮助以及如何才能获取这种帮助。例如，根据个人 SWOT 分析的结果，为了实现个人理想的职业目标，你需要进修更多的管理课程，那么，在职业行动计划中就应说明要进修哪些课程、什么水平的课程以及何时进修这些课程等。一份详尽的行动计划将有助于个人进行职业生涯决策，就像外出旅游前事先制订的计划将成为你的行动指南一样。

5) 寻求专业帮助

在开展了深入的个人 SWOT 分析后，要改变自己的缺陷和不足，往往需要父母、老师、亲友、上级主管、职业咨询专家等给予一定的帮助，特别是借助专业人士的力量，会让你更容易发现问题的所在，更容易找到解决问题的捷径。显然，进行一次详尽的个人 SWOT 分析需要投入一定的时间和精力，并需要认真地对待，因为详尽的个人 SWOT 分析，可以为你提供一个连贯的、实际可行的个人职业策略，从而提高个人的求职和职业发展竞争力。

2. SWOT 决策分析法常见不足及对策

1) SWOT 分析法的静态性导致的缺陷及对策

生涯决策是由一系列不断递进的阶段组成，是某个选择方案、履行和不断调整的结果。决策并不意味着最后的结果，一个决策者可能会从后面的阶段重新返回前面阶段或子阶段。因此，生涯决策的过程充满着动态性、连续性和发展性。从整个纵向的职业生涯发展过程来看，不同时期人们进行生涯决策的内容又是不同的：在职业进入期，个体主要面临着选择合适职业的任务；在职业现巩固期，个体则需要适应和加强自己的职业素养；在职业维持期，个体主要是保持自己已经取得的地位，不断获取新的知识技能；在职业衰退期，则主要是为退休后的生活作计划和安排。随着职业决策内容的转变，个体对自己的评估和对周围环境评估的重心也会发生变化。在实际的工作过程中，人们的每一次经历、每一种职业体验以及由于年龄的增长而引起的价值观和需要观念的改变，都会导致对自我的重新认识，从而会修正自己的职业目标，而生涯决策所依据的重点也会发生变化。

但是，SWOT 分析法本身却是一种基于某个时间段的静态分析方法，它不能够结合过去、现在和未来的发展趋势做出综合评判。而且在生涯决策中实施 SWOT 分析，个体是依据自己已经存在的现实形态和观点来分析自我和周围环境，而很少考虑到未来环境的发展所带来的可能机会和危险，这种目光短浅的做法会导致个体忽略很多新的可能性。

要克服 SWOT 分析法静态性导致的不足，个体在使用 SWOT 分析法时就应该重视信息的及时反馈。一方面要加强自我觉察能力，要时刻站在未来老板的立场上衡量自身值得赞赏和仍需要改进的地方；另一方面还需要密切注意市场环境的变化，通过网络、报纸杂志等媒介来追踪最新的就业趋势，根据具体的环境变化及时修正和调整自身的 SWOT 矩阵，从而作出更加准确的职业决策。

2) SWOT 分析法的主观性导致的缺陷及对策

SWOT 分析法的主观性导致的缺陷及其个体评估对策是 SWOT 分析法的主要手段，然而由于评价手段自身的主观性问题也同样导致了 SWOT 分析方法的准确性降低。心理学研究指出，人们往往会夸大自身优势，忽视自己的缺点。因此在进行 SWOT 分析时，个体可能会做出不太准确的自我评估，从而导致职业决策的失误，并且人格特征也会对 SWOT 分析的结果造成影响。一个悲观主义者总是在机遇中看到不幸的事件，而一个乐观主义者却总是能够在不幸的事情中看到机遇。具有不同人格特质的评价者在面对相同的职业环境时可能会得出截然不同的分析结果。再者，在进行 SWOT 定量分析时，每项因素配的权重也会因为个体差异而不同。这些因素都会直接影响到 SWOT 分析的准确度，继而影响到个体生涯决策的成功与否。所以个体在进行生涯决策的过程中使用 SWOT 分析法时，最重要的就是要跳出自我。

个体必须清楚地认识到，SWOT 评估是为了帮助自己辨清自身的优势和劣势，其结果直接关系着自身未来的职业道路，意义非常重大。在评价过程中，个体应该尽量避免过度的谦虚和过度的理想自我，要敢于面对自己的不足，这样才能在职业计划中有一个良好的开始。

在优势分析和劣势分析的开始阶段，个体可以尝试列举一些具体的词语来描述自己。出现频率较多的特征词语就构成了你的优点和缺点。

个体可以寻求外在资源的帮助。一方面，可以使用一些职业测评手段和个人特质诊断工具来帮助自己客观地认识自我，辨清外在机会和威胁；另一方面，个体还可以请教他人帮助诊断。以前的绩效评估、同事和上级的评价，甚至在校时同学和老师的评语统统都可以提供有价值的信息反馈，或者还可以求助于职业辅导专家。

在构建定量的 SWOT 矩阵时，个体应该尽可能地参考该行业长期经营和管理所形成的每项评判内容的重要程度，或者参考职业生涯规划专家们的看法，而不能仅仅只凭自己的主观印象行事。

个体在使用 SWOT 分析时，应该确保要分析的成分的准确性和新颖性。对采用的数据和资料进行充分的分析是 SWOT 分析取得实效的关键所在。而且 SWOT 分析只是生涯决策过程当中的一项实用技术，要想使生涯决策最优化，仅凭 SWOT 分析是远远不够的，还要考虑到其他方法的综合运用，尤其是要对变化的市场环境和竞争环境时刻保持着比较清醒的认识。

(三) 决策平衡单法

“决策平衡单”经常被应用于问题解决模式和职业咨询中，用以协助咨询者系统地分析每一个可能的选项，判断分别执行各选项的利弊得失，然后依据其在利弊得失上的加权计分排定各个选项的优先顺序，以执行最优先或偏好的选项。其在职业咨询中实施的程序主要有下列步骤：

(1) 列出可能的职业选项。咨询者首先需在平衡单中列出有待深入评价的潜在职业选项 3～5 个。

(2) 判断各个职业选项的利弊得失。平衡单中提供咨询者思考的重要得失，集中于四个方面，分别是个人物质方面的得失、他人物质方面的得失、个人赞许(精神方面)的得失、他人赞许(精神方面)的得失(如表 6-5 所示)。咨询者可依据重要的得失方面，逐一检视各个职业选项，并以“+5”至“-5”的十一点量表(+5，+4，+3，+2，+1，0，-1，-2，-3，-4，-5)来衡量各个职业选项。

(3) 各项考虑因素的加权计分。咨询者在各个方面的利弊得失之间，会因身处于不同情境而有不同的考量。因此，在详细列出各项考虑层面之后，须再进行加权计分。即对当时个人而言，重要的考虑因素可计基数分的 1～5 倍分数，随重要性减弱依次递减。5 为最高权重，表示“非常重要”；3 代表“一般”，而 1 代表“最不重要”。对自我需求和价值观的准确了解，是为价值观和考虑因素指定权重的前提。

(4) 计算出各个职业选项的得分。咨询者逐一计算各个职业选项在“得”(正分)与“失”(负分)的加权计分与累加结果，并计算各个职业选项的总分。

(5) 排定各个职业选项的优先顺序。最后，依据各职业选项在总分上的高低，排定优先次序(如表 6-5 所示)。职业选项的优先次序即可作为咨询者职业生涯决策的依据。

表 6-5　生涯决策平衡单

选择项目 考虑因素	权重	选择一 一级医院		选择二 二级医院		选择三 三级医院	
	1～5 倍	加权分数(+)	加权分数(-)	加权分数(+)	加权分数(-)	加权分数(+)	加权分数(-)
个人物质方面的得失							
A. 经济收入	3	0(0)		2(+6)		4(+12)	
B. 工作的难度	4	5(+20)		4(+16)		2(+8)	
C. 工作的兴趣程度	2		-1(-2)	0(+0)		3(+6)	
D. 选择工作任务的自由度	1	2(+2)		2(+2)		4(+4)	
E. 升迁机会	3	0(+0)		1(+3)		4(+12)	
F. 工作的稳定、安全	3	4(+12)		5(+15)		4(+12)	
G. 从事个人兴趣的时间(休闲时间)	5	1(+5)		2(+10)		3(+15)	
H. 其他(如社会生活的限制或机会、对婚姻状况的要求、工作上接触的人群类型等)	2	2(+4)		3(+6)		4(+8)	

续表

选择项目 / 考虑因素	权重	选择一 一级医院		选择二 二级医院		选择三 三级医院	
	1～5倍	加权分数(+)	加权分数(-)	加权分数(+)	加权分数(-)	加权分数(+)	加权分数(-)
他人物质方面的得失							
A. 家庭经济收入	3	5(+10)	-1(-3)	2(+6)		4(+8)	
B. 家庭社会地位	2	1(+1)		3(+6)			-1(-2)
C. 与家人相处的时间	1	1(+2)		2(+2)		3(+3)	
D. 家的环境类型	2	1(+2)		3(+6)		2(+4)	
E. 可协助组织或团体(如福利、政治、宗教等)	2	0(+0)		1(+1)		0(+0)	
F. 其他(如家庭可享有的福利)	1			1(+1)		1(+1)	
个人精神方面的得失							
A. 因贡献社会而获得自我肯定感	5	4(+20)		4(+20)		4(+20)	
B. 工作任务合乎伦理道德的程度	4	3(+12)		5(+20)		5(+20)	
C. 工作涉及自我妥协的程度	3	5(+15)	-1(-5)	4(+12)		5(+15)	
D. 工作的创意发挥和原创性	5			4(+20)		5(+25)	
E. 工作能提供符合个人道德标准的生活方式的程度	3	3(+9)		3(+9)		4(+12)	
F. 达成长远生活目标的机会	2	1(+2)		5(+10)		5(+10)	
他人精神方面的得失							
A. 父母	3	5(+15)		3(+9)		3(+9)	
B. 朋友	3	5(+15)		2(+6)			
C. 配偶	2	3(+6)		4(+8)		4(+8)	-1(-3)
D. 同事	1	5(+5)		4(+4)			
E. 社区邻里	2	3(+6)		2(+4)		1(+2)	-1(-1)
F. 其他(如社会、政治或宗教团体)	2	2(+4)		1(+2)		0(+0)	
总分		157		204		208	

想一想：职业生涯决策真的这么重要吗？

你的决策能力如何？

决策能力是指根据既定目标认识现状、预测未来、决定最佳行动方案的能力，对于一位优秀的领导者而言，无疑需要具备多方面卓越的能力。但相比其他各项能力来说，决策力则是重中之重。想知道你是否具有好的决策力，做完下面的测试你就会知道了。

1. 你的分析能力如何?
A. 我喜欢通盘考虑，不喜欢在细节上考虑太多
B. 我喜欢先做好计划，然后根据计划行事
C. 认真考虑每件事，尽可能地延迟应答
2. 你能迅速地作出决定吗?
A. 我能迅速地作出决定，而且不后悔
B. 我需要时间，不过我最后一定能作出决定
C. 我需要慢慢来，如果不这样的话，我通常会把事情搞得一团糟
3. 进行一项艰难的决策时，你有多高的热情?
A. 我做好了一切准备，无论结果怎样，我都可以接受
B. 如果是必需的，我会做，但我并不欣赏这一过程
C. 一般情况下，我都会避免这种情况，我认为最终都会有结果的
4. 你有多恋旧?
A. 买了新衣服，就会捐出旧衣服
B. 旧衣服有感情价值，我会保留一部分
C. 我还有高中时代的衣服，我会保留一切
5. 如果出现问题，你会:
A. 立即道歉，并承担责任
B. 找借口，说是失控了
C. 责怪别人，说主意不是我出的
6. 如果你的决定遭到了大家的反对，你的感觉如何?
A. 我知道如何捍卫自己的观点，而且通常我依然可以和他们做朋友
B. 首先我会试图维持大家之间的和平状态，并希望他们能理解
C. 这种情况下，我通常会听别人的
7. 在别人眼里你是一个乐观的人吗?
A. 朋友叫我“拉拉队长”，他们很依赖我
B. 我努力做到乐观，不过有时候，我还是很悲观
C. 我的角色通常是“恶魔鼓吹者”，我很现实
8. 你喜欢冒险吗?
A. 我喜欢冒险，这是生活中比较有意义的事
B. 我喜欢偶尔冒冒险，不过我需要好好考虑一下
C. 不能确定，如果没有必要，我为什么要冒险呢
9. 你有多独立?
A. 我不在乎一个人住，我喜欢自己做决定
B. 我更喜欢和别人一起住，我乐于做出让步
C. 我的配偶做大部分的决定，我不喜欢参与
10. 让自己符合别人的期望，对你来讲有多重要?
A. 不是很重要，我首先要对自己负责
B. 通常我会努力满足他们，不过我也有自己的底线

C. 非常重要，我不能贸然失去与他们的合作

评定标准：

以上各题选 A 得 10 分，选 B 得 5 分，选 C 得 1 分，最后计算总分。

测试结果分析：

24 分以下：你的决策能力差。

你现在的决策方式将导致“分析性瘫痪”，这种方式对你的职场开拓来讲是一种障碍。你需要改进的地方可能有下列几个方面：太喜欢取悦别人、分析性过强、依赖别人、因为恐惧而退却、因为障碍而放弃、害怕失败、害怕冒险、无力对后果负责。测试中选项 A 代表了一个有效的决策者所需要的技巧和行为。做一个表，列出改进你决策方式的办法，同时，考虑阅读一些有关决策方式的书籍或咨询专业顾问。

25—49 分：你的决策能力偏下。

你的决策方式可能比较缓慢，而且会影响到你的职场开拓。你需要改进的地方可能是下列一个或几个方面：太在意别人的看法和想法，把注意力集中于别人的观点之上，作决策时畏畏缩缩，不敢对后果负责。这样的话，就需要你调整自己的心态，并做一个表列出改进你决策方式的方法。

50—74 分：你的决策能力一般。

你有潜力成为一个好的决策者，不过你存在一些需要克服的缺点。你可能太喜欢取悦别人，或者你的分析性太强，也可能你过于依赖别人，有时还会因为恐惧而止步不前。要确定自己到底在哪些方面需要改进，你可以重新看题目，把你的答案和选项 A 进行对照，因为选项 A 代表了一个有效的决策者所需要的技巧和行为。做一个表，列出改进你决策方式的方法。

75—99 分：你的决策能力不错。

你是个十分有效率的决策者。虽然有时你可能会遇到思想上的障碍，减缓你前进的步伐，但是你有足够的精神力量继续前进，并为你的生活带来变化。不过，在前进的道路上你要随时警惕障碍的出现，充分发挥你的力量，这种力量会决定一切。

（摘自：问卷网）

思考与讨论

1. 怎样理解职业生涯决策？在进行职业生涯决策时应遵循哪些原则？
2. 职业生涯决策具有哪些类型？
3. 大学生在进行职业生涯决策时常见的问题有哪些？
4. 影响医学生职业生涯决策的因素有哪些？

本章小结

职业生涯决策是人生决策中极其重要的决策，也是难度较大的决策，但大学生可以通过学习提高职业决策技能，为职业选择作出正确决策奠定基础。

第七章

职业生涯实践与管理

知识目标

1. 了解个人潜能与职业生涯发展的关系。
2. 熟悉潜能和职业锚开发的途径。
3. 掌握职业生涯不同阶段的有效管理方法。

能力目标

通过本章的学习，使大学生挖掘自身的潜能，做好职业生涯自我管理。

核心概念

个人潜能　职业锚　职业生涯规划

职业生涯的实践与管理是职业人士所面临的首要问题，它是对个人职业发展的远景规划和资源配置。然而绝大多数人忽视或者仅仅在表面上关注这一问题，他们希望在工作中一切都得到满足，于是总是“这山望着那山高”，多次“追求发展机会”的结果却只是不断地失去发展机会。因此合理地进行职业生涯实践与管理，可以帮助职业人士确立人生的努力方向，客观公正地评价个人的特点优势，明确职业发展方向，有效地增强个人的竞争力。

第一节　个人潜能与职业发展

驴与蝉

一头驴听到蝉唱歌的声音很好听，头脑发热，就要向蝉学习发音的方法。蝉告诉驴：“你首先必须像我一样，每天以露水充饥。”那昏了头脑的驴便照着蝉的话去做了，非但没有练就动听的歌喉，反而饿得头昏眼花，倒下永远也起不来了。

想一想：驴为什么没有练就动听的歌喉？

歌德有句话：你适合站在哪里，你就站在那里。事实告诉我们——人的潜力如果与职业匹配，既能够充分发挥人的积极性、创造性，使人们在职业活动中体验快乐，又能够充分提高职业活动的效益。

一、个人潜能概述

人的潜能只有被发现，才能更好地被开发出来，20 世纪 90 年代《美国心理学会年度报告》中曾说：“任何一个大脑健康的人与一个伟大科学家之间，并没有不可跨越的鸿沟，他们的差别只是用脑程度与形式上的不同，而这个鸿沟不但可以填平，甚至可以跨越，因为从理论上讲，人脑的潜能几乎是无穷无尽的……”当然，潜能的释放是有条件的，特别是潜能的瞬间释放，潜能高效度的释放要靠激发。当代大学生要在以后有所作为，就要学会不断发掘和释放潜能。开发个人潜能的方法很多，深层次挖掘自己的潜能，关键是首先找准自己与职业目标的差距。一般来讲，个人潜能的开发与职业目标之间存在思想观念差距、知识差距、能力差距以及心理素质差距等，如何缩小这种差距，是职业生涯管理的主要任务。

(一) 潜能的含义

潜能又称潜力，它既是一个哲学术语，又是一个教育概念，也是心理学中的一个重要词汇。学术界对潜能的理解存在不同观点，但在以下方面达成了共识：

1. 潜能是潜在的能力而不是实际的能力

实际的能力(通常所说的能力)属于个性特征，是保证人们成功地进行实际活动的一系列稳定心理特点的综合，它表现为个体的“所能为者”。而潜能根本不可能保证人们成功地进行实际活动，它只能表现为个体的“可能为者”。个体成功地进行实际活动的能力，便是由“可能为者”向“所能为者”转化的结果。

2. 潜能是发展的可能性，而不是已发展本身

潜能实现的时候就是现实的，而现实还没有实现的时候就是潜能。任何一个现实的表现，都是在其潜能所提供的发展可能性范围内发展起来的。可以说，任何个体的发展，都是由这种可能性转化为现实性的过程。因而潜能是发展的前提，而不是已发展本身。

潜能具有潜在性、适应性、容纳性、可能性等特点，有遗传方面的特征，但同时也有经过训练后发展的潜在可能性。

(二) 潜能的分类

社会生活当中隐藏着许多达·芬奇、爱因斯坦式的人物，通过训练，有很多人会具有达·芬奇、爱因斯坦那样的聪明才智。每个人具备10个方面的潜能，通过训练，这些潜能是可以被开发的，这些潜能包括以下几个方面。

1. 创造潜能

创造性不只是可以画一幅画或者会使用一种工具。做一顿晚餐是创造，侍弄花园也是创造，考虑如何让足球队战胜对手也需要有创造性。你可以当个想入非非的人，每天至少浮想联翩十次。你不妨做个试验，起床时继续想你的梦并把它作为日记记录下来，通过游戏发挥你的创造性。将用一根曲别针可以做出来的所有东西都记录下来，看看想法会不会超过十六种。如果超过，那好极了，这说明你也像灯泡的发明者爱迪生一样有创造性。

2. 个人潜能

谁如果能够做到使自己的内心处于平和状态，那么他就可以比较充分地发挥个人的潜能。只有了解自己而且内心充实的人，才能达到充分发挥个人潜能的目的。经常检查对你来说什么是好的，什么是不好的事情。每天享受十分钟的安静，对自己进行评价，目的是对自己生活中积极和消极的事情有更加清楚的认识。

3. 社会潜能

社会潜能同个人潜能相反，可以理解为组织能力，也可以理解为调动别人积极性的能力。人与人之间的交往就是一种奇迹，每天，你都在有意识地这样做。你进了剧院，舞台就是建立社会关系的练习场地。如果一个聪明人和一个傻瓜在谈话，谁学到的东西更多？对这样的问题你应该经常思考，要学会多听别人的意见。

4. 精神潜能

精神智慧的人，不会仅仅只看到个人和自己所在集团的利益。他不只是聪明，而且是明智的，个人的价值观给他以动力，他会对自然产生灵感，你会享受到阳光的照射和鸟儿的歌唱，你会发现儿童天真的本质并感受到什么是健康。如果你对自己的价值观是明确的，并采取相应的行动，那么你在精神方面就永远是有智慧的人。

5. 身体潜能

躯体拥有自身的潜能。无论是演员还是运动员，凡是靠体力工作的人都知道这一点，经常锻炼可以挖掘身体的潜能。为了使身体保持灵活，你应该经常跳舞，吃健康食品。使运动成为习惯，有二十一天的时间就足够了。那时你的身体就会自发产生锻炼的要求，便有了这方面的意识。你要学会遵从自己身体的需要。

6. 感觉潜能

多数人进食不辨味道，忽略感觉。我们的鼻子有五百万个嗅觉感受器，我们的眼睛可以辨别八百万种色彩，应该尽可能把人体内潜在的五种丰富的感觉能力充分发挥出来。你可以经常进行有意识的锻炼，经常练习分辨大自然的声音，例如各种鸟儿的叫声，体验能使自己皮肤舒服的衣服等。

7. 计算潜能

许多人认为计算能力是一种天赋，这种看法是错误的。每个人都具备计算能力，这种能力需要被激发出来。在你用计算器计算之前，先用脑子计算，伟大的数学天才就是这样锻炼自己的能力的。你不妨经常进行这样的计算，如工作占用多少时间，同家人在一起的时间是多少，睡觉和学习又用去了多少时间。你可以经常练习用脑子计算，在日常生活中多注意数字，例如数数在每个超级市场的收款台前有多少人在排队，货筐里有多少件商品等。

8. 空间潜能

空间才能就是看地图、组合各种形状以及使自己的身体正确通过空间的能力。舒马赫就是一位空间天才，在赛车道上，他能够驾驶时速为三百千米的法拉利赛车灵活地在其他 F1 赛车之间穿行。调查表明，伦敦的出租汽车司机的头脑随着开车时间增加越来越好使，因为他们把城市的情况都储存在脑子里了。因此社会活动有助于一个人的空间潜能的发挥。

9. 文字表达潜能

扩展你的文字财富，最好的办法是多看书、多练习写作。如果你开始时掌握一千个单词，哪怕每天只增加一个新的单词，那么一年后你的文字表达能力就会提高百分之四十。

10. 艺术潜能

艺术潜能指人的音乐和绘画天赋。培养艺术潜能，要培养对审美要素的感受力，可以到大自然中感受现实生活中的色彩、线条、平衡、对称、节奏、韵律等美的要素。生动的、活的审美源泉，可以激发内在的艺术潜能。

二、大学生生涯潜能开发的内容

在大学阶段，个体的主要任务是学习，掌握生涯发展所必需的专业知识，在此基础上提升个人的综合素质，为生涯发展奠定坚实的基础。大学生生涯潜能开发的内容主要包括智力潜能、人际潜能和心理潜能，如表 7-1 所示。

表 7-1 生涯潜能开发的内容

种类	项目	含义
智力潜能	观察力	通过感官获取第一手资料、资讯和经验的能力
	理解力	从第一手资料或多元信息中建构意义的能力
	分析力	能针对经验或信息进行解析、选择、判断、评价的能力
	记忆力	将经验、资讯存储进自己的脑海里，以便随时取用的能力
	整合力	对经验、资讯进行整合重组，提出创新想法的能力
人际潜能	沟通协调	进行人际沟通、协调、合作的能力
	领导力	在群体中和解冲突，并引导集体协调行动、促进集体发展的能力
心理潜能	情绪控制	对身体情绪的掌控力，包含情绪调适、情绪转化、释放压力等
	意志力	能够勇敢面对并灵活应对各种压力、挑战，克服困难达成任务的能力
	耐挫力	从挫折中走出并重新出发的能力
	洞悉力	从纷繁复杂的现实世界感悟生命真相的能力，包括理智思考、宏观判断、明智抉择等
	专注力	不受外界干扰、诱惑，专注于手头工作或目标的能力

(一) 智力潜能开发

智力潜能与人的生理、心理条件和脑功能有关，是人发展进步的生长点与重要因素。科学研究发现，智力潜能开发内容大体可归纳为 9 个方面。

(1) 对思维器官进行训练，如经常使用右手以开发左脑，练习琴、棋、书、画或开展左侧徒手操作和使用工具训练开发右脑。

(2) 对思维心理基础进行训练，包括对集中注意力、情感、兴趣、意志、好奇心、自信心的训练等。

(3) 对思维认知基础进行训练，如对感知觉、记忆、阅读、听课、记笔记能力的训练等。

(4) 对思维能力进行训练，如学习能力、解题能力、想象能力、推理判断能力、决断决策能力的训练等。

(5) 对思维形式进行训练，如抽象思维、形象思维、灵感(直觉)思维的训练等。

(6) 对思维方法进行训练，如发散思维和收敛思维、纵向思维和横向思维、顺向思维和逆向思维、静态思维和动态思维训练等。

(7) 对思维创造力进行训练，如用各种创造方法训练创造能力等。

(8) 对思维品质进行训练，如对思维的广阔性、深刻性、敏捷性、概括性等进行训练。

(9) 对思维表达能力进行训练，如语言、写作能力训练等。

智力潜能开发需要科学的方法。比如记忆力的开发。记忆的过程包含信息输入和输出(信息提取)两个环节，记忆力的开发也就是脑神经的信息输入通道与信息输出通道通过训练建立连接的过程。我们经常所说的“记不住”，大多数时候不是“信息输入”过程出问题，而是“信息提取”过程出了故障。常用的“重复法”是通过反复的信息输入与提取，强化信息“输入”与“输出”的神经通道之间的连接，一般用于单个知识点的记忆：“图表法”

是通过建立信息提取线索，来促进已输入信息的提取，一般用于系统性知识体系的记忆。

(二) 人际潜能开发

美国著名的人际关系学鼻祖戴尔·卡耐基曾说：专业知识在一个人成功中的作用只占15%，而其余的85%则取决于人际关系。可见，人际潜能对生涯发展的重要性。

人际潜能开发需要以实践为平台。以沟通协调能力开发为例，沟通协调包含四个环节：一是能准确表达自己的观点；二是能准确倾听别人的观点；三是能准确把握双方的认知冲突点；四是能准确寻找到有效沟通的渠道或问题切入点。

这四个环节能否有效完成，决定着沟通协调的质量。由此可见，人际潜能的开发主要是在解决实际问题的过程中逐步完成的，能力水平的提高是在实践过程中逐步积累的。在大学期间，可以通过参与或组织课余文化活动，参加学生组织或学生社团来开发自己的人际潜能。

(三) 心理潜能开发

心理潜能的开发需要以健康的心理素质为基础，要有真实的感情、坚强的意志、良好的性格、广泛的兴趣和正确的三观。心理潜能开发主要有5种常见方法：

(1) 信息刺激，学会用脑。信息是大脑的精神营养，对大脑最佳的信息刺激，就是勤学习、多学习。前苏联心理学家赞科夫提出："智力像肌肉一样，如果不给予适当的负担、加强锻炼，它就会萎缩、退化。"开发大脑潜能的关键，就在于多练脑、勤动脑、会用脑。

(2) 协同开发，全面塑脑。既重视左脑功能开发，又重视右脑功能的开发，克服"重左轻右"的传统倾向，可以多开展一些左侧活动和从事音乐美术活动。

(3) 劳逸结合，科学护脑。要有张有弛，科学休息，保证适量睡眠，防止过度疲劳，防止外伤和毒害。

(4) 营养健身，合理补脑。要及时补充能量，养成良好的生活习惯，强身健体。

(5) 情绪乐观，精心益脑。开发大脑潜能必须排除心理障碍，而心境乐观、心理健康，有利于健脑用脑。

三、潜能开发的方法

人一般在两种情况下会爆发潜能：一是遇到危险，自我保护的本能会冲破潜意识，激发人的潜能，避免受伤害，但是这种潜能爆发很难控制，也无规律可循；二是给自己设定有高度、有难度、有挑战性的目标，在意识层面主动地激发自身具有的潜能，以达成目标。

但是，在现实当中，很多人存在潜能开发的误区，一是没有认识到自己有潜能；二是只把着眼点放在某些具体技能上，没有注意到一个人需要均衡发展；三是潜能开发跟做事是两回事，不要每天只是潜能开发不做事。所以最好的方法是，做事情的时候不要忘记潜能开发。那么，如何进行生涯潜能开发呢？一般而言，生涯潜能开发的主要方法有以下五个：

(一) 走出心理舒适区

所谓心理舒适区，是指人们习惯的一些心理模式，就是让人感到熟悉的、轻松的心理状态，如已经完全上手的工作、自己习惯的办事流程，一旦超出这样的模式，人们就会感到不安、焦虑甚至恐慌。走出心理舒适区意味着走进新的目标领域迎接挑战。心理学研究表明，适当的焦虑或压力可以提升个体对工作的专注程度，有利于目标的达成。走出心理舒适区，进入新的目标领域，个体的工作表现会得到改善，工作技巧也会被优化，因此这个区域被称为“最佳表现区”。所以，果断离开原来的心理舒适区吧，生涯潜能的开发就是由旧的心理舒适区到新的心理舒适区的过程，是心理舒适区不断扩大的过程。

回到生命的最初状态，从胎儿到婴儿，是人生第一次心理舒适区的跳离；接着是行走，哪怕跌倒千百次，婴儿也坚持从襁褓中爬出来探索更大的世界。走出心理舒适区，不断成长是每个生命的本能，生活中没有永远的避风港，我们能依靠的只能是不断提升自己适应变化的能力，实现生涯潜能的发展。

（二）主动挑战极限

自我设限是妨碍生涯潜能发挥的最大障碍。挑战极限就是不要自我设限，勇于突破极限，突破常规极限，突破自我极限，突破生命极限。

1. 突破常规极限

所谓常规，是指你和身边多数人普遍认同、自觉遵循的观念、思维、准则等，突破常规极限就是以创新精神打破固有的模式和思维定势。鲁迅先生说：“世上本无路，走的人多了，就变成了路。”敢走别人不敢走的路，才能看到不一样的风景。我国乒乓球名将邓亚萍，身高不过一米五，按照规定是进不了国家队的，但是她不但进了国家队，还拿了奥运金牌。所以在一件事情还没有开始的时候不要轻易说自己不行，不要轻易说不可能。在生涯发展中，我们要敢于突破常规思维的束缚，面对真实世界，听从内心的声音，用智慧指引前行，那样，面对再大的困难也不会感到迷茫困惑。

2. 突破自我极限

自我极限就是在自己的心里面默认了一个“高度”，这个“心理高度”常常暗示自己：这多么困难，我不可能做到的，也无法做到，成功机会几乎是零，想成功那是不可能的。“心理高度”是人无法取得成就的重要原因之一。自我极限让许多人有了借口，导致身体内无穷的潜能和欲望没有发挥出来，它是一块巨石、顽石，在人生及事业成长道路上阻碍着人们前进。必须突破自我极限，才有可能激发生涯潜能。突破自我极限，必须改变观念，保持积极的心态，学会积极的心理暗示——一切皆有可能。

约翰·库缇斯生于澳大利亚一个普通的家庭，不仅是个早产儿，而且双腿发育不健全。出生后，医生断定他活不过 24 小时，但是他撑过来了；长大后只能用双手代替双脚行走，受到了各种排挤、嘲笑、戏弄，他曾经想过自杀，但他最终选择了面对，并立志要做一个自食其力的人。这个只有双手可以依靠的孩子，学会了游泳、潜水、网球、乒乓球、开车、跳伞，还获得了澳大利亚残疾人网球赛的冠军，还曾担任残疾人乒乓球教练，他不仅找到了工作，更实现了自己的人生价值。2004 年他曾来中国做演讲，他的故事激励了很多肢体健全的人，他让我们看到了人身上的潜能有多强大。

由于有些人早已习惯自我极限，就像给每个坟墓早已安上墓碑一样，破除这种恶习的一个重要方法是不断给自己制订新高度。人生的远大目标，即你最开始所明确的你想要什么，是由一个个小目标所实现的。你已经具备了自我制订目标并完成的能力，那么我们现在所要做的事，就是把这之前自我极限的那些低目标提高一下，每个小目标都提高一点点，人生将会提高一大块。

3. 突破生命极限

著名学者周国平在对南极进行实地考察的手记中写道“正是在逼近生命极限的地方，人的生命感觉才最为敏锐和强烈”。从生命的观点看，现代人的生活有两个弊病：一方面，文明为我们创造了越来越优裕的物质条件，远超出维持生命之所需，那超出的部分固然提供了享受，同时也使我们的生活方式变得复杂，远离生命在自然界的本来状态越来越远。另一方面，优裕的物质条件也使我们容易沉湎于安逸，丧失面对巨大危险的勇气和坚强，在精神上变得平庸。我们的生命远离两个方向上的极限状态，向下没有承受匮乏的忍耐力，向上没有挑战危险的爆发力，躲在舒适安全的中间地带，其感觉日趋麻木。因此，实质上，对生命极限体验的追求是对现代文明的抗议和背叛，是找回生命的原始力量和最初感觉的努力。”这种“生命的原始力量”应包括两方面的内容：一是对自身潜能的发掘；二是冒险的勇气、高度的自信、坚定的意志和强烈的愿望。

(三) 放松与静思想象

放松和静思想象是容易被人们忽视的开发潜能的最佳方法之一。人们总以为，只有在紧张的劳动中才能发挥潜能，其实，研究中外人才史可以发现，灵感的产生不是在紧张劳动之中，而是在紧张劳动过后的放松情绪之时。

静思是身心完全放松、排除了世间的各种烦扰的一种“忘我”状态。静思可以最大限度地开发潜能，释放潜能。古人说“眉头一皱，计上心来”，那个皱眉头，就是瞬间的静思。日本学者镰田胜甚至把到水边冥想和静思当作自我开发的100种法则之一。

毛平医生说，西方用得最广，且为文化所允许的静思形式是安静深沉的祷告。除此之外，没有与宗教无关的静思形式，因此无法从宗教以外的静思得到好处。静思是达到内心宁静，与内心深处接触的方法。首先要去除杂念，然后依据自己的需要及方向，以不同的方法达到清晰的心境。静思与存在的思维有关，毛平指出：“即使一个人能主动应付生活中的问题，能作有效的决定，仍然会感觉无助、不安、绝望。通过静思，可以激起个人内在坚定的能力，逐渐面对及控制以往不敢面对的创伤、失眠及无助。”我们需要松弛平衡的姿势，许多方法可以达到这种状态，在亚洲最常见的是双腿盘坐，其实单腿盘坐就可以了。所谓单腿盘坐是一只脚放在大腿上与另一只脚交错，另一只脚则与臀部接触，美国印第安人的坐法也是这样的。毛平指出，这类姿势的共同点是“背是直的，手放在膝部，头保持正直，眼睛应张开，看着膝盖前几尺的地方，但无须凝视”。静思的目的是使思潮降低，达到明晰的状态，此时思维并未中止，只是不费力去思索。克劳胡瑞描述瑜伽术：“基本的方法始于无为，没有思考，没有个人的意志。换句话说，让你的概念、感情、愿望自由飞翔，你只是旁观者，不要陷身其中。”静思是东方文化中的一种艺术，有多种变化，有的来自佛教的禅宗，也有的来源于道教。我们没有理由因为文化上的偏见或不熟悉这些复杂的名词而忽略、排斥这类发挥内在潜能的办法。

想象，则是开动人的成功机制的第一把钥匙。想象力使那些常认为不可能的东西变成现实，极大地丰富了人类的历史和文明。想象力是潜能的构成部分，又极大地开发了潜能。

(四) 催眠激发潜能

催眠术在体力潜能开发方面的应用大致包括三个方面，即消除疲劳、挖掘潜能和调整状态。疲劳包括身体疲劳和心理疲劳。值得强调的是，在许多情况下，身体疲劳是由心理疲劳所引发或加重的。因此，经由心理暗示可以直接消除心理疲劳；经由心理暗示的调节作用，也可以消除身体上的疲劳。催眠师在催眠过程中发出暗示："在催眠状态中，你已经美美地睡了一觉，醒来以后，你感到疲劳已完全消除，你感到精神特别振奋。"受术者醒来以后，果然有这样的感觉。这几乎没有什么例外的情况。借助于催眠的力量来消除疲劳的方法，在经常做自我催眠的人们当中，得到了最为广泛的运用。那些被紧张的工作折磨得疲惫不堪的人，经过十几分钟的自我催眠后，又变得精力充沛起来。他们不再感到茶饭不香、心力交瘁，以焕然一新的面貌，重新投入到工作和娱乐活动中。这种方法，近年来也被运用到因赛事频频、体力不支而影响运动水平发挥的运动员身上。在洛杉矶奥运会上，我们已经看到催眠师活跃在绿茵场上，为一场接着一场比赛的运动员们做以消除疲劳为目的的催眠治疗。

(五) 强度攻击法

强度攻击法是国外潜能研究者提出的一种寻找特长潜能及其灵敏点的方法。这个方法的对象是自愿参加者。所有参加者将自己的名字写在纸条上，置于容器内，然后以随机的方式抽出一个名字，被抽中的人就成了被攻击的靶子。他先将自己的人格强度及能力一一列出来，然后问其他人："你们认为我还有什么长处？还有些什么能力没有发挥？"大家便根据这个人的人格、实际具有能力，以及他为何没有充分发挥这些能力的印象攻击他。结果发现，别人比自己更了解自己的能力，也更了解自己没有充分发挥能力的理由。攻击近尾声时，大家还要对下面的问题作延伸性的想象："假定从现在起，这个人能够将我们所发现的潜能完全发挥，5 年后将是怎样的光景呢？"据介绍，这种方法既可以发现人的多种潜能，也能发现人的特长潜能及其灵敏点。在大的工作压力下，可以发现人的特长潜能灵敏点，这已被中外许多人的事例所证明。

人的潜能是无限的

一位音乐系的学生走进练习室。在钢琴上，摆着一份全新的乐谱。"超高难度"他翻着乐谱，喃喃自语，感觉自己对弹奏钢琴的信心似乎跌到谷底，消磨殆尽。已经三个月了，自从跟了这位新的教授之后，不知道教授为什么要以这种方式整人。他勉强打起精神，开始用自己的十指奋战、奋战、奋战……琴音盖住了教室外面教授走来的脚步声。教授是个极其有名的音乐大师。授课的第一天，他给自己的新学生一份乐谱。"试试看吧！"他说。乐谱的难度颇高，学生弹得生涩僵滞、错误百出。"还不成熟，回去好好练习！"教授在下课时，如此叮嘱学生。

学生练习了一个星期，第二周上课时正准备让教授验收，没想到教授又给他一份难度更高的乐谱，“试试看吧！”上星期的课教授也没提。学生再次挣扎于更高难度的技巧挑战。

第三周，更难的乐谱又出现了。同样的情形持续着，学生每次在课堂上都被一份新的乐谱所困扰，然后把它带回去练习，接着再回到课堂上，重新面临两倍难度的乐谱，却怎么样都追不上进度，一点也没有因为上周练习而有驾轻就熟的感觉，学生感到越来越不安、沮丧和气馁。教授走进练习室。学生再也忍不住了，他必须向钢琴大师提出这三个月来何以不断折磨自己的质疑。

教授没开口，他抽出最早的那份乐谱，交给了学生。“弹奏吧！”他以坚定的目光望着学生。

不可思议的事情发生了，连学生自己都惊讶万分，他居然可以将这首曲子弹奏得如此美妙、如此精湛！教授又让学生试了第二堂课的乐谱，学生依然呈现出超高水准的表现……演奏结束后，学生怔怔地望着老师，说不出话来。

“如果，我任由你表现最擅长的部分，可能你还在练习最早的那份乐谱，就不会达到现在这样的程度。”钢琴大师缓缓地说。

人往往习惯于表现自己所熟悉、所擅长的领域。但如果我们愿意回首，细细检视，将会恍然大悟：往日看似紧锣密鼓的工作挑战，永无止歇、难度渐升的环境压力，不也就在不知不觉养成了今日的诸般能力吗？人确实有无限的潜力！

第二节　选定和开发个人职业锚

日本的丰田公司在运用员工的职业方面成效显著。丰田采取 5 年调换一次工作的方式对各级管理人员进行重点培养。每年 1 月 1 日进行组织变更，一般以本单位相关部门为调换目标，调换幅度在 5%左右。短期来看，转岗需要有熟悉操作的适应过程，可能导致生产效率的降低，但对企业长久发展来看则是利大于弊。经常的有序换岗还能给员工带来适度的压力，促使员工不断学习，使企业始终保持一种生机勃勃的氛围。

想一想：转岗的方式给员工带来什么样的好处？

美国组织行为学家埃德加·施恩认为，职业生涯规划并不是一次就可以完成的事情。他认为，职业生涯规划是一个持续不断的探索过程。在这一过程中，每个人都会逐渐形成较为明晰且与职业有关的自我概念。随着对自己越来越了解，个人就会越来越明显地形成一个着眼主导地位的职业锚。

一、职业锚的含义

职业锚是由美国著名的职业指导专家埃德加·施恩教授提出的。他认为，职业生涯发展实际上是一个持续不断的探索过程，在这一过程中，每个人都在根据自己的天资、能力、动机、需要、态度和价值观等慢慢地形成较为明晰的、与职业有关的自我概念。随着一个人对自己越来越了解，就会越来越明显地形成一个占主要地位的职业锚。

职业锚这一概念最初产生于施恩领导的美国麻省理工学院斯隆管理学院的专门小组，是从斯隆管理学院毕业生的职业生涯纵向研究中演绎成的。斯隆研究院 44 名毕业生自愿形成了一个专门小组，配合和接受施恩教授所开展的关于个人职业发展和组织职业管理的研究与调查。施恩在他们毕业半年和 1 年后分别进行了面谈，在他们毕业 5 年后进行了问卷调查，并在 1973 年请他们返回麻省理工学院，就他们演变中的职业和生活进行面谈和调查。施恩在对他们的跟踪调查和对许多公司、个人及团队的调查中，逐渐形成了自己关于职业定位的看法，并提出了职业锚概念。施恩认为，“设计这个概念是为了解释，当我们在更多的生活经验基础上发展了更深入的自我洞察时，我们的生命中成长了更加稳定的部分”，以便帮助工作者更好地进行职业定位。

(一) 职业锚的定义

那么究竟什么是职业锚呢？职业锚是在个人工作过程中依循着个人的需要、动机和价值观，经过不断搜索，所确定的长期职业贡献区或职业定位。通俗地说，职业锚就是当一个人不得不做出选择的时候，他无论如何都不会放弃的职业中的那种至关重要的东西或价值观。正如“职业锚”这一名词中“锚”的含义一样，职业锚实际上就是人们选择和发展自己的职业时所围绕的中心。一个人对自己的天资和能力、动机、需要、态度和价值观有了清楚的了解之后，就会意识到自己的职业锚到底是什么。有些人也许一直都不知道自己的职业锚是什么，直到他们不得不做出某种重大选择的时候，比如到底是接受公司将自己晋升到总部的决定，还是辞去现职转而开办和经营自己的公司，正是在这一关口，一个人过去的所有工作经历、兴趣、资质、性向等才会集合成一个富有意义的职业锚，这个职业锚会告诉他，对他个人来说，到底什么才是最重要的。

可见，职业锚是“自省的才干、动机和价值观的模式”，是自我意向的一个习得部分。具体而言，是个人进入职业生涯早期工作情境后，由习得的实际工作经验所决定，并在经验中与自省的才干、动机、需要和价值观相符合，逐渐发展出的更加清晰、全面的职业自我观，以及达到自我满足和补偿的一种长期稳定的职业定位。

职业锚是个人和工作情境之间早期相互作用的产物，只有经过若干年的实际工作后才能被发现。职业锚核心内容的职业自我观由三部分内容组成：

一是自省的才干和能力，以各种作业环境中的实际成功为基础；

二是自省的动机和需要，以实际情境中的自我测试和自我诊断的机会以及他人的反馈为基础；

三是自省的态度和价值观，以自我与雇用组织和工作环境的准则和价值观之间的实际遭遇为基础。

要深入全面地理解职业锚的内涵概念，还要注意以下几方面：

(1) 职业锚产生于早期职业生涯阶段，以雇员习得的工作经验为基础。个人在面临各种各样的实际工作生活情境之前，不可能真正地了解自己的能力、动机和价值观之间将如何相互作用以及在多大程度上适应所做的职业选择。只有在新雇员做了若干年，习得工作经验后，方能够选定自己稳定的长期贡献区。因此，新雇员的工作经验产生、演变和发展了职业锚。在某种程度上说，职业锚是由雇员实际工作经验所决定的，而不只是取决于个人潜在的才干和动机。

(2) 职业锚强调个人能力、动机和价值观三方面的相互作用与整合。职业锚是雇员职业自我观中的才干、动机、需要、态度和价值观等相互作用和逐步整合的结果，而不是只重视其中的某一方面。在实际工作中，新雇员重新审视自我，逐步明确个人的需要与价值观，明确自己所擅长的及今后发展的重点，并且针对符合于个人需要与价值观的工作，自觉地增强和发展自身的才干。经过这种整合，新雇员寻找到自己长期稳定的职业定位，达到了自我满足和补偿。

(3) 职业锚是不可能根据各种测试提前进行预测的。职业锚是个人同工作环境互动作用的产物，由于实际工作的偶然性，职业锚是不可能根据各种测试出来的能力、才干或者动机、价值观等进行预测的。新雇员只有在工作实践中，依据自省和已被证明的才干、动机、需要和价值观，经过多次确认和强化以后，才能找到自己的职业定位。

(4) 职业锚不是固定不变的。虽然职业锚是个人稳定的职业贡献区和成长区，但这并不意味着个人的职业锚是固定不变的。这是因为随着雇员职业工作的进一步发展以及个人生物社会生命周期和家庭生命周期的成长、变化，其本人在不断变化和发展。同时，职业本身也可能变化，雇员在职业生涯的中、后期可能会根据变化了的情况，重新选定自己的职业锚。因此，一个人的职业锚是在不断发生着变化的，它实际上是一个不断探索过程所产生的动态结果。

(二) 职业锚的作用

职业锚作为一个人的自省的才干、动机和价值观的模式，在个人的职业生涯与工作生命周期中，在组织的事业发展过程中，都发挥着重要的作用。

(1) 职业锚有助于识别个人的职业抱负模式和职业成功标准。职业锚清楚地反映出了个人的职业追求与抱负，如选定技术/功能型职业锚的雇员，其志向和抱负在于专业技术方面的事业有成、有所贡献。同时，根据职业锚还可以判断雇员达到职业成功的标准。职业成功并无统一固定标准，因人而异，因职业锚而不同。对抛锚于管理型的雇员来讲，其职业成功在于升迁至更高的职位，获得更大的全面管理机会和管理权力。而对于安全型职业锚的雇员来说，求得一个地位稳定和收入较高的工作，有着优雅的工作环境和轻松的工作节奏，便是其职业成功的标准。因此，编排经验，识别长期的贡献区，对一个人要求发挥作用的工作情境的性质提出标准，识别抱负模式和个人用以衡量自己的成功标准，是职业的重要功能之一。

(2) 职业锚能够促进雇员预期心理契约的发展，有利于个人与组织稳固地相互接纳。按照施恩的观点，职业方向的选择、职业生涯的成功与职业都有着非常密切的关系，因此，职业生涯开发与管理的一项重要工作是帮助企业雇员确定职业锚，并通过这一过程密切组织与个人之间的关系。因为职业锚能准确地反映个人职业需要及其所追求的职业工作环境，反映个人的价值观与抱负，透过职业锚的建立过程，组织可以获得雇员个人正确信息的反馈。这样，组织才能有针对性地对雇员的职业生涯发展设置合理、有效、可行、顺畅的职业通道与职业阶梯。个人则通过组织有效的职业管理，使自身的职业需要得以满足，从而深化了对组织的情感认同与职业归属。这样一个过程使组织与个人双方相互沟通、深化了解，从而达到深度而稳定的相互接纳。

(3) 职业锚有助于增强个人职业技能和工作经验，提高工作效率和劳动生产率。职业锚是个人经过长期寻找所形成的职业工作的定位，是个人的长期贡献区。雇员的职业锚形成后，便会相对稳定地长期从事某项职业，这样必然能够增长工作经验。随着个人工作经验的丰富和积累以及个人知识的扩张，其个人职业技能也将不断增强，从而能够明显地提高工作效率和劳动生产率，增加企业的效益。

(4) 职业锚可为雇员中后期职业生涯发展奠定基础。职业是在具体工作经验之中习得的，能够清楚地反映当前这一雇员的价值观与才干，也能反映个人进入成年期的潜在需求和动机。雇员个人寻找职业并抛锚于某一职业工作的过程，实际上就是个人自我真正认知的过程，认识自己具有什么样的能力、才干，需要什么，职业价值观是什么，自己属于哪种职业类型。这同样也是把职业工作与完整的自我观相整合的过程，通过整合使自己找到了长期稳定的职业贡献区，从而也决定了成年期的主要生活和职业选择。所以，早期职业锚是中后期职业工作的基础，中后期的职业生涯发展与早期职业锚是密切联系在一起的。

二、职业锚的类型

职业锚是自我意向习得部分，每个人有各自的动机、追求、需要和价值观，故所寻求的职业锚会有所不同。施恩根据自己对麻省理工学院毕业生的研究，提出了以下五种职业锚：技术/功能型职业锚、管理能力型职业锚、创造型职业锚、安全/稳定型职业锚、自主/独立型职业锚。不同类型的职业锚，也就是不同类型的自我观模式。后来，人们逐渐发现职业锚的研究价值，越来越多的人加入了研究行列。在 20 世纪 90 年代，又发现了三种类型的职业锚，即服务型、挑战型和生活型职业锚。

(一) 技术/功能型职业锚

具有较强的技术/功能型职业锚的人往往不愿意选择那些带有一般管理性质的职业。相反，他们总是倾向于选择那些能够保证自己在既定的技术/功能领域中不断发展的职业。以技术/功能为锚位的雇员，有特有的工作追求、需要、价值观及晋升方式，主要表现出如下特征：

(1) 强调实际技术/功能等业务工作。技术/功能型职业锚的雇员热爱自己的专业技术、职能工作，注重个人在专业技能领域的进一步发展，喜欢面对挑战和独立开展工作，希望不受资源限制地开展自己认为正确的工作，一般多从事工程技术、营销、财务分析、系统分析、企业计划等工作。

(2) 拒绝一般管理工作，但愿意在其技术/功能领域管理他人。追求技术/功能型锚位的雇员，一般不喜欢从事一般的管理工作，因为这意味着他们将放弃在技术功能领域的成就，是一种不让他们施展技术才能的工种，故具有强烈抵制进入一般管理工作的念头。而其对技术/功能方面的职能管理并不拒绝，因为这是他们施展技能必不可少的，也是一种进步方式。

(3) 追求在技术/功能区的成长和技能不断提高，其成功更多地取决于该区域专家的肯定和认可，以及承担该能力区日益增多的富有挑战性的工作。其成长和获得成功看重的主要不是等级地位的大幅度提升，而是其专业地位的提高和技术领域的扩大。当然，职级提升对于抛锚于技术或职能能力区的雇员来讲，并非不重要。他们也追求向上发展，但是，不要求在区域外谋求发展，坚持在能力区内的提升。例如，一位年轻的以技术/功能区为锚位的财务分析员，希望能成为他所在公司的会计或审计员，所设想的或期望的顶峰是成为一家大公司的财务副总裁。

（二）管理能力型职业锚

具有管理能力型职业锚的人与具有技术/功能型职业锚的人完全不同，他们表现出成为管理人员的强烈动机，他们的职业经历使得他们相信自己具备被提升到那些一般管理性职位上去所需要的各种必要能力以及相关的价值倾向。承担较高责任的管理职位是这些人的最终目标。管理能力型职业锚呈现如下特点：

(1) 具有管理能力型职业锚的雇员追求承担一般管理性工作，且责任越大越好。他们倾心于全面管理，掌握更大权力，肩负更大责任。具体的技术/功能工作仅仅被看作是通向更高更全面管理层的必经之路；他们在一个或几个技术/职能区工作，只是为了更好地培养和展现自己的能力，掌握专职管理权，他们追逐的最终目标是管理本身。

(2) 具有管理能力型职业锚的雇员具有强有力的升迁动机和价值观，以提升、等级和收入作为衡量成功的标准。管理型职业锚的人权欲旺，升迁动机盛，追求并致力于提升，且随着等级的上升和所负责任与权力的加大，收入也随之提高，这是他成功的标志，也是其自我价值的实现。

(3) 具有管理能力型职业锚的人具有分析能力、人际沟通能力和情感能力的强强组合。分析能力是指在信息不完全以及不确定的情况下发现问题、分析问题和解决问题的能力。人际沟通能力是指在各种层次上影响、监督、领导、操纵以及控制他人的能力。情感能力是指在情感和人际危机面前只会受到激励而不会受其困扰和削弱的能力以及在较高的责任压力下不会变得无所作为的能力。在三种能力当中，情感能力可能是识别何种人将在高水平的管理角色中取得成功的最重要的能力。就三种能力而言，其他类型职业锚的人也都具有，甚至其中的一两个方面的能力比管理型的人发展得更高。但是，他们没有这些能力的强强组合，而管理能力型职业锚的人善于将三种能力进行最佳组合，因而表现出卓越的管理才能。

(4) 具有管理能力型职业锚的人对组织有很大的依赖性。他们要依赖组织提供工作岗位，获得更大的责任，展示高水平的管理能力。而且，具有管理能力型职业锚的人其认同感和成功感均来自于其所在的组织，其个人与组织的命运是紧紧相连的；其个人在公司的职位、公司规模的大小、公司的活动域及其未来发展等组织因素对其个人来说都具有特别重要的意义。

（三）创造型职业锚

创造型职业锚具有如下特征：

(1) 有强烈的创造需求和欲望。对于创造型职业锚的人来说发明创造是他们自我扩充的核心，也是他们工作的强大驱动力。他们具有一种一以贯之的追求，即建立或创造完全属于自己的成就。例如，创造出一种以自己姓名命名的公司或产品，创建一家自己的公司。

(2) 意志坚定，勇于冒险。具有冒险精神是创造型职业锚具有的另一个非常明显的特征。立志抛锚于创造型的人，所具有的极强烈的创造欲使他们强烈要求标新立异、有所创造并做好了冒险的准备。因此，他们总是力图以坚忍不拔的精神、百折不挠的行动去赢得创造需要的实现。

(3) 创造型锚同其他类型职业锚存在着一定程度的重叠。追求创造型锚的人要求有自主权、管理能力，能施展自己的特殊才干。但这些并不是他们的主要动机和主价值观，创造才是他们的主要动机和价值观。

(四) 安全/稳定型职业锚

施恩的研究发现麻省理工学院还有一小部分毕业生极为重视长期的职业稳定和工作的保障性。这类雇员追求的就是安全/稳定型职业锚，这种职业锚具有如下特征：

(1) 追求安全、稳定的职业前途，是这一类职业锚雇员的驱动力和价值观。其安全取向主要为两类：一类是追求职业安全，对他们而言安全则意味着所依托的组织的安全性，主要是一个给定组织中的稳定的成员资格。他们可能优先选择到政府机关工作，因为政府公务员任大家看来还是一种终身性的职业。因此，安全锚的人维持以工作安全、体面的收入、有效退休方案、津贴等形式体现出的一种稳定的前途。另一类注重情感的安全稳定，觉得在一个熟悉的环境中维持一种稳定的、有保障的职业对他们来说是更为重要的，包括一种定居、使家庭稳定和使自己融入团队和社区的感情。因此，安全型职业锚的成功标准是一种有效性的稳定、安全、整合良好、合理的家庭和工作情境。

(2) 对组织具有较强的依赖性。安全/稳定型职业锚的人，一般不愿意离开一个给定的组织，愿意让他们的雇主来决定他去从事何种职业，倾向于根据雇主对他们提出的要求行事，不越雷池半步，他们相信不论自己具有什么样的个人抱负和能力，都仰赖组织来识别他们的需要和能力，相信组织会根据他们的情况做出最佳安排。因而他们较其他人更容易接受组织。

(3) 个人职业生涯的开发与发展往往会受到限制。安全型职业锚的人，对组织的依赖性强，个人缺乏职业生涯开发的驱动力和主动性，从而不利于自我职业生涯的发展。要求高度的感情安全，限制了他们作沿着等级维度的职业运动。如果经济危机迫使其所在组织截员，安全型职业锚的职员由于在开发个人职业方面缺乏训练，加之不能自主、顺从的个性，常常使他们处于被动的境地。

(五) 自主/独立型职业锚

施恩的研究还发现麻省理工学院的有些学生在选择职业时似乎被一种自主决定自己命运的需要所驱使着，他们希望摆脱那种因在大企业中工作而依赖别人的境况。这些毕业生中有许多人还有着强烈的技术或功能导向。然而，他们却不是到某一个企业中去追求这种职业导向，而是决定成为一位咨询专家，要么是自己独立工作，要么是作为一个相对较小的企业中的合伙人来工作。具有这种职业锚的其他一些人则成了工商管理方面的教授、自由撰稿人或小型零售公司的所有者等。这种职业锚有如下特点：

(1) 希望随心所欲安排自己的工作方式、工作习惯、时间进度和生活方式。他们追求能施展个人职业能力的工作环境，最大限度地摆脱组织的限制和约束，追求自由自在、不受约束或少受约束的工作生活环境。

(2) 具有自主/独立型职业锚的人追求在工作中享有自身的自由，有较强的职业认同感，认为工作成果与自己的努力紧密相连。以自主、独立为锚位的人认为，组织生活太限制人，是非理性的，甚至侵犯个人私生活。因此，自主/独立型职业锚的人在选择职业时决不放弃自身的自由，而且视自主为第一需要。

(3) 自主/独立型职业锚与其他类型的职业锚有明显的交叉。具有自主/独立型职业锚的人可能同时具有技术/功能型职业锚，或者同时具有创造型职业锚。但追求技术/功能型职业锚的人，往往将其追求的职业也看作是一种向较高层面位置的过渡，他们很少为了自由的需要而放弃晋升的机会。自主/独立型的人与创造型的人也共同享有某些认知，如创造型的人(企业家)一旦成功，便也享有了自主权和自由。然而二者又不相同，企业家全力以赴要追求和建立某种东西。对于追求自主独立的人来说，自主的需要较其他方面的需要(如技术/功能展示、安全稳定、管理需要或创造需要)更强烈。

(六) 服务型职业锚

服务型的人一直追求他们认可的核心价值，例如帮助他人、改善人们的安全、通过新产品消除疾病等。他们一直追寻这种机会，即使这意味着变换组织、转换职业，他们也不会接受不允许他们实现这种价值的工作变换或工作提升。

(七) 挑战型职业锚

挑战型的人喜欢解决看上去无法解决的问题，战胜强硬的对手，克服难以克服的困难障碍等。对他们而言，从事职业的原因是工作允许他们去战胜各种不可能。新奇、变化和战胜困难是他们的终极目标，如果事情非常容易，他们马上会表现出厌烦。

(八) 生活型职业锚

生活型的人喜欢允许他们平衡并结合个人、家庭和职业需要的工作环境。他们希望将生活的各个主要方面整合为一个整体。正因为如此，他们需要一个能够提供足够弹性的职业环境，让他们实现这一目标，甚至可以牺牲他们职业的某些方面，如提升所带来的职业转换。他们将成功定义得更为广泛。他们认为自己如何生活、在哪里居住、如何处理家庭事务以及在组织中的发展道路是与众不同的。

以上的描述，也许每一条都有似是而非的感觉，为了更好地明确自己的职业定位，可以尝试以下方法：拿出一张纸，仔细思考以下问题，并将要点记录在纸上。

(1) 你在中学、大学时，主要在哪些知识上投入了巨大的精力？尤其是你的课外时间，主要用于学习哪些知识？

(2) 如果同样付给你年薪 100 万的薪水，并且你不会遭遇失败的话，你情愿选择做什么样的工作？

(3) 你开始工作时的长期目标是什么？

(4) 哪些知识和哪种学习、工作的方式是你最喜欢和最不喜欢的？你觉得怎么样才能更好地体现你的价值？

正如许多分类一样，上述的几种分类也无好坏之分，之所以将其提出是为了帮助大家更好地认识自己，并据此重新思考自己的职业生涯，设定切实可行的目标。

有的人的职业锚抛出得很早，“锚”得也很坚实，从大学的专业学习时起就明确了自己的职业方向；有的人的职业锚抛出得很晚，走过一路风景，但最终要看是否找到了自己的职业所爱。不管我们现在是否发现了我们的职业锚，这个职业规划的工具都可启发我们，我们未来的职业生涯是否成功，关键是我们要找准自己的定位，过自己想要的生活，而不是盲从别人的做法。

三、职业锚的开发

职业锚是在个人早期职业发展过程中逐步确立的职业定位。在职业锚的选定或开发过程过程中，个人起着决定性作用。

(一) 提高职业适应性

一般而言，新员工经过认识、塑造、充实规划自我等诸多职前准备，经过科学的职业选择进入组织，这本身即代表着员工个人对所选择职业有一定的适合性。但是，这种适合性仅仅是初步的，是主观的认识、分析、判断和体验，尚未经过职业活动实践的验证。

职业适应性是在职业活动实践中验证和发展了的适合性。每个人从事职业活动，总是处于一定的物质环境和心理环境之中，个人从事职业的态度受到诸多主客观因素的影响，如个人对工作的兴趣、价值观、技能、能力，客观的工作条件、福利情况，他人和组织对自己工作的认可及奖励情况，人际关系以及家庭成员对本人职业工作的态度等。个人的职业适应性就是能尽快习惯、调适、认可这些因素，也就是员工在组织的具体职业活动中，使职业工作性质、类型和工作条件，与个人的需要和价值目标融合，促使自身在职业工作生活中获得最大的满足。

职业适应的结果不仅能保证员工个人在较长一段时间内从事某种职业活动，而且能保证员工在职业活动中高效率地完成各项工作任务，同时有利于员工个性的全面协调发展。因此，员工由初入组织的主观职业适合，经由职业实践活动，转变为职业适应的过程，即员工搜寻职业锚或开发职业锚的过程。职业适应性是选定职业锚的前提基础。

(二) 借助组织的职业计划表选定职业目标，发展职业角色形象

职业计划表是一张工作类别结构表，是将组织所设计的各项工作分门别类地进行排列，形成一个系统反映组织人力资源配给情况的图表。员工应当借助职业计划表所列工作类别、职务升迁与变化途径，结合个人的需要与价值观，实事求是地选定自己的职业目标。一旦瞄准目标，就要根据目标的工作职能及其对人员素质的要求有目的地进行自我培养和训练，使自己具备从事该职业的充分条件，从而在组织内树立良好的职业角色形象。

所谓职业角色形象，是员工个人自我职业素质的全面展现，是组织或工作群体对员工个人职业素质的一种根本认识。职业角色形象的构成主要有两大要素：一是职业道德素质，主要通过员工的敬业精神、对本职工作热爱程度、事业心、责任心、工作态度、职业纪律等来体现；二是职业能力素质，主要考察员工所具有的智力、知识、技能是否胜任本职工作。员工个人应当从上述两个主要的基本构成要素入手，很好地塑造自己的职业角色形象，为自己确定职业锚创造条件、打好基础。

(三) 培养和提高职业决策的能力和决策技术

职业决策能力是指个人习得的用以顺利完成职业选择活动所需要的知识、技能及个性心理品质，是一种重要的职业能力。决策能力的大小、决策的正确与否，往往影响着个人整个职业生涯的发展乃至人生发展。在个人的职业发展过程中，特别是在职业发展转折中，如在首次就业、选定职业锚、职业转换等时，具有职业决策能力和决策技术十分重要。所以，个人在选择、开发职业锚时，必须着力培养和提高以下几个方面的职业决策能力。

(1) 善于搜集相关的职业资料和个人资料，并对这些资料进行正确的分析与评价；

(2) 制订职业决策计划与目标，独立承担和完成个人职业决策任务；

(3) 在实际决策过程中，不是犹豫不决、不知所措、优柔寡断，而是有主见性，能适时、果断地作出正确决策；

(4) 能有效地实施职业决策，能够克服计划实施过程中的种种困难。

当职业决策能力运用于实际的职业决策之时，需要讲求决策技术，掌握决策过程。首先，搜集、分析与评价各项相关职业资料及个人资料，要对几种职业选择的后果与可能性进行分析和预测。其次，对个人预期职业目标及价值观进行探索，确定个人职业价值倾向是什么，由此决定职业目标是什么。个人需要不断地理清、明确和肯定职业价值倾向，否则无法做出职业决策。最后，在上述两项工作的基础上，将主观愿望、需要、动机和条件，与客观职业需要进行匹配和综合平衡，经过权衡利弊得失，确定最合适、最有利、最佳的职业岗位。这一决策选择过程，是归结于个人的自我意向，找到自己爱好和擅长的领域，发展一种将带来满足和报偿的职业角色的过程。

第三节　职业生涯阶段管理

毛毛虫与苹果树

第一只毛毛虫根本就不知道这是一棵苹果树，没有目的，不知终点；没想过什么是生命的意义，为什么而活着。

第二只毛毛虫知道这是一棵苹果树，找到了一个大苹果就扑上去大吃一顿，但它发现要是选择另外一个分枝，它就能得到一个大得多的苹果。

第三只毛毛虫知道自己想要的就是大苹果，并制订了一个完美的计划，最后，这只毛毛虫应该会有一个很好的结局，但是真实的情况往往是，因为毛毛虫的爬行相当缓慢，当它抵达时，苹果不是被别的虫捷足先登，就是苹果已熟透而烂掉了。

第四只毛毛虫做事有自己的规划。它的目标并不是一个大苹果，而是一朵含苞待放的苹果花。它计算着自己的行程，结果它如愿以偿，得到了一个又大又甜的苹果，从此过着幸福快乐的日子。

想一想：你从这四只毛毛虫身上学到了什么？

中国有句俗话："男怕入错行，女怕嫁错郎。"可以说职业生涯规划决定了一个人成就的高低。

一、职业生涯阶段的划分

（一）萨柏的职业生涯发展阶段理论

萨柏(Donald E. Super)是美国一位有代表性的职业管理学家，他以美国白人作为自己的研究对象，把人的职业生涯划分为五个主要阶段：成长阶段、探索阶段、确立阶段、维持阶段、衰退阶段(见表 7-2)。

表 7-2 萨柏职业生涯五阶段理论

阶段	成长阶段	探索阶段	确立阶段	维持阶段	衰退阶段
年龄	0～14 岁	15～24 岁	25～44 岁	45～64 岁	在 65 岁以上
主要任务	认同并建立起自我概念，对职业好奇占主导地位，并逐步有意识地培养职业能力	主要通过学校学习进行自我考察、角色鉴定和职业探索，完成择业及初步就业	获取一个合适的工作领域，并谋求发展。这一阶段是大多数人职业生涯周期中的核心部分	开发新的技能，维护已获得的成就和社会地位，维持家庭和工作两者间的和谐关系，寻找接替人选	逐步退出职业和结束职业，开发社会角色，减少权利和责任，适应退休后的生活

表 7-3 萨柏职业生涯五阶段论的子阶段

主阶段名称	子阶段名称		
成长阶段	幻想期	兴趣期	能力期
	10 岁之前，在幻想中扮演自己喜欢的角色	11～12 岁，以兴趣为中心，理解、评价职业，开始作职业选择	13～14 岁，更多地考虑自己的能力和工作需要
探索阶段	试验期	转变期	尝试期
	15～17 岁，综合认识和考虑自己的兴趣、能力，对未来职业进行尝试性选择	18～21 岁，正式进入职业，或者进行专门的职业培训，明确某种职业倾向	22～24 岁，选定工作领域，开始从事某种职业，对职业发展目标的可行性进行实验
确立阶段	承诺和稳定期	发展期	职业中期危机阶段
	25～30 岁，个人在所选的职业中安顿下来。重点是寻求职业及生活上的稳定	31～44 岁，致力于实现职业目标，是个富有创造性的时期	职业中期可能会发现自己偏离职业目标或发现了新的目标，此时需重新评价自己的需求，处于转折期

（二）金斯伯格的职业生涯发展阶段理论

美国著名的职业指导专家、职业生涯发展理论的先驱和典型代表人物金斯伯格(Eli Ginzberg)研究的重点是从童年到青少年阶段的职业心理发展过程，将职业生涯发展分为幻想期、尝试期和现实期三个阶段(见表 7-4)。金斯伯格的职业生涯阶段理论，实际上是初就业前人们职业意识或职业追求的变化发展过程。金斯伯格的职业生涯理论对实践产生过广泛的影响。

表 7-4 金斯伯格职业生涯发展三阶段理论

	幻想期	尝试期	现实期
年龄	11 岁之前	11～17 岁	17 岁以后
主要心理和活动	对外面的信息充满好奇和幻想，在游戏中，扮演自己喜爱的角色。此时期的职业需求特点是：单纯由自己的兴趣爱好所决定，并不考虑自身的条件、能力和水平，也不考虑社会需求和机遇	由少年向青年过渡，人的心理和生理均在迅速成长变化，独立的意识、价值观形成，知识和能力显著提升，初步懂得社会生产与生活的经验。开始注意自己的职业兴趣、自身能力和条件，职业的社会地位	能够客观地把自己的职业愿望或要求，同自己的主观条件、能力，以及社会需求密切联系和协调起来，已有具体的、现实的职业目标

表 7-5 金斯伯格职业生涯三阶段论的子阶段

主阶段名称	子阶段名称			
尝试期	兴趣阶段	能力阶段	价值观阶段	综合阶段
	11～12 岁，开始注意并培养其对某些职业的兴趣	13～14 岁，开始以个人的能力为核心，衡量并测验自己的能力，同时将其表现在各种相关的职业活动上	15、16 岁，逐渐了解自己的职业价值观，并能兼顾个人与社会的需要，以职业的价值性选择职业	17 岁，将上述三个阶段的职业相关资料综合考虑，以此来正确了解和判定未来的职业生涯发展方向
现实期	试探阶段	具体化阶段	专业化阶段	
	根据尝试期的结果，进行各种试探活动，试探各种职业机会和可能的选择	根据试探阶段的经历做进一步的选择，进入具体化阶段	依据自我选择的目标，做具体的就业准备	

(三) 格林豪斯的职业生涯发展阶段理论

萨柏和金斯伯格的研究重在不同年龄段对职业的需求与态度，格林豪斯则重在不同年龄段职业生涯发展所面临的主要任务，并以此为依据将职业生涯发展划分为五个阶段：职业准备阶段、进入组织阶段、职业生涯初期、职业生涯中期和职业生涯后期(见表 7-6)。

表 7-6 格林豪斯职业生涯发展五阶段论

阶段	职业准备阶段	进入组织阶段	职业生涯初期	职业生涯中期	职业生涯后期
年龄	0～18 岁	18～25 岁	25～40 岁	40～55 岁	55 岁～退休
主要任务	发展职业想象力，培养职业兴趣和能力，对职业进行评估和选择，接受必需的职业教育和培训	进入职业生涯，选择一种合适的、较为满意的职业，并在个理想的组织中获得一个职位	逐步适应职业工作，融入组织，不断学习职业技能，为未来职业生涯成功做好准备	努力工作，并力争有所成就。在重新评价职业生涯中强化或转换职业道路	继续保持已有的职业成就，成为一名工作指导者，对他人承担责任，维护自尊，准备引退

除格林豪斯之外，福姆、利文森、米勒、休普、诺杰姆和福尔以及斯乔思等人，均提出过类似的职业生涯发展理论。

(四) 施恩的职业生涯发展阶段理论

美国著名的心理学家和职业管理学家施恩(Edgar. H. Schein)教授根据人的生命周期的特点及不同年龄段所面临的问题和职业工作主要任务，将职业生涯分为九个阶段(见表7-7)。

表 7-7 施恩职业发展九阶段论

阶段名称	年龄	角色	主要任务
成长、幻想、探索阶段	0～21 岁	学生、职业工作的候选人、申请者	发展和发现自己的需要、兴趣、能力和才干，为进行实际的职业选择打好基础；学习职业方面的知识；做出合理的受教育决策；开发工作领域中所需要的知识和技能
进入工作世界	16～25 岁	应聘者、新学员	进入职业生涯；学会寻找并评估一项工作，做出现实有效的工作选择；个人和雇主之间达成正式可行的契约；个人正式成为一个组织的成员
基础培训	16～25 岁	实习生、新手	了解、熟悉组织，接受组织文化，克服不安全感；学会与人相处，融入工作群体；适应独立工作，成为一名有效的成员
早期职业的正式成员资格	17～30 岁	取得组织正式成员资格	承担责任，成功地履行第一次工作任务；发展和展示自己的技能和专长，为提升或横向职业成长打基础；重新评估现有的职业，理智地进行新的职业决策；寻求良师和保护人
职业中期	25 岁以上	正式成员、任职者、终生成员、主管、经理等	选定一项专业或进入管理部门；保持技术竞争力，力争成为一名专家或职业能手；承担较大责任，确定自己的地位；开发个人的长期职业计划；寻求家庭、自我和工作事务间的平衡
职业中期危险阶段	35～45 岁	正式成员、任职者、终生成员、主管、经理等	现实地估计自己的才干，进一步明确自己的职业抱负及个人前途；就接受现状或者争取看得见的前途并做出具体选择；建立与他人的良好关系
职业后期	40 岁到退休	骨干成员、管理者、有效贡献者等	成为一名工作指导者，学会影响他人并承担责任；提高才干，以担负更重大的责任；选拔和培养接替人员；如果求安稳，就此停滞，则要接受和正视自己影响力和挑战能力的下降
衰退和离职阶段	40 岁到退休		学会接受权力、责任、地位的下降；要学会接受和发展新的角色；培养新的工作以外的兴趣、爱好，寻找新的满足源；评估自己的职业生涯，着手退休
退休	因人而异		适应角色、生活方式和生活标准的急剧变化，保持一种认同感；保持一种自我价值观，运用自己积累的经验和智慧，以各种资深角色，对他人进行传、帮、带

不同的时期由于个体生命特征和职业生涯特征的不同，其所面临的职业生涯发展问题

与任务也各不相同。因此，不同阶段的职业生涯管理任务也存在着明显的差别。根据个体职业生涯的不同阶段开展职业生涯管理工作具有重要意义和作用。

职业生涯管理分为自我职业生涯管理和组织职业生涯管理。自我职业生涯管理，帮助自我积极管理自己的职业生涯，促使自己了解自身的长处和短处，养成对环境和工作目标进行分析的习惯，又可以帮助个体处理好职业生活同个人追求、家庭目标等其他生活目标的平衡，避免顾此失彼，最终实现自我价值的不断提升和超越。

从自我管理角度出发，职业生涯管理可分为职业生涯早期管理、职业生涯中期管理和职业生涯后期管理。

二、职业生涯早期管理

职业生涯早期阶段是指一个人结束职前学习，由学校进入企业或其他组织并在组织内逐步“组织化”，并为组织所接纳的过程。这一阶段通常发生在一个人20岁至30岁，是一个人由学校走向社会，由学生变成员工，由单身生活变成家庭生活的过程，也是人生事业发展的起点。一系列角色和身份的变化，必然要求经历一个适应过程。这一阶段职业生涯的发展情况，会直接关系到一个人一生事业的成败。

(一) 职业生涯早期管理的特点

在职业生涯早期阶段，员工个人年龄正值青年时期，这一阶段无论从个人生物周期、社会家庭周期还是从生命周期来看，其任务都较为单纯、简单，个人的主要任务是个人的组织化，也就是个人受聘进入用人单位后，由一个自由人向组织人转化所经历的发展过程，要求个人要尽快适应进入组织的节奏，学会如何工作，调整个人心态，摆正自己在组织中的位置，进入角色，接受组织文化并逐渐融入组织进入社会，完成向成年人的过渡。

职业生涯早期管理通常包含两个阶段：进入组织前的职业探索阶段和进入组织后的职业适应阶段。职业探索阶段包括试图尝试新的工作、尝试不同的职业转换和变换工作岗位。职业探索并不是将现在的职业看作是最理想的职业，而是积极寻找或探索其他有利于自我实现的职业。职业适应阶段是指个人在进入确定的组织后，要逐步适应新环境、新岗位，检验自己的知识、技能、经验和能力是否适应新岗位的需要，逐渐融入新组织，不断地适应，不断地学习，在组织中建立自己的地位。

(二) 职业生涯早期管理面临的问题

职业生涯早期阶段是个人职业生涯发展的关键时期，在这一时期正确地选择适合自己的职业，进入适合的组织并迅速适应组织的发展是极其关键的。但是，由于个人缺乏对组织的足够了解，与领导、同事相处还处在磨合期，对组织的需求还不是完全清楚，因此可能出现以下问题：

1．与组织内老员工之间融合困难

由于年龄与时代的差异，同一组织内新老成员之间的代沟是不可避免的。企业中的老员工经常会对新入职的成员抱有某种偏见，认为新成员幼稚、不成熟、经验不足、自视清高等。另外，新员工初入企业时，会引起老员工的某种不快，新人往往被视为是一种威胁，因为后者比老员工有更好的教育背景、更高的学历和较高的起薪，因此，老员工会不自觉地去证明新员工没什么了不起。这种竞争关系的存在让新成员很难得到需要的信息，与组织成员的隔阂会加重新成员对组织的不适性。因此，学会与老员工相处是一件迫切而艰巨的任务。

2. 经受职业挫折

职业挫折是人们从事职业活动和个人职业发展方面的需求不能得到满足、行动受阻、目标未能实现等所造成的一种心理状态。产生职业挫折的基本原因是由于个人职业目标未能实现而导致的失落感。对于刚入职的新员工来说，他们最初的职业期望或职业目标第一次面对企业生活的现实，经受现实冲击和产生失望感是经常发生的事。因此，要想获得职业发展成功就必须克服职业挫折带来的失落，调整好自己的心态，维持正常的行动。

3. 承受现实的冲击

现实冲击是指由于新员工对其工作所怀有的期望与工作实际情况之间存在差异所引起的心理冲击，这种冲击通常发生在一个人职业生涯的最初时期。比如，年轻的大学生可能满怀希望去寻找第一份富有挑战性的、激动人心的工作，他们希望这种工作能让他们发挥自己在学校所学到的知识，证明自己的能力。可是，在现实工作中，大学生们常常会发现自己被安排在一个并不重要的工作岗位；或者刚刚入职，就陷入错综复杂的部门冲突和政治斗争中；或者遇到一位让人感到沮丧的上司，这个上司也没有受到过任何关于成为新员工良师益友的特殊培训，而这种技能在监督指导新员工时恰恰是十分重要的。

4. 难以担当重任

新人在刚刚进入企业时，对企业的人员和环境都不了解，企业对其也缺乏深入的了解，因此，不可能马上取得上司的信任。在这种情况下，上司都会等到新员工真正了解了公司的运作情况后，才可以让其承担重要工作，所以最初交给新人的工作往往是很容易或很乏味的工作。当然，如果新员工进入企业后的最初数周内，企业采取这样的方法是可以理解的。但是，如果数月甚至更长时间后一直维持这种不信任的态度，就会大大减弱新员工的工作积极性，影响其未来职业生涯的发展。

(三) 职业生涯早期的自我管理策略

在职业生涯早期管理阶段的个人，要注意从以下几个方面着手，有效地进行职业生涯管理。

1. 融入组织

在进入职业生涯之前，做好思想准备工作十分重要。要有取得成功所必需的态度和价值观，还要有积极的工作态度。

(1) 要对企业进行积极的认知和理解，做好充分的思想准备，接受企业的文化；

(2) 要培养积极的情感，要以饱满的热情投入工作，这是事业成功的重要法宝；

(3) 要树立积极的意向和正确的价值观，对于自己所选的职业，要认识到它对自己的重要性，并对做好这份职业有充足的信心。

要想了解一个企业，要先从企业的文化开始，如果你不能认同企业的文化，很可能很快你就会离开企业。比如，华为以狼性为企业的文化，很多人不适应或不能融入该文化，最后的结果就只能选择离开。

2. 熟悉环境，树立良好印象

进入组织后，了解和熟悉工作环境是非常重要的环节。只有熟悉了整个组织的运行模式和工作流程，才能更好地配合，做出优异的成绩，树立良好的形象。作为刚入职的职场新人，在工作中特别要注意以下几点：

(1) 要有时间观念；

(2) 着装要适当得体；

(3) 明确职责，出色完成第一件工作；

(4) 积极利用正式场合熟悉周围的同事；

(5) 多总结自己，改进工作；

(6) 讲究职场交往的技巧；

(7) 熟悉企业的文化、体制和运作模式。

3. 培养能力，适应要求

新员工在进入组织并承担一定的工作任务后，更重要的是培养自己的职业能力，适应职业要求，顺利完成各项工作，提高个人的职业适应性。要尽快习惯、调适、认可各种素质，使职业工作的性质、类型和工作条件与个人需求、组织目标最大限度地相一致，保证自身在职业工作中获得更大的满足感，进而提升个人在职业中的效率，获得大家的认可。我们可以从不断学习、大胆工作、保持好心态、制订专一目标和培养个人工作能力等几个方面入手，来提高我们的职业适应性。

4. 优化观念，激励自我

一个价值观出现问题的人，知识越多越反动。一个人价值观的形成与个性、生活环境及后天的培养都有关系，积极向上的观念可以改善一个人看待事实的偏差，纠正错误的态度，提供有建设性的解决方案。初入职场的新人，其职业价值观在组织看来往往有很多幼稚和可笑之处，但是如果双方都能意识到各自在观念上的局限性，就能很快寻求到解决问题的途径。就个人而言，优化自我的价值观不是一件容易的事，要想获得个人价值的实现，就必须积极采取措施，消除不足，再接再厉。

5. 适应环境，真诚交往

新员工进入组织后必然要经历一个适应组织环境的过程，这也是新员工做好工作、实现发展的必要条件。要在全面了解组织的基础上，认真分析组织的人际关系，明确个人职业生活中将同哪些人交往，其中哪些人将对自身发展起重要作用，哪些人将成为自己工作中的竞争者，哪些人可以交朋友，哪些人不宜交往太多以及如何与这些人相处。要注意与同事们保持适当的交往距离，避免介入组织人际关系上的是是非非，卷入复杂的人际纠纷之中，要将时间和精力用在工作上。要尽快完成由学生到职场人的角色转换，虚心向领导和老员工学习，充分尊重他人。对同事要真诚相待，和睦相处，主动关心集体和他人，培养团队意识和协作能力，为自己的发展营造良好的人际关系。

新员工在入职初期必须尽快适应组织环境，需要注意以下几个方面：接受现在组织现实的人际关系，即使这种关系很复杂，甚至有很多弊端和缺陷；尊重领导，学会与其融洽相处，这也是刚刚结束学校生活的新员工进入组织后需要完成的重要的角色转变；确定恰当的自我定位，帮助个人获得更多的支持，建立畅通的交流沟通渠道，可以增进与同事之间的感情，增长知识和技能，激发创新意识。

6. 借助关系，拓展空间

大多数新人在刚刚进入职场的时候都需要他人的鼓励、表扬和支持。众多支持的力量中，家人的帮助影响最大，父母、兄弟姐妹的建议和关心对新人来说极其中肯和重要。而且也有研究表明，在职业生涯早期管理中，新人求助的对象也往往是家人，通过家人的扶持获得职业发展的信心。所以，对于职场新人来说，经常与家人交流能够让自己有平和的心态和不服输的意志力。

三、职业生涯中期管理

个人职业生涯在经过了早期阶段，完成了个人与企业或组织的相互接纳后，就要步入个人职业生涯中期阶段。这是一个时间周期跨度大(年龄跨度一般从 30 岁到 50 岁)、富于变化，既可能获得职业生涯的成功，又有可能出现职业生涯危机的职业生涯阶段。

职业生涯中期开始的标志，有两种表现形态：一是获得晋升，进入更高一层的领导或技术职位；二是工资福利增加，在选定的职业岗位上成为稳定的贡献者。所以，我们把个人职业生涯中期又划分为职业成长阶段和职业成熟阶段两个阶段。职业成长阶段，面对个人的职业成长需求，个人与组织的匹配主要体现在共同开发职业锚上；职业成熟阶段，面对个人的职业生涯中期危机，个人与组织的匹配主要体现在共同应对职业生涯高原期和工作——家庭冲突问题(见图 7-1)。

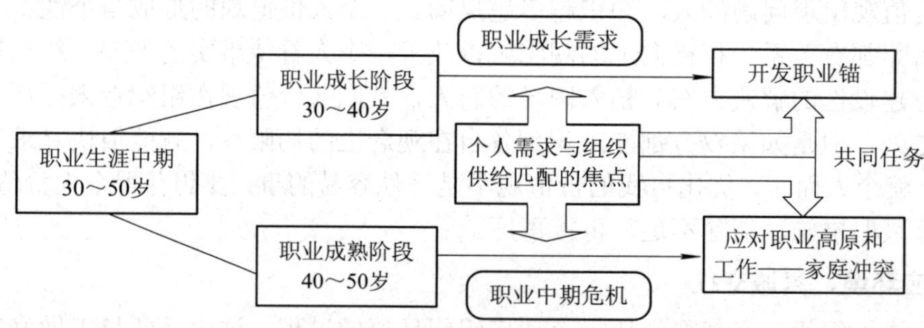

图 7-1 职业生涯中期

(一) 职业生涯中期管理的特点

职业生涯中期是人生最重要、最漫长的时期，这一阶段个人职业生涯处于向上发展并逐步达到顶峰的态势，同时也是家庭关系最为复杂、家庭任务及负担最重的时期，职业发展面临的问题很多，管理任务也很重。其主要特点表现在以下几个方面。

1. 个人职业特点

每个人的职业生涯发展状况各不相同，但是仍然能表现出一些共性的特点。职业生涯中期长达 20 多年的时间，在中期的初始阶段，职业发展轨迹呈现出由低到高逐步上升的趋势，在职业生涯中期的中间阶段出现职业高峰，经历过高峰之后，职业轨迹就会呈现下降的趋势，整个过程呈现为一个余弦曲线形状。不同人的职业发展曲线差别很大：事业成功，大有作为的人的曲线顶峰平而长；事业的成功只是昙花一现的人，其形状如山峰，峰高顶尖；事业发展平平的人，曲线低而平缓，无明显突出。在职业生涯中期，员工在组织中已经具有了一定的地位，一般都是作为骨干在发挥着作用，同时，处于这一阶段的人往往具有一些创造辉煌业绩的潜在实力。这主要是由于，在职业生涯中期管理阶段，个人的职业能力不断得到提高，各方面逐渐趋于成熟，通过长期的工作实践，积累了比较丰富的职业工作经验，这一阶段也正是个人创造力最强、工作卓有成效、能够创造出辉煌业绩的时期。在本阶段，每个人都经历了较长时间的职业工作，拥有了比较稳定的人际关系网，社会交往面扩大，职业视野不断拓宽，获得各种有效信息的渠道和机会增多，因此将给个人的事业发展带来许多机遇，利用好这些资源优势，对个人获得职业发展的成功十分关键。人到中年，已经有了相当的生活阅历，具备处理人际关系交往和各种事业的技能经验；个人价值观更加成熟，事业心和责任心更强，逐步形成了沉稳、踏实和一丝不苟的工作作风；个人对组织有较为稳定的长期贡献后，确立了在组织中的威信。

2. 个人环境特点

在个人职业生涯中期阶段，每个人都面临着工作、家庭和个人发展三个方面的问题。正确处理好这三者的关系，求得一种适当的平衡，也是这一阶段必须完成的重要任务。个人由单身变为有家庭和子女，并且子女也逐渐长大成人，这时的家庭关系最为复杂，任务最重，既要学会担当家庭责任，又要处理好与配偶、子女的关系，还要抚养、教育子女，为子女的将来做好打算。人到中年后，开始面临梦想与现实成就之间的冲突，青春期曾发生的选择职业和生活道路时的矛盾再度出现。随着“父母”角色程度的加深，子女对自己的价值观和成就未必认同，同时还要处理好与父母的关系，如果夫妻双方因为赡养父母、解决父母困难等问题产生分歧，就会引起家庭关系和感情上的混乱。

如果在工作上力求取得更高层次的发展，就意味着给予家庭的时间和精力就会很少。如果沉迷于业余爱好，专注于从事个人的活动，虽然可以使个人获得一定的满足感，却将以牺牲职业工作和家庭生活为代价；如果感觉到在工作上前途渺茫而不思进取，把大部分精力和时间投向家庭，也会给个人的事业发展带来一系列问题。一个人要成为成功的职业者，必须注意及时完成好各种社会角色的转换，维系好事业、家庭与个人发展之间的和谐关系，为自己职业不断追求更高层次的成功创造坚实的基础。

3. 个人身心特点

个人职业生涯发展中期，由于工作状况和家庭状况的变化，个人的心态也发生了不同于职业生涯早期的一系列变化。个人到了中年会逐渐意识到职业机会随年龄的增长越来越受到限制，个人更加难以做出职业选择，从而产生焦虑不安的情绪，表现在以下几方面：一是因为金字塔式的职位结构的存在，越向上路越窄，职位越少，所以正在攀登的人或专业技术水平达到一定程度的人会感到发展道路遭到阻塞，产生焦虑和忧虑；二是平时工作稳定，但出于某种变化，有调换职位的欲望，却由于自身的年龄和经历等原因，无法找到新的职业岗位；三是有一些人面临个人职业理想和实际成就的不一致，感到一事无成，而产生失望、郁闷的情绪，丧失信心；四是由于年龄增大，个人学习能力逐渐下降，需要补充新知识而又感到力不从心，常常会出现抑郁、焦虑的心态，产生心理负担。

(二) 职业生涯中期管理面临的问题

从职业生涯中期的发展特点我们可以看出来，这个阶段主要存在以下几个问题：个人职业生涯发展机会减少，个人的发展愿望不能得到满足，遇到个人发展的瓶颈；个人对职业生涯的发展产生困惑——是探索新的职业发展还是继续过平庸的生活；当职业生涯上升时期，家庭需要投入，进而产生个人发展与家庭需要之间的冲突，家庭、工作等方面的压力增大，身体健康容易受损。

1. 危机问题

职业生涯中期阶段，正是复杂人生的关键时期，面临诸多问题，导致部分员工出现职业问题，形成了“职业生涯中期危机”，具体表现在以下几个方面：缺乏明确的组织认同和个人职业认同，这种情况往往会出现两种结果，一是放弃职业，更多地转向职业之外的自身发展和家庭生活；二是对工作本身失去了兴趣，其积极性、兴奋点、注意力已经不在工作上，而是更多地放在了组织福利报酬上。现实与职业理想不一致，有些人在职业发展中会纠结于自我矛盾之中，因为其现在的职业发展同早期的职业目标、职业理想不匹配，就会产生自卑现象，不认可自己，因为没有达到自己期望的成就：职业生涯发生急剧转折或下滑，由于年龄的增大，个人学习能力逐渐下降，需要补充新知识却又感到力不从心，想重新选择适合自己的职业却又顾虑重重，与年轻的员工相比，感到职业机会越来越少，想要达到更高的职业发展层次，难度越来越大，因此经常会出现抑郁、焦虑的心态，产生很大的心理负担，这也就必然会导致职业生涯的急剧转折与滑坡。

2. 瓶颈问题

职业生涯发展的瓶颈首先来自于组织结构的制约。组织对各类人员的需求量不同，初级层次的人员数量大，中间层次次之，高级层次最少。由于对初、中、高级人才的需求呈现金字塔形状，初期和中期的竞争可能不是十分激烈，但争取高级职位就比较困难。有些人由于缺乏竞争力，对未来的前途感到迷茫。产生职业瓶颈的一个很重要原因就是不能坚持学习。不好学，就难以明白道理，受到环境影响，便会随波逐流，愈来愈势利，也愈来愈自私。学习犹如逆水行舟，不进则退，我们必须终身学习，才能保持清醒的头脑。再博学多闻的人，也不能停止学习，因为内外环境持续在变化，必须不断学习，才能不落伍，才能避免瓶颈的出现。

3. 健康问题

进入职业生涯中期，特别是人到中年之后，不仅要想方设法在专业领域保持领先地位，努力获得更多的报酬和更高的地位，同时也要面对职业生涯发展机会减少的现实，承受激烈的竞争所带来的压力。再加上家庭的关注，精神压力过大，由此可见，中年是人生最辛苦的阶段，事业发展、子女教育、父母赡养都需要精力，如果不能妥善地处理这些事情，往往会引起身体的不适。根据有关专家的研究发现，35 岁以前是健康期，35～45 岁为疾病形成时期，45～55 岁为疾病爆发期，而 65 岁以后则为相对安全期。

(三) 职业生涯中期的自我管理策略

在职业生涯中期阶段，各种问题矛盾比较集中，机遇也常常不期而至，如不能妥善处理，就会成为个人职业生涯发展的致命伤害。这一阶段，个人要克服职业生涯中期所发生的职业问题，应付人到中年时面临的生命周期的变化，担负起阶段性的特定的管理任务。在这一阶段，如何根据自己的特点，采取有效的职业生涯管理策略，担负起特定的管理任务，具有特殊的意义。

1. 正视问题，克服障碍

研究表明，个人在职业生涯中期产生的忧虑、不安与个人对职业发展状况的了解程度是密切相关的。个人处理好职业生涯中期的思想变化、职业生涯高原、落伍及职业选择等问题需要对职业生涯发展规律有清晰的认识，意识到问题的存在和产生有其普遍性，而不是个人运气不好。只有通过正视存在的问题，个人才能端正心态，更积极、更健康、更坚强地度过职业生涯中期。我们要学会运用辩证的思维来看待问题，既要意识到职业生涯高原会给自己带来痛苦，也要意识到职业生涯高原同样能给个人发展和成熟带来积极影响，因为这是一段相对稳定的时期。个人还需要认识到，工作仅仅是人生中的一部分，追求生命的快乐才是终极的目标。获取快乐是个人调整心理机能最应遵循的基本原则。

职业生涯中期阶段，是一个人一生的关键时期和转折点，这一阶段遇到的问题相对较多，个人承受的压力也相对较大，容易出现职业倦怠现象。相当数量的中年员工，由于自己在组织中处于一个普通的岗位，默默无闻，没有突出的专长和业绩，或者感觉到怀才不遇，于是便得过且过，平庸度日；有些人尽管职位较高，但日复一日、年复一年地重复着同样的工作，或者由于长期承受的工作压力过大，因此对工作感到厌倦，缺乏激情。《2010年中国职场人士工作倦怠现状调查报告》中的调查数据显示，有 74.6%的人表现为轻度的工作倦怠，有 43.2%的人表现为中度的工作倦怠，有 10.8%的人表现为严重的工作倦怠。也就是说，我们身边的每 10 人中就有 1 人出现严重的工作倦怠现象，这一现象的存在对个人职业发展将产生许多消极的影响。如果能够保持积极进取的精神状态，调整心态，自我激励，寻找工作中的乐趣或新的兴奋点，正确面对挫折和失败，积极寻找解决问题、化解矛盾的方法，就可能获得更多晋身和发展的机会。个人要在日常工作中培养这种意识，改变自己的心态，树立积极的就业观，接受积极的正能量。

2. 挖掘潜力，寻求机遇

处于职业生涯中期阶段的员工，对成功和自主权的需要依然很强烈。对个人而言，快速摆脱职业生涯高原的痛苦，就是转变对晋升、报酬的关注，挖掘当前工作的潜力，改进工作方式和思维模式，使工作成为具有多样性、挑战性的任务。此外，促使自己保持对最新技术的跟踪和学习，明确自己的工作职责和绩效目标，及时获取同事和领导对自己的反馈，也是有效找到职业生涯高原原因的方法。在获得了对自身潜力挖掘和对最新技术的学习后，个人可以通过在组织中申请工作轮换和平缓调动的方法来驱使自己远离职业生涯高原的困扰，这样，可以为个人带来足够新鲜的挑战，同时可以有新的技术和合作对象来改善沉闷的心情，降低做同样事情所产生的厌倦感。现实中，很多人盲目争取好职位，结果才发现自己实力不够，很难胜任，弄得自己疲于奔命，却没有办法把工作做好。很多人的一生，都是争取到自己无能为力的“无能级”，然后才停顿下来，不但耽误公事，而且由于准备工作不足，缺乏承担的能力，使得自己一事无成，追悔莫及。尽早提升自己的才能，机会来临时可以顺利获得，那才是人生的乐事。所以我们需要做的就是不断挖掘自己的潜力，充实自己。

3. 注重学习，提升自我

职业生涯中期阶段，人都处于中年时期，是人生负担相对较重的时期，只有科学应对化解压力，才能顺利度过这一重要阶段。组织的调整、改变，新技术的运用，新产品的开发，同事的晋级、加薪，都会给职场人带来巨大的压力。所以，要注意学习，树立终身学习的理念，将学习作为个人生活的必然组成部分，更新专业知识和技能，克服事业发展的高原期，提高自信心，以积极的心态去应对挑战，通过阅读专业书刊，参与专题讲座、研讨会或培训，努力提升自己。保持学习的积极主动性，并将学到的知识运用到工作中，不断改善自己的工作质量，提高绩效水平。

持续地接受教育和学习还可以让个人在面对裁员或非自愿重新择业的时候有足够的信心来打消自己的顾虑，比较顺畅地实现工作内容的转变或行业的转换。大量事实表明，终身学习能力的维持是个人适应快速变化的环境、应对组织变革的最佳方法。在信息技术高速发展、知识更新速度加快的外部环境压力下，个人可以通过学习来结交更多志同道合的朋友，拓展自己的社会网络，优化自己的知识结构。所有这些都将有益于个人在面对职业生涯规划时获得足够的时间、资源和智力援助。

4. 健康身心，笑对人生

由于受到三个生命周期的影响，人的中年时期是人的一生中负担相对比较重的时期，所以对于个人身心的健康就应该特别注意。如果不注意身心健康，就会失去人生最宝贵的财富，家庭、事业都会受到影响。应对人生事业发展的职业生涯高原，首先要保持良好的心态，积极面对人生的各种挑战。我们可以通过学习新的知识和技能来提高自己的信心，增强自己战胜困难的能力，避免依靠自己的阅历、地位、关系和权力来压制新人，出现不公平竞争。其次要定期进行身体健康状况检查，及早发现问题，及早治疗，注意饮食和休息，保持健康平和的心态，加强体育锻炼，戒除一些不良的生活习惯，提高身体素质，也可以参加一些保健讲座，多看一些保健或健康养生方面的电视节目，细心呵护自己的健康。再次要加强心理保健，心理健康和身体健康同等重要，二者是相互影响的，很多疾病都是由于心理因素造成的，中年人由于压力大，有时还会因为一些名利和地位问题患得患失，产生焦虑、不安等负面情绪，这样的状态就很容易导致疾病的发生。

“境由心造”，一个积极的人，做事为人都很积极、很正面；一个消极的人，思考问题可能就很消极、负面。所以大家无论在什么时候，都要积极面对人生，笑对人生。事业固然重要，但在繁忙的工作之余，还要注意锻炼身体，进行合理的休闲活动，以减轻快节奏生活带来的压力。

四、职业生涯后期管理

职业生涯后期阶段，从年龄上看，是指 50 岁至退休年龄(60 岁或 65 岁)之间的一段时期，这一阶段是人生职业发展的转折期和相对稳定期。处于此阶段的人的职业发展轨迹一般呈现出下降趋势。职业生活和生理、心理状态都发生了一些变化，比如职业能力衰退，核心骨干、中心地位和作用逐渐丧失，职业进取心相对减弱，对家庭的依赖感加强，自我意识上升，关注身心健康，容易怀念过去等。传统意义上的职业生涯后期是指个人由工作状态逐渐走向衰老并最终以退休方式退出组织的过程。对于从事技术研究类工作或者职位较高的管理人员，尤其是职业生涯中期事业非常成功的人来说，这一阶段仍可获得不断地发展，但是无论是在事业上继续发展，还是面临退休，做好生涯规划和管理仍然非常重要(见图 7-2)。

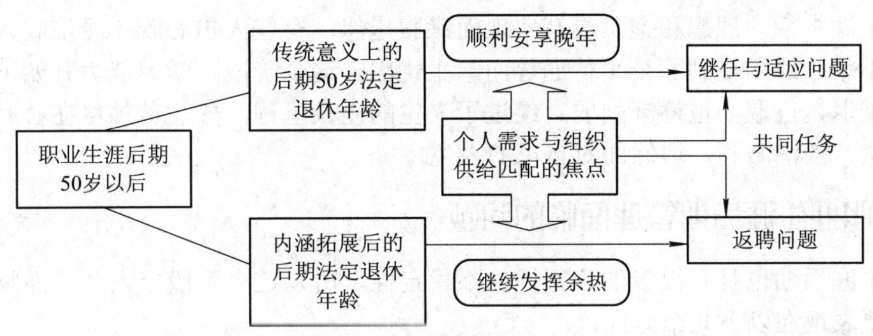

图 7-2　职业生涯后期

当今社会，随着人类平均寿命的普遍延长，以及社会对处于职业生涯后期的员工所拥有知识和技术的需要，许多人退休后开始寻找兼职工作代替原来的全职工作。退休人员被返聘或再就业现象的增加，使得职业生涯后期的含义拓展了，职业生涯后期完全可以是另个新篇章的开始，可以创造更多的价值。

(一) 职业生涯后期管理的特点

1. 个人职业特点

在职业生涯中期，正值员工年富力强、职业发展至顶峰时期。随着年龄的增长、个人的体力、精力、生理机能开始退化，学习能力下降，知识、技能明显老化和退步，也已经无力更新与恢复，职业工作能力明显衰退，进取心也逐渐下降，深感力不从心。同时，曾经夺目的光环逐渐消失，个人在组织中的领导职务被年轻人取代，领导地位被新员工替代，权力与责任被削弱，核心骨干、中心地位和作用逐渐丧失。但是，和年轻员工相比，他们有长期职业生涯积累的丰富经验和业务知识，如技术、处理特定问题的经验等，而且他拥有丰富的人生阅历，见多识广，能冷静处理各种复杂的人与事、人与人之间矛盾的能力和经验。因此，他们依然能够在企业中发挥自己独特的优势。

2. 个人环境特点

处于职业生涯后期的员工，子女多数已经成家立业，家庭出现空巢现象，夫妻相依生活，拥有温馨的家庭和享受人生的天伦之乐成为这一时期员工的最大需求。许多人开始重新构建自己的社交圈。社交活动的目的不再是为了职业发展而有计划的“觥筹交错”，而是变成了三两知己共叙友情或老友们的“家庭聚会”。

3. 个人身心特点

处于职业生涯后期的员工，在饱尝了生活和工作中的酸甜苦辣之后，健康问题逐渐显露，身体不适增多。50 岁后，个人的体能和精力不断退化，让大部分人看到了自己职业生涯的尽头。这种身体机能的变化让人陷入对死亡、赡养、老年护理及隔代孙辈抚养等问题的思考。这个阶段，个人自我意识上升，怀旧感加强。这时的员工觉得自己已经工作一辈子了，现在到了安享晚年、追求兴趣爱好的时候了，同时也开始怀念曾经的人和事。还有部分人，在职业生涯后期会产生比较严重的心理障碍，对前途感到迷茫，自信心明显下降。这些人中，有的人会变得更为冷漠，有的人变得偏激，有的人对未来没有了自信，有些人因为职业生涯中期的理想和抱负没有实现而满腹抱怨，有些人担心晚年经济收入不稳定、家庭生活不幸，或因受到不公平待遇等而产生忧虑。这个阶段，学习能力开始下降，工作能力开始减退，进取心也逐渐削弱。经过了人生的漫长里程，酸甜苦辣尽在心间，个人逐步安于现状，淡泊名利，坦然面对自己的人生。

(二) 职业生涯后期管理面临的问题

职业生涯后期也具有很多的流行性、不稳定性，所以这个阶段个人需要面临的问题也很多，主要表现在以下几个方面：

1. 职业生涯即将结束

个人在过了 50 岁之后，就要面临从现在岗位上离开，把位置交给新人的局面。但是由于我国现有的政策，更多地倾向于在岗的员工，所以造成许多老员工不愿意退下来，这种情况影响了组织的更新交替和发展进程。另外，受传统观念的影响，尽管很多年轻人有能力，少年得志，或者更强，但是老员工总是会有年轻人轻浮、不能担当重任的想法，所以不愿意把自己的岗位让给年轻人。

2. 心理恐惧感增大

个人一旦从工作岗位退下来，经济收入就会减少，但市场消费水平却可能有所提高，在社会保障体系还不够完善的前提下，生活来源就会成为个人最大的精神负担。如果能健全保障制度，及时足额发放退休金，使个人的衣食住行有保障，那么个人在经济上的心理恐惧感就会减弱。在职业生涯后期，个人大都已经进入人生暮年，他们开始寻求心理的归宿，害怕被子女、社会和家庭所冷落。所以，年轻人要积极主动地从各个方面来关心老人，让他们的心理安全感增强。同时，在这个阶段个人由于年龄增大，身体各项机能减退，患病的概率增大，这也造成个人的心理负担加重。

3. 不适应突变的生活

很多时候，当一个人养成了一种习惯，就很难改变，处于职业生涯后期的员工也是如此。他们已经习惯了每天用工作来充实自己的时间，突然离开了工作岗位，离开了自己朝夕相处的工作环境，就会感觉很难适应，生出许多失落和无奈，面对未来的生活感到不适和迷茫。如果这个人在岗时还是一个工作狂的话，那就更难从失落中解脱出来，空闲时会感到无所适从。

职业生涯后期阶段，是每个职场人必须经历、必须面对的一个过程。这个阶段，我们可以通过转移自己的注意力，多培养自己的兴趣爱好等方式来调整好个人的心态。要学会放下，放下才能承担，休息才能长征，活着就是一种修行。

(三) 职业生涯后期自我管理策略

进入职业生涯后期管理阶段，虽然个人已经进入暮年，但是自我管理的正确抉择仍然十分重要。虽然每个人因为自身实际情况不同而遇到的问题不尽相同，但是把问题掌握在自己手中，凡事做到心中有数，也未尝不是一件值得做的事情。所以，我们可以采取以下措施合理地进行职业生涯后期的自我管理。

1. 面对现实，欣然接受

处于职业生涯后期阶段，伴随个人年龄的增长，能力和竞争力下降是一个不争的事实，要学会勇敢面对，坦然接受，寻求适合自己的新的职业角色，充分发挥自己的特长和优势。有的组织考虑到老员工的利益和对公司的了解，把挑选、培养继任者的任务交给了老员工，希望他们能够发挥自己的经验优势，通过言传身教等方式，将自己的感受和对职业的理解传递给继任者。那么老员工就要对继任者，既要悉心指导，又要宽容理解，通过培养他们，进而以他们获得的出色成绩来继续发挥自己在职业工作中独有的作用，求得心理上的平衡。

要培养自己无畏的精神，勇敢面对现实。我们常说“半途而废”，又说“行百里者半九十”可见半途不是指刚过半，凡是事情不能完全做好，都是半途而废。未竟全功，不能毕其功于一役，终究令人遗憾。在事情没有做之前，就产生恐惧的心理，以致畏难不前，浪费了大好时光，这是自暴自弃，不值得仿效。许多事情令人害怕，不敢去做，是因为缺乏信心，总觉得自己无法完成。实际上如果下定决心，勇敢去做，往往会出乎意料地顺利，所有困难都会迎刃而解。职业生涯后期的人，应该积极主动培养自我不畏艰难、不怕辛苦的精神，随时接受面临的挑战，坦言接受新的角色，继续走向光明的未来。人生是阶段性的调整，每一个阶段，都有不一样的努力目标，如果调整过来，那就会令人心情愉悦。退休并不代表结束，只是另一个阶段的开始，如果调整得好，就会其乐无穷。

2. 调整心态，适应生活

职业生涯后期，缺乏直接沟通和交流的对象，没有合适的发泄情绪的渠道和方式，是导致个人变得忧郁不安的直接原因。自我要从思想上认识和接受“长江后浪推前浪”是必然规律，正确面对个人职业能力、权力和优势地位下降的现实，学会发展和接受新角色，积极参加社会活动，寻找适宜的新职业角色，规划退休后的生活，以便退休后继续发挥余热，老有所为。比如，我们可以和家人一起组织小型的家庭聚会，邀请亲朋好友一起参加；可以和新入职的年轻人交朋友，相互提供感情支持；还可以申请加入一些公益团队，做自己力所能及的事情。当然，所有这些努力的实施都离不开良好的心态，树立每个人的价值仍然可以通过其他方式来实现的观念，这种思想重心的转移有利于个人重新发现生活的意义。

3. 培养兴趣，充实自己

进入职业生涯后期，随着生活重心的转移，个人时间相对增加，为发展个人的兴趣和业余爱好提供了充足的条件保障。因此，人们应该多参加一些符合自己兴趣爱好的、有利于身体健康的业余活动，来丰富和充实个人的生活，寻找新的满足点。孔子曰：“知之者不如好之者，好之者不如乐之者。”也就是说对于学问，了解它不如喜欢它，喜欢它又不如乐在其中。我们从事任何活动，最好能够培养兴趣，乐在其中，以期待有更好的成果。快乐地读书，快乐地工作，快乐地生活，这样的人生才会精彩。所以，作为老年人更应该继续寻找和培养自己的兴趣，使自己生活得更愉快。如定期参加社区服务活动、老年群体活动等，通过这些方式来改变自己的社交范围，扩大朋友的数量，尤其是同龄朋友的数量。在一些发达地区，个人可以通过提前参加老年大学的活动来培养自己的兴趣，充实自己的退休生活，更快地适应退休后的生活节奏。

最后要指出的是，职业生涯的发展不是一个间断的、前后无关的过程，而是一个相互影响、相互联系的过程。对这个过程前一阶段的管理都会影响到后一阶段的发展和管理策略。在校大学生越早着手进行职业生涯周期的管理就越能为自我赢得时间和机会。

思考与讨论

1. 开发个人潜能应从哪几个方面入手？
2. 职业锚的类型都有哪些？
3. 什么是职业生涯管理，其意义是什么？
4. 个人职业生涯早期、中期、后期管理的关键问题分别是什么？
5. 结合自己的职业理想，制订一份职业生涯自我管理策略。

本章小结

个人潜能是每个人职业发展中最为现实的方面，是一个人能否进入职业、胜任职业工作的主观条件。无论将来你要从事什么职业都需要有一定的能力保证。每一名医学生正处于个人潜能的提升阶段，因此，如何发现自己的优势能力，正确表达出自己的优势能力，是每一位医学生需要研修的课程。

一个人的所有工作经历、兴趣、资质等集合而成为他的“职业锚”，它告诉你到底什么才是你最看重的。在人生的进程中，梳理自己的职业经历，明确自己的职业定位，就可以让自己少走弯路，大步迈向成功。

作为一名朝气蓬勃的医学生，我们认为在整个职业生涯中最重要的是要有坚定的信念，积极向上的价值观和良好的心态，只有内心具备了这些东西，才能产生无穷的正能量。一个人所具有的正确的信念、价值观、心态、智慧和知识等都属于正能量。所以，希望每一个医学生都能成为一个内心强大的人，给自己奋斗的力量，拓展生命的里程。

第八章

职业生涯反馈与评估

知识目标

1. 了解职业生涯反馈与评估的内涵和意义。
2. 理解职业生涯反馈与评估过程中应注意的问题。
3. 掌握职业生涯反馈与评估的方法。

能力目标

通过本章的学习使大学生能正确评估职业生涯，针对实际问题及时修正职业生涯，开发职业生涯。

核心概念

职业生涯规划的评估　职业的重新选择　人生职业目标的修正

职业生涯规划的反馈与评估过程是个人对自己的不断认识过程，也是对社会的不断认识过程，是使职业生涯规划更加有效的有力手段。整个职业生涯规划要在实施中去检验，看效果如何，要及时诊断生涯规划各个环节出现的问题，找出相应对策，对规划进行调与完善。评估与反馈的过程是完整生涯规划的重要组成部分，对职业生涯规划的评估与反馈主要包括职业的重新选择、职业生涯路线的重新选择、人生职业目标的修正、实施措施与计划的变更等。

第一节　职业生涯反馈

施瓦辛格的职业生涯规划

施瓦辛格终于如愿以偿当上美国加州州长，从一个瘦弱的奥地利小男孩成长为健美冠军、电影明星、亿万富翁，直至一个政治家，施瓦辛格一步一步实现着自己的梦想，一步一步把自己的职业生涯规划变为现实。

出生于1947年的施瓦辛格早在他10岁时，就有三个梦想：世界上最强壮的人、电影明星、成功的商人。通过自己艰苦努力和奋斗，今天，他把自己的三个梦想早就全部还原为活生生的现实了。

成功不易，但也并非想象中的那么难。施瓦辛格正是用自己的成功史向我们阐释了职业生涯规划的真谛所在。

其实，职业生涯规划就像爬山，也像开汽车，需要不断调整方向，也需要有阶段性，当然还需要一定的外在因素。假如施瓦辛格第一步就将自己的职业生涯规划定位于政治家，那么，他可能不会这么顺利成功。第一步是第二步的基础，第二步是第一步的延续。

不断调整个人发展方向。我惯常喜欢拿来作比喻的是煤油灯现象。如果一个人小时候就立志做一个制造煤油灯的能工巧匠，那么现在他绝对失业了。理想需要随时势的变化而变化，随自己的喜好和专长而变化。施瓦辛格当过兵，开过小差，但他能在众多的复杂环境中随时势的变化而不断。应该说，政治家并非他的一贯理想，但时机成熟了，条件水到渠成，他也就理所当然可以把政治家作为自己奋斗的目标了。

想一想： 1. 施瓦辛格为什么能成功地实现自己的职业生涯规划？
2. 施瓦辛格的成功带给我们什么启示？

在职业生涯规划过程中，最后一个步骤是信息反馈。由于原定的职业生涯目标总会因为受到不确定因素的影响而与实际产生偏差，因此，反馈调整，对规划进行再认识、再发现是非常必要的。对生涯规划实施反馈要求我们时时注意内外环境的变化，不断地审视自我，不断地调整自我，不断地修正策略和目标，以确保个人生涯规划的有效性。

一、职业生涯反馈的内涵与意义

(一) 职业生涯反馈的内涵

在人生的发展历程中，由于社会环境的巨大变化和一些不确定因素的存在，会使我们的实际和原来制订的职业生涯目标与规划有所偏差，这时需要对职业生涯目标与规则进行评估和做出适当地调整，以更好地符合自身发展和社会发展的需要。职业生涯规划的评估与反馈过程是个人对自己不断认识的过程，也是对社会不断认识的过程，是使职业生涯规划更加有效的有力手段。因此，职业生涯的反馈与修正就是在生涯规划实施的过程中根据实际状况，通过职场信息反馈，相继调整、修正生涯目标，反省策略方案的可行度、契合度和成功概率，使之适应职场现状的要求，并为下一阶段生涯规划的实施提供参考与依据的过程。职业的重新选择、目标实现的时限调整、职业路线的设定以及目标本身的修正，都属于反馈与修正范畴。

在制订职业生涯规划时，由于对自身及外界环境都不十分了解，最初确定的职业生涯目标往往都是比较模糊或抽象的，有时甚至是错误的。经过一段时间的工作以后，有意识地回顾自己的言行得失，可以检验自己的职业定位与职业方向是否合适，从而为自己找到合适的发展方向。目前我们常听到“先就业，再择业”的说法。许多年轻人由于不了解自己，也抱着这种想法，便找了个单位就工作了，工作一段时间之后才发现自己并不喜欢也不能胜任这项工作。这是因为，抱着“先就业，后择业”思想的人，很可能导致盲目地为了找一份工作而找工作，缺乏理性的选择和思考，更谈不上长远的规划，这样做的后果往往是人职不匹配，直接后果就是我们经常看到的频繁换工作，三五年后仍然业绩平平，结果耽误了职业发展的宝贵时间。因此，对这部分人来说，生涯规划的反馈与修正就变得更加重要。

(二) 职业生涯反馈的意义

在职业生涯规划实施和运行的时候，由于每个人的自身条件和外部环境不一样，对未来目标的设定也有区别，并且不可能对未来外部情况了如指掌，对自己的一些潜在能力也可能了解不够深入，这就要在实施中不断根据反馈进行规划修正，使之更符合当时的客观环境。充分认识与了解相关的环境，评估环境因素对自己职业生涯发展的影响，分析环境条件的特点、发展变化情况，把握环境因素的优势与限制，结合本专业、本行业的地位、形势以及发展趋势，对生涯目标与策略等进行取舍与调整。

因此，通过职业生涯规划的反馈与修正过程，可以自觉地总结验和教训，评估职业生涯规划，修正对自我的认知。通过反馈与修正，可以纠正最终职业目标与分阶段职业目标的偏差，保证职业生涯规划的行之有效。同时，通过评估与修正还可以极大地增强自信心，对自己的发展机会有一个更清晰地了解，找出关键的有待改进之处，为这些有待改进之处制订详细的行为改变计划，从而促进生涯目标的实现。

总之，反馈与修正是职业生涯规划的重要环节，也是保障生涯规划能否顺利实施的关键环节，只有通过反馈与修正，才能保证目标的合理性和措施的有效性，也才能最终促使生涯目标的实现。

二、职业生涯反馈的方法与内容

(一) 职业生涯反馈的方法

职业生涯规划实施的过程中，通过反馈与修正评判一个人的职业生涯规划是否有效，一般可以从三个方面入手：一是PDCA循环法；二是检查落实者是否具有目的意识和问题意识，即目的意识和问题意识；三是目标管理法(MBO)。

1. PDCA循环法

PDCA循环又叫戴明循环，PDCA即是计划(Plan)、实施(Do)、检查(Check)、行动(Action)的首字母组合。它最初是全面质量管理遵循的科学程序，但目前已经被引入到许多管理活动领域。对职业生涯进行管理，同样应该遵守PDCA的循环体系，即整个过程可以分为规划、实施、检讨与改善四个步骤。不同的步骤紧密相连，形成封闭的循环链条。当一个PDCA循环完成时，下一个PDCA循环又会开始，从而为职业生涯管理提供一个长期的、持续的支持与反馈活动。

(1) P——Plan，计划，根据生涯目标的要求，制订科学的计划。一个人在开始一段新的职业生涯前，最重要的事情就是明白自己究竟想要什么。是否有保障的生活？是否有良好的学习机会？是否有显赫的名声？是否有新鲜的感觉？是长期经营一份事业还是积累财富准备日后创业？当你清楚自己真正想要的目标时，你就要为这个目标定下时间表，告诉自己一年之后应该做得怎样，两年以后做得怎样，并尽可能把目标进一步划小，把时间分得更精确。这样可以让你知道接下来该干什么，没有目标的人只能是虚度时光，到头来一事无成。

为提高工作效率，对于某一项具体的工作任务也必须有明确的工作计划。如工作需要做到什么程度，应尽可能用数字表示：工作所需的时间、资金、人员等，也就是成本有哪些；工作期限，即工作何时开始，何时结束；各阶段要完成什么任务；所有参与此项工作的人有哪些，主要负责人是谁，参与者如何分工等。

(2) D——Do，执行，实施计划。这一步对于刚刚就业的社会新鲜人来说不是问题，但却是处于事业、职业徘徊期的人最难迈出的一步。有无数人每天会产生无数的想法要改变自己的生活状态，羡慕别人的成功，又不停地对自己说，要是我在他那个位置上也会成功，需要指出的是，只有规划，没有行动是永远到达不了彼岸的。不惧风险、排除风险、立即行动才能使你拥有理想中的工作和生活。

(3) C——Check，反馈，检查计划实施的结果与目标是否一致。每个有志于掌握自己命运的人，在工作了一个阶段过后，都应该反省一下自己今天所做到的与自己的理想还有多远。如果以其他人做参照的话，也可以了解一下自己的选择和努力是否让自己满意。俗话说："不怕不识货，就怕货比货。"拿现在的自己和过去的自己，拿自己和别人，拿现状和理想作比较，虽然这好像攀比，会有嫉妒、痛苦，也会有得意、自足，但这种"吾日三省吾身"的环节，通过不断的"自检"及时发现问题、解决问题。是走向进步不可缺少的过程。

(4) A——Action，行动，即纠正错误，调整方向。在对以往行动的结果进行检验的基础上，对方案进行修正完善后再执行，当反省之后，你会得出一些结论，结论可能让你满意，可能让你失望，但生活一直在继续，你不能总期望着志得意满，但不管怎样，机会仍然掌握在你自己的手中，你可以"百尺竿头，更进一步"，也可以"柳暗花明又一村"，总之要把你获得的经验和教训，带到下一个PDCA循环中去。

每个人的职业生涯都是一个时间长达几十年的马拉松比赛，考验的是人的韧性和耐力。只要你有足够的坚持，不断地改进和提升，就一定能够拥有属于你自己的理想职业、幸福生活，所以说，生命不息，PDCA循环不止。PDCA循环过程可以使职业生涯管理向循环的方向发展，通过实施并熟练运用，一定能在工作中不断提高效率，更加有效地驾驭工作，从而使自己无懈可击、远离惰性，成就不平凡的职业生涯。

2. 目的意识和问题意识

为保证工作的顺利进行和职业生涯目标的实现，职业工作者还必须具备明确的目的意识、问题意识，这也是评判其工作方法是否有效的重要标准。

目的意识就是行为主体对行动目的的认知。我们经常会看到某些人所做的很多事情与最终目标没有多大关系。这样的人工作可能很卖力，但是在衡量一个雇员的工作业绩时，看其目标的实现程度与其投入成本的比较，而不是只看他的工作量。

问题意识即风险管理，其核心在于对现阶段工作可能出现的问题具有心理准备，并对可能出现的问题制订相应的防范措施。必须具备问题意识的前提基于以下两个方面的原因。

(1) 你收集的资料不可能完全准确、齐全、客观，此外，判断本身就是一个主观行为，有可能存在偏差。

(2) 事物总是在发展变化，有些突发因素不是出现在你制订计划之前，而是在你实施计划时影响目标的实现。

当前的职场环境也使具备问题意识变得十分必要。职场竞争日益激烈，生涯机会来之不易，而且市场千变万化，如果没有问题意识，可能就付出更沉重的代价。

3. 目标管理法

目标管理法(Management by Objective，MBO)是美国著名管理学大师彼得·德鲁克提出的，德鲁克认为，每一项工作都必须为达到一定的目标而展开，评价一个雇员或管理者是否称职，就要看其对目标的贡献或实现程度。在职业生涯管理中，同样需要采用目标管理法对人生目标与阶段性目标进行管理，以确保自己的行动朝着目标方向努力并实现目标。通过目标管理，可以最大限度地激发个人实现人生目标所必需的两项基本素质。

(1) 自我超越，即永远要有主动达成甚至超越目标的自我要求。

(2) 能够创造一个环境，促使自己和身边的人追求卓越并积极寻找解决问题的方法与途径。

因此，生涯发展的目标管理能够启发自觉，激发个人的积极性，具有明显的激励作用。

职业生涯发展目标管理主要包括以下4个方面的内容。

(1) 设定目标。目标的内容要兼顾结果与过程。根据个人当前的岗位职责和人生整体目标，设定目标方案。根据组织结构和职责分工，明确目标责任者和协调关系，配置相应的资源，支持目标的实现。编制目标记录卡片，绘制出目标图。

(2) 要自己动手，制订工作计划。强调自主、自治和自觉。其中最重要的内容就是设计阶段性目标，提出达成阶段目标的策略和方法。一个不能对终极目标进行阶段性分解、不能自己选择工作方法的人，是难以有所发展的。

(3) 定期进行进展总结。个人要定期对目标实施状况进行检查，分析现状与预期目标的差距，找到弥补差距、完成目标的具体措施。当出现意外、不可预测事件严重影响目标实现时，也可以通过一定方式修改原定的目标方案。

(4) 在目标任务终止期，进行总体性的生涯发展绩效评估。如果超出预期，或者达成了当初看上去难以完成的目标，则要分析成功的原因，并与别人分享经验。分享成功经验是激励自己和帮助他人的一种有效的实践，并在此基础上讨论下一阶段目标，开始新循环。如果目标没有完成，就分析原因、总结教训，切忌指责别人和丧失信心。

(二) 反馈与修正的要点

一般说来，任何形式的评估都可以归结为自我素质和行为对现实环境的适应性判断，分析自己现在的状况，特别是针对变化的环境，找出偏差所在，并做出修正。

1. 抓住最重要的目标

猎人如果同时瞄准几只猎物，那么他可能一只猎物也打不到。同样的，在我们的评估过程中也不必面面俱到，而是应该抓住一两个关键的目标和最主要的策略方案进行追踪。在职业生涯的一个阶段，如一年、两年，或者3～5年内，可能同时存在好几个需要完成的目标，但必定有一个最重要的目标，其他目标都是指向这个核心的，你完全可以通过优先排序，重点评估那些可能达到这个核心目标的主要策略执行的效果。

2. 发掘出最新的需求

职业生涯是一个漫长的过程，我们很清楚在这个过程中，不论是环境还是我们自身，都会发生很多的变化，针对变化了的内外环境，要善于捕捉最新的趋势和影响。俗话说要跟得上形势，一定要与时俱进，改变自己陈旧观念的同时，善于发现新的变化和挖掘新的需要，并注意与自己的职业目标有机结合，对于新的变化和需求，要全面思考怎样的策略才是最有效而且最有创意的。

3. 找准突破方向

职场竞争就像下棋，常常会有“一招制胜”的情况发生。有时候，在某一点上取得突破性的进展将使整个局面发生意想不到的改变。想一想，先前规划中的策略方案，哪一条对于目标的达成应该有突破性的影响？目标达到了吗？为什么没有达到？如何寻求新的突破？这样的分析和总结有利于在后面的进程中找出突破口，少走弯路，从而取得事半功倍的效果。

4. 弥补最弱点

木桶理论

管理学中有个著名的“木桶理论”，即一只沿口不齐的木桶，其容量的大小，不取决于最长的那块木板，而取决于最短的那块木板。在反馈评估过程中，首先要肯定自己取得的成绩与长处，明白自己的优势何在，但最重要的是切合变化的环境，发现自己的素质与策略的“短木板”，也就是阻碍自己发展的劣势。想办法弥补修正，或者把这块短木板换掉，或者取长补短，唯有如此，你的职业生涯这只“木桶”才能有更大的容量。

一般说来，职业生涯评估走到这一步时要停下来给自己更多思考分析的时间，看看自己在制订目标和策略之前，分析得出的劣势在经过这一阶段行动的努力后是否有所改观？如果没有，原因是什么？是否有新的问题产生，为什么？差距到底在哪里？我们可以从以下 4 个方面来分析原因。

(1) 观念上的差距。社会是不断进步的，职业发展所处的内外环境随时都在发生变化，而陈旧的观念往往会使我们停滞不前，甚至会造成策略上的失误，直接导致行动的失败，例如：很多人追求完全稳定的职业状态，希望能够找到一份“铁饭碗”的工作。然而，随着人事制度的改革，除了公务员以外，绝大部分的企业单位都坚决打破“终身制”，采取聘用制。这样的现实使得追求“铁饭碗”的人就业遭遇瓶颈，都去挤公务员的“独木桥”，结果得不偿失。其实，大学生应该及时转变观念，认识到职业的安全稳定在于自身核心竞争力的形成，而不在于工作岗位、工作职位的稳定。

(2) 知识上的差距。很多时候，目标难以实现是因为按照实施策略所积累的知识仍然不足造成的。很多技术性的职业对于从业者自身知识储备、职业素养要求很高，而知识的积累需要一个长期的过程。所以，要耐心的学习，并且要理智地分析究竟是策略的制订出现了问题，还是自身努力不够，或是选错了方向。

(3) 能力上的差距。能力的培养是一个渐进的过程，并且需要持续和有意识的锻炼。环境在变，对人的能力的要求也是在不断变化的。一段时期你通过种种努力提高了某些能力，但下一时期可能又会出现新的差距。另外，对前一段时期的总结很重要，如是否坚持按计划措施来培养提高能力？有多大的进步？遇到了些什么具体的困难？这对下一阶段的努力会是一个重要的启发。

(4) 心理上的差距。有些时候，我们会发现，没有取得预期的进步，并不是规划得不够明确，或者措施不够完善，而是一些其他的原因造成的，比如，缺乏持之以恒的态度，对目标不够坚定，陷入自我怀疑的误区中，缺乏乐观积极的情绪等。这些原因我们都归结为心理上的差距，是心理素质不够好造成的。

特别是我们参加工作之后，学习和技能培训与纯粹的学生时代不同了，可能要谈婚论嫁，可能工作十分繁忙，可能朋友应酬非常多，这些都会影响到自我职业生涯发展的规划，时间不再是整块的，而是要靠自己去挤，通常较多的是牺牲节假日和八小时以外的时间，这就需要毅力，需要亲戚朋友的理解和支持，否则，计划很难长期执行，一旦起初的计划落空，以后也容易放弃。一个人职业生涯的发展，首先是心理素质的成长过程。健康的心理状态是获得职业生涯成功的重要因素，因此在职业发展过程中，要重视对心理的调适，以最好的状态投入到工作、学习、生活中。

(三) 职业生涯反馈与修正的内容

1. 职业生涯反馈内容

在职业生涯实施过程中，反馈是伴随其全过程的，反馈内容包括：

(1) 自我条件重新剖析，即在实践的基础上，重新认识自己、分析自己，找到自己的优势与不足；

(2) 生涯机会重新评估。即结合现实的组织环境和社会、经济环境，分析自己未来发展的空间及可能性；

(3) 职业生涯目标修正。即根据实际情况，重新思考与确定自己的人生与职业发展目标，使其更加适合自己的情况，更加有利于自己的发展；

(4) 调整生涯发展策略，即根据新的情况和目标，重新制订和调整生涯发展策略，强化自己的优势，弥补自己的不足；

(5) 落实生涯规划修订，积极落实新的生涯规划方案，进入一个新的规划、实施、修正与反馈期。

在职业生涯反馈期间要做到谨慎判断，果断行动。谨慎判断就是无论变化多大，都要在清理来龙去脉后再做判断；果断行动就是要在判断后立即采取行动，重新修订自己的生涯规划，从而保证职业生涯的健康顺利发展，最终实现人生的职业理想。

2. 职业生涯规划的修正

在评估反馈结束以后，接下来就是要根据评估的结果进行目标和策略方案的修订。修订的内容包括：职业的重新选择，职业生涯路线的选择，阶段目标的修正，实施措施与行动计划的变更等。总结起来，应该从以下 3 个方面来修正：

(1) 职业方向的修正。通过对评估结果的仔细分析，有的人会发现自己职业生涯发展不顺利的原因是一开始方向就走错了，方向错误或者是缺乏对内外环境的客观分析，或者缺少对工作的真实体验，或者是自己的兴趣爱好发生了变化等原因造成的。方向的正确与否是职业生涯成功的关键，这就要求我们必须重新进行全面的自我认识和评价，并重新评估外在环境，从而做出正确的职业选择。

应该说，职业方向上的选择错误对于年轻人，特别是缺乏工作经验的学生而言是很正常的。我们应该正确认识自己在选择职业时的错误，不要沮丧甚至丧失信心，而是冷静地分析、积极地改正。

职业的选择错误会直接导致职业目标以及职业生涯路线选择上的错误。在正确的选择适合自身职业的基础上，我们要对职业目标、职业生涯路线、阶段性目标进行修正。总结前一阶段所取得的成绩、经验，保留与修正后的选择相一致的目标，删除一些没有实际意义，或者与现在的选择相冲突的目标，并调整限定的时间。

(2) 策略和措施的修正。如果我们从评估结果中发现，职业选择是正确的，职业目标的制订也是科学合理的，但是我们职业生涯发展并不顺利，总是不能很好地完成设定的目标，那么真正的原因很可能在于为实现目标所制订的策略和措施出现了问题。在分析自身实际与目标之间的差距之后，我们应该制订一些措施，比如参加技能培训、学习进修、实践锻炼等，而这些措施又可以细化到参加什么样的技能培训班，选择哪个老师、哪本教材进行学习，应该去哪家公司的具体岗位实习锻炼。那么，这些细节化的措施都会影响到我们目标的实现，都是我们应该注意到的地方。

(3) 行为和心理的调整。我们在前面的叙述中曾经讲到过，在评估反馈的过程中我们会发现，职业生涯发展的不顺利往往不是因为目标的错误，也不是策略和措施制订得不当，而是因为心理和行为的不配合造成的。因此，在职业生涯发展的过程，要善于调节自己的心理，保持最佳的状态。

总之，职业生涯规划是一个持续动态过程，有效的职业生涯规划需要不断地反省修正职业生涯目标，反省策略方案是否恰当，是否能适应环境的改变，同时可以作为下一轮规划的参考依据。

三、职业生涯反馈与修正过程中应注意的问题

在职业生涯发展的反馈与修正期，作为一个“职场新鲜人”可能会遇到意想不到的发展际遇，也可能会遇到难以想象的困难局面，甚至是跳槽、失业等各种状况，只有树立正确的态度，才能进行正确的反馈与修正，也才能保证生涯线路朝着正确的目标前进。在职业生涯发展的反馈与修正期，需特别注意以下几个方面的问题。

(一) 信心百倍，抵制诱惑

在职业生涯的反馈与修正阶段，个人既可能面临各种诱惑，也可能面临各种失败和挫折，因此，增强目标意识、坚持人生目标、学会抵制各种诱惑及对未来充满必胜的信心是十分重要的。

台湾著名企业家、台基电的董事长张忠谋，写了一篇文章《常想一二》，很有哲理。文中说：他有个朋友请他提几个字挂在墙上。张忠谋就跟他说，我的字写得不好，但是我可随便帮你写几个字。然后他就写了“常想一二”这四个字。他朋友不解，什么叫常想一二呢？张忠谋就告诉他说：你没有听过吗？我们都说人生不如意之事十有八九，我要告诉你常想剩下的那些一二比较如意的事情。”张忠谋说他从小就看了很多大人物的传记，发现了一个规律，凡是成功者都是受苦受难的。然后他们的生命几乎就是人生不如意事十有八九的真实写照。但是这些人之所以能够成功，就是因为他们保持了正面的思考，通过常想一二，他们能够超越苦难，苦难对他们来说反而成了生命中最好的养料，为他们未来的成功做了良好的铺垫。

所以这些成功者在面对职业发展中的苦难时的坚持、乐观和勇气是最值得学习的。人生的如意或不如意，更重要的不是取决于人生的际遇而是思考的瞬间。所以，人生的真正品质取决于你有没有“常想一二”这种乐观的思维方式。

(二) 培养应变能力和创新意识

职业内容的不断更新和新型职业的不断产生决定了现代职业对人的素质提出了更高的要求。新资源的开发、新技术的发明与应用、生产工具的革新、生产组织的改革和管理水平的提高，要求人们不仅要具备更高的科学技术知识和操作技能，而且要打破旧的传统观念，解放思想，开阔思路，树立时间观念、效率观念和合作观念，摒弃“一次选择定终身”

的传统的职业选择观，适时地调整自己与外界的关系，不断地提高自己的职业素质，以适应不断发展的职业要求。

创新能力是初入职场的人应重点培养的一种能力和必备的素质。开拓创新能力的实质是一种综合能力，它是各种智力因素和能力品质在新的层面上融为一体而形成的一种合力。社会的进步需要创新，市场需要能解决问题的人才。著名物理学家温柏格说过："不要安于书本上给你的答案，要去尝试发现与书本上不同的东西，这种素质可能比智力更重要，往往是最好的学生和次好的学生的分水岭。"

终生学习是应变能力培养和创新意识形成的保障。当今社会发展日新月异，知识更新速度不断加快，职场工作者如果不在工作中注意更新知识，就难以适应社会发展的需要。因此，在工作中不断地学习，接受继续教育，吸收新知识，掌握新技术，保持和增强自身的优势，增进个人的职业适应性，是实现生涯发展目标必备的素质。

(三) 提高身心健康水平，培养良好的职业品格

现代社会充满了竞争，现代科技的高速发展造就了一个紧张的社会环境，这种环境给人类社会带来了巨大的心理压力。加上工作的繁重，从而导致人们精力不足、体质减弱和许多心理疾病的发病率提高。一个身体孱弱、心境烦闷、情绪低落的人不可能有勃勃的兴致及充沛的精力去胜任自己的工作，适应激烈竞争的职业世界。因此，提高身心健康水平是现代社会对职业人的基本要求。

职业道德是人们从事职业活动必须遵守的基本准则和规范，直接影响着人们的工作态度、工作热情和行为方式。树立正确的职业理想、职业价值观，具有忠于职守、献身事业的乐业和敬业精神，在职业活动中，无私、正直、勤奋、诚实、守信、坚定、勇敢等优秀职业品质，是人们在工作上做出成绩的必要条件。

良好的职业品格也是处理好各种人际关系所不可缺少的。比如，一个对别人热情友好、乐于助人的人能得到同事的好感；一个具有强烈事业心和责任感的人能得到领导的赏识；一个谦虚好学、踏实肯干的人能得到师长的赞扬。但很难想象，一个不讲奉献、自私自利、贪图安逸的人，能得到领导、同事的青睐。

(四) 学会在顺境中发展和在逆境中奋起

顺境就是在职业生涯中因个人特点与职业环境相吻合而具有的良好工作情景。顺境和逆境是辨证和互逆的动态过程。也就是说，随着环境和时间等条件的变化，顺境可能转变为逆境，反之亦然。因此，要做到在逆境中振作精神、奋力拼搏并积极寻找新的突破口，在顺境中认真分析自己仍然存在的潜在不足，并抱着积极的态度努力改造。切忌在顺境中忘乎所以，夜郎自大。在顺境中常出现以下几个方面的问题值得注意。

1. 目中无人，自以为是

在人生道路中，由于一切都太顺利，比如从小学一直上到大学，没有留过级，就很可能会瞧不起那些留过级、落过榜的人；因其行为从来没有受到过检验或者挑战，常把错误的东西当成正确的东西来对待，往往听不进别人善意的劝告，总以为自己的想法是正确的。

2. 喜好奉承

因为在学业、事业上一直很顺利，也就很少有人指出其身上的缺点和不足。特别是当了一官半职的人，总认为自己能一路升迁，是由于自己的能力和有众多的人拥护。因而他们喜好被奉承，听不进不对自己心思的话，最终在被奉承中迷失了方向。

3. 忧患意识差

人无远虑，必有近忧。由于其生活道路一直很顺利，自己的一切来得容易，因而很难体验到身处逆境的人所体验到的那种艰难感。从而也不会做太多的“假如明天我失业了”等这样的假设，更不会为这些假设做素质上的准备。

4. 缺乏同情心

一个人如果长期生活在优越的生活环境之中，或者他所追求的一切都能顺利地得到，那么就很少体验到困难、不如意是什么滋味，考大学不被录取是什么心情。正因为他们缺少这种体验，所以对别人的挫折、对别人遭受的歧视和人生打击就很难产生心灵上的共鸣。

5. 难以自律

“人往高处走，水往低处流。”这话本来不错，可对于一些在人生路上没有受过多大挫折、经过多人打击的人，想得更多的是发更大的财、当更大的官。这些人往往会因为顺利而忘记了发财和升官应该遵循的原则。

6. 满足现状，不思进取

把一时的顺利看成一生的顺利，这样容易消磨创新的意志。在顺境中常想到逆境的人，才能使其在顺境中成长，在逆境中不乱。

对于身处逆境中的人来说，在逆境中奋起应注意以下几个问题。

(1) 要保持正常的心态。人的一生不可能是一帆风顺，逆境往往对人的锻炼价值更大。由于人在逆境中心情一般不好，所以处在逆境中的人一定要注意保持正常的心态，这样才能正确地分析、处理问题。切不可形成一种偏激或灰心丧气的心态，这对正确决策和走出困境是十分不利的。

(2) 要认真反思，寻找出路。人不可能不犯错误，可怕的是重复地去犯同样的错误。不管是谁给自己造成目前的这种不利的处境，摆脱困境是最主要的。反思是摆脱困境需要做的第一步，要科学地审视问题，找出出现问题的原因和解决问题的方案。

(五) 选好“跳槽”时机，正确对待“跳槽”

人往高处走，想通过跳槽谋得一个理想的工作岗位是职业生涯发展中的正常现象，但跳槽应小心稳重，切莫轻率。轻率跳槽可能会造成经济受损失，心理受压力，事业受挫折，最直接的麻烦是导致失业。导致轻率跳槽的原因很多，主要有以下几方面：

(1) 只为了增加一点工资，就贸然辞职走人；

(2) 与领导、同事闹意见，赌气一走了之；

(3) 见异思迁，总希望得到工作舒服且工资优厚的单位，因此一次次跳槽，也一次次地失望；

(4) 盲目随大流，看见本单位有些人跳槽出去或者有的单位有不少人跳槽进来，很是羡慕，也就盲目随大流地跳来跳去。

需要指出的是，盲目地跳槽，往往适得其反，因此，三思而后行，选择恰当的跳槽时机非常重要。一般而言，一个人从提出辞呈到完全离开公司，大概都要两个星期以上的时间。就业规则上所规定的时间，多半是一个月左右。因此，先考虑自己的工作性质，然后在自己的工作告一段落的时候，向公司递出辞呈，如此才不失为明智之举。跳槽要为公司留出一个缓冲期，来重新指派接替你的人。不要以为辞职是自己的事情，就轻率地依照自己的意愿决定离职日期。虽然辞职是依据个人去留的意愿，不能丝毫勉强，但是在辞职的过程中，必须以较客观的态度考虑对方的立场。尽量以和为贵，不要伤了大家的和气。

(六) 正确选择岗位成才和自主创业

立足岗位、谋求发展、实现岗位成才是大多数人的选择。要实现岗位成才的目标，必须注意以下问题：

1. 要选择自己喜爱的工作，珍惜工作机会

社会的发展，给人们提供了越来越多的自由选择职业的机会。无论通过什么渠道找到了一份适合自己的工作，都要珍惜自己的选择，努力工作，不断培养自己的兴趣，尽力把工作做好。

2. 注重积累工作经验和资历

第一份工作可以给你很实际的工作经验，为你职业生涯的开发打下基础。假如你的工作是按部就班、重复单调的，可以使你体会到就业的气氛，锻炼你的耐性；假如你的工作是富有挑战性的，可以使你感受到竞争的气氛，锻炼你应变的能力。资历往往能发挥意想不到的作用，如果你曾在比较著名的机关、公司工作过，那么这对你无疑是一次宝贵的经历，别人会认为你受过的训练或工作经验比较丰富。

3. 重视岗位培训和知识的更新

公司对新录用的职员一般都要进行一番培训，这也许是你第一份工作所获得的最重要的东西。知识的更新是每个职场工作者都必须认真思考的问题。转变思维方式，培养综合分析问题和解决问题的能力以及终身学习的能力，是岗位成才必须具备的素质。

4. 自主创业

自主创业是近年来逐步兴起的一股热潮。自主创业不仅要求个人能结合专业特长，根据市场前景和社会需要搞出自己的创新成果，而且要直接面向市场，面向社会，把研究成果转化为产业，创造出可观的经济效益。它也包括那些发现市场商机，抓住际遇创办自己的经济实体，以商业经营创造出社会价值的行为。自主创业要注意以下问题：

(1) 尽量涉及自己熟悉的专业。俗话说“隔行如隔山”，自主创业项目的选择要优先考虑自己所学、所从事的专业和自己的知识结构，做到知己知彼，这样可避免走很多的弯路，缩短自己成功的距离。

(2) 选择市场对路的产品和朝阳行业。市场经济条件下，市场具有最终的决定权，产品没有销路，企业就面临着亏损和倒闭，所以市场调查是必须重点对待的，这对你的决策将起到关键的作用。涉及的是朝阳产业还是夕阳产业，这对一个公司、企业有着战略性意义。因为朝阳产业将对今后企业的发展扩大提供良好的环境和外界发展空间。

(3) 量力而行，从小做起。创业初期，人力、财力及社会各种关系都有限，切不可贪大求洋，脱离实际，要有从小做起的准备，一方面资金有一个积累的过程，另一方面也可以积累一些经验。

(4) 要有百折不挠的决心和承受失败的能力。创业失败是正常的现象，必须有承受失败的心理准备，否则，将会对身心产生重大不利影响。

杨澜的职业生涯转型

提起杨澜，很多人都说她太幸运了。从著名节目主持人到制片人，从传媒界到商界，她一次次成功地实现了人生的转型。杨澜是幸运的，但这种幸运，并非人人都有，也不是人人都能驾驭。它需要睿智的眼光、独到的操控能力，是职业经历累积到一定程度厚积薄发而来的。就像杨澜自己说的那样："一次幸运并不可能带给一个人一辈子好运，人生还需要你自己来规划。"

第一次转型：央视节目主持人

在成为央视节目主持人以前，杨澜是北京外语学院的一名大学生，还是一个有些缺乏自信的女生，甚至曾因为听力课听不懂而特别沮丧。直到后来听力水平提高了，才逐渐恢复了自信。她说："我经常觉得自己不是一个有才华和极端聪明的人。"可这一切并没有影响到杨澜后来的成功。勤勉努力的她，不仅大胆直率，看问题也通常有自己独特的视角。

1990 年 2 月，中央电视台"正大综艺"节目在全国范围内招聘主持人。杨澜以其自然清新的风格、镇定大方的台风及出众的才气逐渐脱颖而出。但是，由于她长得不是太漂亮，在第六次试镜时还只是在"被考虑范围之列"。杨澜知道后，就反问导演："为什么非得只招一个女主持人，是不是一出场就是给男主持人做陪衬的？其实女性也可以很有头脑，所以如果能够有这个机会的话，我就希望做一个聪明的主持人。我不是很漂亮，但我很有气质。"就是因为杨澜这些话，彻底打动了招聘方，毕业后，杨澜正式成为"正大综艺"的节目主持人。直到现在，杨澜也一直坚持主持人不一定非得漂亮，女人的头脑更重要的观点。

进入央视后，杨澜终于感觉到，这次的选择是非常正确的，做传媒就是她喜欢的事情。靠着自身的实力与魅力，杨澜获得了"十佳"电视节目主持人、金话筒等奖项。这是很多人一生都无法企及的知名度和影响力，也彻底改变了她未来的人生道路。

四年央视主持人的职业生涯，不仅开阔了杨澜的眼界，更确立了她未来的发展方向：做一名真正的传媒人。但渐渐地，杨澜对这种重复性工作开始有点儿厌烦了。也许是一切来得太容易了，也许觉得自己还可以做更多的事，最重要的是，她开始觉得有点虚："一开始央视让我一下子进入一个殿堂，但是我往下看，空空如也，下边的基础都不是我自己建起来的，是一个庞大的机构在赋予我平台、支持我，我觉得特别不踏实，所以我得自己从下边垒砖头，慢慢起来，这样才会踏实。"

第二次转型：美国留学生

1994 年，当人们还惊叹于杨澜在主持方面的成就时，她又做出了一个令人惊讶的决定：

辞去央视的工作，去美国留学。

在事业最明亮的时候选择急流勇退，这就意味着她要放弃目前所拥有的一切，包括唾手可得的美好未来。但资助她留学的正大集团总裁谢国民先生说了这样一句话："我觉得一个节目没有一个人的发展重要。"这给杨澜留下了很深的印象。

26 岁的时候，杨澜远赴美国哥伦比亚大学，就读国际传媒专业。在异国他乡的生活，比想象中的还要艰苦。有一次，杨澜写论文写到半夜两点钟，好不容易敲完了，没有来得及存盘，电脑就死机了。杨澜当时就哭了，觉得第二天肯定交不了了。宿舍周围很安静，除了自己的哭声，只有宿舍管道里的老鼠在爬来爬去。但最后，她还是擦干眼泪，把论文完成了。谈起这段生活，杨澜说："有些人遇到的苦难可能比别人多一点儿，但我遇到的困难并不比别人少，因为没有一件事是轻而易举的，需要经历的磨难委屈，一样也少不了。"

虽然如此，但这段生活给杨澜带来的收获要远远比磨难多。她的视野开阔了许多，更亲身接触到了许多成功的传媒人和先进的传媒理念。

业余时间，她与上海东方电视台联合制作了"杨澜视线"——一个关于美国政治、经济、社会和文化的专题节目，这是杨澜第一次以独立的眼光看世界。她同时担当策划、制片、撰稿和主持的角色，实现了自己从最底层"垒砖头"的想法。40 集的"杨澜视线"发行到国内 52 个省市电视台,杨澜借此实现了从一个娱乐节目主持人向复合型传媒人才的过渡。

第三次转型：凤凰卫视主持人

1997 年回国后，杨澜开始寻找适合自己的机会。当时，凤凰卫视中文台刚刚成立，杨澜便加盟其中。1998 年 1 月，"杨澜工作室"正式开播。

凤凰卫视的两年，在杨澜的职业发展上起了重要作用。她不仅积累了各方面的经验和资本，也同时预留了未来的发展空间。

在凤凰卫视，杨澜不只是主持人，还是"杨澜工作室"的当家人，自己做选题，自己负责预算，组里所有的柴米油盐，她都必须精打细算。这种经济上的拮据，对杨澜来说是一个非常好的锻炼，使她知道如何在最低的经费条件下，把节目尽量完成到较高的程度。

在随后的两年时间里，杨澜一共采访了 120 多位名人。这些重量级的人物也构成了杨澜未来职业发展的一部分，不少人在节目之后仍和她仍保持着密切的联系。这种联系除了会给杨澜带来一些具体的帮助之外，精神上的获益也不可忽视。同时，与来自不同行业不同背景的嘉宾交流，也让她的信息量获得了极大地丰富。

第四次转型：阳光卫视的当家人

1999 年 10 月，杨澜辞去了凤凰卫视的工作。从凤凰卫视退出之后，杨澜曾一度沉寂。2000 年 3 月，她收购了良记集团，更名为阳光文化网络电视控股有限公司，成功地借壳上市，准备打造一个阳光文化的传媒帝国。

由电视界转向商界，对于这次转变，杨澜表示，她投身于商界不是简单地为了赚钱，还为了实现她过去不能实现的媒体理念。

与大多数商人的低调不同，杨澜选择了始终站在阳光卫视的前面。在报纸杂志网站上，经常可以看到关于杨澜的报道。她变成了一个传媒名人。这种对传媒资源运用的驾轻就熟，使得她的阳光卫视一出生就有了许多优势。

但杨澜创业不久，就遇到了全球经济不景气，杨澜立刻感觉到了压力。她几乎天天都想着公司的经营。由于市场竞争的压力，杨澜将公司的成本锐减了差不多一半，并逐渐剥离了亏损严重的卫星电视与香港报纸出版业务，同时她还将自自己的工资减了40%。

2001年夏，杨澜作为北京申奥的形象大使参加了在莫斯科成功申奥的活动。同年，她的“阳光文化”接触了中国最大的门户网站之一——新浪网，开创了网络和电视相结合的时代，又与四通合作成立“阳光四通”，开始进军网络和IT行业。

这一切都给公司所有员工带来了信心。终于，阳光文化在截至2004年3月31日的2003财政年度中取得了盈利，摆脱了近2年的亏损。之后，阳光文化正式更名为阳光体育，杨澜同时宣布辞去董事局主席的职务，全身心地投入到了文化电视节目的制作中。

由央视的名主持到远涉重洋的学子，再到凤凰卫视的名牌主持，最后到阳光卫视的当家人，杨澜的职业角色在不断地变化。而以一位文化经营商的身份出现在公众的视野里，则是杨澜人生最重要的一次角色转换。但无论如何转变，杨澜始终把自己定位为传媒人，而她的变化就在于她制订的目标层次一直在提高。杨澜在她的《凭海临风》一书中，曾写到了乘热气球的经历。热气球的操作员能做的只是调整气球的高度以捕捉不同的风向，而气球的具体航线和落脚点，就只能听天由命了。这正是乘坐热气球的魅力所在：有控制的可能性，又保留了不确定性，所以比任何精确设定的飞行都来得刺激。“其实人生的乐趣也是如此，全在这定与不定之间”，杨澜这样认为。

第二节 职业生涯评估

方文山的职业规划

方文山？周杰伦的最佳拍档！周杰伦说：“没有方文山，我的歌不会这么成功”。方文山的歌词充满画面感，文字剪接宛如电影场景般跳跃，在传统歌词创作的领域中独树一帜。

方文山如今已经俨然是继林夕之后华语乐坛最优秀的词作人，但从媒体上看，如果不说话，你会把他当作送外卖的，实际上他曾经就是个送外卖的。

方文山是电子专业毕业，为了圆梦而在台北苦苦打拼。他做过防盗器材的推销员，还曾帮别人送过外卖，送过报纸，做过中介、安装管线工。

他原来的理想是做一位优秀的电影编剧，进而成为合格的电影导演，但当时台湾地区电影的整体滑坡让他望而却步，只好退而求其次地拼命创作歌词。

这时候，方文山开始了他的求职之路。他翻了半年内所有的CD内页，找最红的歌手和制作人，把集成册子的歌词邮寄给他们，一次寄100份。为什么要寄这么多份？方文山是做了计算的，他估计经过前台小姐、企宣、制作人层层辗转，大概只有五六份被目标人物收到。实际上他估算得太乐观了，这样持续的求职行为持续了一年多，结果都是石沉大海，直到有一天接到吴宗宪的电话，同时吴宗宪还签下了一位会弹钢琴的小伙子，他就是周杰伦。被吴宗宪发掘并赏识，方文山进入华语流行音乐界，和周杰伦结成黄金搭档，被广泛接受和认可，真正地成为了“华语乐坛回避不掉的人物”。

想一想：方文山的成功之路是否有可以借鉴的地方呢？

俗话说："计划赶不上变化"。在我们的职业生涯进程中，无论是社会、行业环境，还是我们自身，都会随时发生这样或那样的变化，并且其中很多变化是事先难以预测的。这些不确定因素的存在可能导致实际结果偏离或背离预期的目标。这就要求我们时时注意内外环境的变化，不断地审视自我，科学地调整自我，有意识地修正策略和目标，这个过程就是反馈评估。作为个人职业生涯规划的最后但并非终止步骤，反馈评估过程确保了个人职业生涯规划的有效性，并为规划者尽早建立起一种成功的良性循环。

一、正确看待职业生涯评估

成功的职业生涯需要一种叫作"预警"的控制系统，用来检查职业生涯规划是否如所想的那样进行。很多人错误地认为，只要制订一个科学详尽的职业生涯规划就能一劳永逸，其实不然，职业发展如登山，山的高度决定了你的期望值大小和目标的高低，也影响着你的激情和动力，理想远大者选择有高度的山作为自己的目标，因为海拔 2000 米的山即使只攀登了一半，也可俯首嘲笑已爬上 500 米顶峰的成功者。当然，高山不可能一下攀登到山顶，你得有个计划和日程，这就是职业生涯规划，包括心理准备和物质准备，通过选择及策略等。因为计划在先，实施在后，所以攀登了一个阶段后你得歇一下，想一下什么是错的，什么是对的，对计划进行修正，这就是职业生涯评估的内容。在现实生活中不少人或不懂职业生涯评估，或评估不当，还有人因不能正确对待职业生涯评估而导致种种困惑，这些都不同程度地影响了个人的发展。

(一) 职业生涯评估的含义

职业生涯评估是指在实现职业生涯目标的过程中有意识地搜集相关信息和评价，不断地总结经验和教训，自觉地修正对自我的认识，适时地调整职业生涯目标。俗话说"计划不如变化快"，在我们的职业生涯进程中，无论是社会、行业环境，还是我们自身，都会随时发生这样或那样的变化，并且其中很多变化是事先难以预测的。这些不确定因素的存在可能导致实际结果偏离或背离预期的目标。要使职业生涯规划行之有效，就要求我们随时注意内外环境的变化，不断地审视自己，科学地调整自我，有意识地修正策略和目标，这个过程就是反馈评估。作为个人职业生涯规划的最后但并非终止步骤，反馈评估过程确保了个人职业生涯规划的有效性，并为规划者尽早建立起一种成功的良性循环。

(二) 职业生涯评估的作用

1. 可以检查职业生涯策略是否恰当

正确的评估可以检查职业生涯策略是否恰当，更真实地了解这一策略是否能够让人更接近目标。

我们制订职业生涯规划时，在客观分析自我的基础上会为自己定下目标，并根据目标制订相应的策略，包括详尽的学习计划、培训计划、工作计划等，这一系列措施是要保证目标的实现。但是，这些措施的制订都是建立在主观分析和经验的基础上的，实际效果如何，不得而知。这就要求在实施过程中，定期地对措施的实际效果进行检验。我们必须经常性地反省，问问自己下面的问题：

(1) 对于制订的策略和措施，其适当程度如何，它有作用吗？(目标与策略的一致性)

(2) 是否有了离目标更近的感觉？

(3) 是否与自己的正常生活相互冲突？

(4) 是否能如期完成既定目标？

2. 可以检查目标本身是否适当

正确的评估可以检查目标本身是否适当，即是否能够继续坚持这一职业生涯目标并有望实现。

目标的制订来源于对自我全面认识和对环境的客观分析。然而，世事多变，世界每天都在发生变化，远到社会经济结构的发展、科学技术的飞跃、政治形式的多变及国家政策的调整，近到企业组织的制度调整、机构改革、领导人更换，乃至个人家庭、健康水平的变化，我们所处的环境存在太多影响个人目标制订的客观因素。对自我的认识是一个长期、持续、复杂的过程，在校大学生由于心里的不成熟和经历的单一性，对自身价值观、兴趣性格、能力的认识尚不全面，这就造成了很多人在制订职业目标时极度地盲目，特别是学校与社会的差异性造成很多学生就业后才发现自己的职业目标缺乏可操作性。所以，这些实际情况要求我们必须进行阶段性的职业生涯评估，总结经验教训，甚至在必要的时候修正自己的职业目标。有些问题，必须在探索途中才能找到答案。

(1) 你正在做的事是你最想做的事吗？

(2) 你真的适合做这个职业吗？

(3) 是否将重心放在了最重要的地方？

(4) 你是否仍然相信自己瞄准的工作与职业目标相一致？

3. 可以发现改善的途径

经常性地进行再评估很容易使我们发现改善的途径。这些途径包括：

(1) 确定精确位置，判断实际效果与期望值的偏差；

(2) 探究导致失败结果的根本原因；

(3) 采取及时、适当的纠正措施；

(4) 调整策略，并相应改变行动计划。

经常自省是必要的。就像照镜子，及时地发现和找出自己的不足，镜子中的你就会越来越美丽。美国职业指导专家林达·A·希尔建议至少应该一年进行一次职业生涯规划的评估。一般而言，根据自己的职业生涯规划，宜在每一个规划阶段进行一次系统全面的评估，每年或每半年进行一次。再按照计划努力一段时间后，有意识地回顾得失，检查验证前期的策略措施执行效果，纠正分阶段目标中出现的偏差。

二、如何进行职业生涯评估

进行持续的职业生涯评估最基本也最难的一条是：看清形势，在适当的时间，对目标和策略做出修改。我们发现，在管理决策领域存在一种“升级效应”，即尽管不可能成功，但人们仍坚持采取行动。这是为什么呢？研究表明，一些人对于“理由越来越不充分的做法”仍坚持不改，无非是为了向自己和别人证明，自己以前的决策没有错。而且存在这样想法的人在处于青春叛逆期的大学生中比例越来越高。这种做法与有效的职业生涯管理理论是相悖的，有效的职业生涯管理要求我们要经常性地“回头看”，收集尽可能多的信息进行分析，必要时修改以前的决策。

(一) 职业生涯评估应注意的问题

(1) 不要自欺欺人。如果迈出目标的进程不是很顺利，就要认真思考是自己最初决策出了问题，还是环境发生了变化。

(2) 不要太过在意别人的评价，更不能一味强求向别人证明自己最初决策是正确的。

(3) 要“闻过则喜”，不论是真的有问题还是看似有问题。

俗话说“忠言逆耳”，要善于从别人的意见中吸取对自己有用的信息。

(二) 评估的类型

参考职业生涯理论的专家建议，可以把评估活动按照正式程度和密度分为三种类型：每年一次的评估、每3～4年一次的评估以及每7～10年一次的评估，现在分别就它们的具体内容进行介绍。

1. 每年一次的评估

以一年为期，对目标完成情况和生活各个方面的满意度进行评价，看存在什么问题。一般这种短期的评估需要的时间不多，根据自身实际情况，一般1～2天即可。最好能够结合工作的年终考核和总结进行，比较容易看出效果。

2. 每3～4年一次的评估

主要针对职业生涯的中期目标，对自己的变化和自己面临的机会进行分析。看看自己是否需要这样的变化。这样的评估最多需要一周的时间，可以一次完成，也可以在几个月内分散完成。在进行评估的时候要注意尽可能多地收集相关的信息，判断信息的可信度以及正确性，特别要与自己生活中重要的人进行交谈，从他们那里了解更为客观的认识。一般在评估之后，会结合实际情况对自己的职业生涯规划进行较大的改动。

3. 每7～10年一次的评估

主要针对职业生涯的长期目标，重新进行全面的自我认识和评价，并根据环境的变化对职业机会进行再评估。这种定期的再评价需要的时间相对来说比较长。这样的评估可以求助专业机构，比如职业评价中心或专业的职业生涯顾问。在定期的评估之后可以自己安排3～4个月的时间来静想和充电，去一所学校进修或者开始一项新的兼职，让自己有更丰富的体验。

应该说职业生涯规划的评估与反馈是一个持续的过程，所以从长远看，短期的非正式的评估活动效果可能会更加持久和显而易见。职业生涯规划评估的真正重要性在于它的思维方式，有效评估的核心是一种精神状态，一种对自我利益和环境中的机会与约束的意识，一种对自身和周围环境变化的敏感性，一种做出认真决策和相应修改计划的意愿。

(三) 评估的步骤

在确定了什么时候对自己的职业生涯规划进行评估之后，我们面临的问题是如何条理清晰地开展评估工作，第一步该做什么，第二步该做什么，这就涉及职业生涯评估的步骤和具体操作问题。很多人认为职业生涯评估和其他评估工作有着相同之处，认为都是为了检查工作的开展情况和实际效果，因此，在具体操作流程上有着类似之处。

1. 确定评估目的和任务

在每次正式的职业生涯规划评估工作开始时，都应该首先确定下最主要的目的和最重要的任务是什么。一般情况下，评估应该围绕着以下 3 个任务进行：

(1) 检查目标的设定是否合理；

(2) 检查计划、措施的制订是否科学；

(3) 检查实际的执行情况是否顺利。

2. 进行自我评价

任何评估工作最基础的部分都是自评。因为从某种意义上来讲，自己是最了解自己的人，特别是针对自己制订的职业生涯规划，应该更容易把握一些。自评可以按照以下方面进行。

1) 按照完成时间评估

在前面的章节讲到过，目标的实现会被分解成很多小步骤，每个小步骤的完成都会有一定的时间限制。我们就可以按照这些规定的时间来检查我们该做的工作是否完成。如果在限定的时间内目标完成比较顺利，说明目标和措施制订得比较合理，计划的执行情况良好，可以进行下一步的工作。如果在限定的时间内无法完成，就应该进一步反思问题出在哪里，原因何在。另外，保证至少每三个月检查一次你的工作进度。过程监督可以发现进度计划的问题，考察计划的落实情况，并且有针对性地提出解决方案。

2) 按照完成性质评估

按照时间评估仅仅是从时间的限定上来检验目标完成情况，但到底目标完成效果是好是坏，并没有做出准确的评价。这就要我们必须客观评价目标的完成，有没有充分利用时间体现效率，或者是否扭曲了自己的生活，这些只有自己最清楚。如果感到工作和生活过于舒适，那就意味着目标定低了，需要进行调整，适时适当地调高目标，这样就可以使自己的目标难度更合理，使成就水平更高。如果感到自己的生活节奏很慢，效率很低，没有实现原计划的职业生涯目标，首先要考虑自己的动机水平是否足够，如果不是职业目标太难，就应该加强紧迫感，使自己不要脱离职业规划的轨道。一旦长期偏离，个人就会脱离原来的计划，使计划成为一纸空文。可能有时应酬太多，应该学会拒绝，以增加在职业生涯目标上的精力投入。

3. 全面收集反馈信息

要做到对信息的全面收集，至少应该抓住两个方面：工作与非工作领域。工作与非工作生活构成了一个人生活的全部，并且工作与非工作生活也是相互影响的。因此了解全面的反馈信息，必须包括以下两个方面：

(1) 工作领域。工作领域包括上级主管、同事、下属、客户等其他有着密切接触的人员。这实际上就是要你尽量形成一个工作网络，来提供相互反馈、相互指导、相互支持和相互鼓励。应该尽量从上级那里了解自己当前的表现，包括人的优势和劣势以及组织对你有哪些需要。要把自己的经验和感受讲给信赖的人听，同事之间坦率的讨论对大家都是有益的。首先，别人能看到你自己不了解的一面；其次，别人亲口说出来的目标、愿望、保留意见和战略，能帮助你理清自己的感受；最后，其他人也可能愿意把自己工作中(这些环境与你有关)的成功、失败和启迪讲给你听。

(2) 非工作领域。这是从工作之外寻求信息反馈。职业目标的实现离不开工作，更离不开社会、家庭、朋友等工作之外的因素。不仅是工作决策会影响家庭生活，而且家庭状况也会影响你的工作生活。例如，有的人为了表现自己的勤勉和忠诚，经常会主动加班，可能这是他职业生涯规划中的措施，这就有必要检验一下那种假设是否还靠得住了。因为人们常容易误解家人、朋友的感受和态度，从而产生一些误会，影响到个人情绪，所以与家人、朋友沟通是协调工作与非工作活动的必要手段，也是制订职业生涯目标和措施的前提。

4. 就反馈信息的准确性和可用性进行分析

对于收集到的信息，由于客观原因存在一定的偏差和误区，所以我们一定要就反馈信息的准确性和可用性进行仔细地甄别和分析，筛选对自己有用的，去除一些负面的信息。我们强调在对反馈信息进行分析时，一定要结合自我认识的评价进行，这样得出的结论才会是全面而客观的。

5. 运用合适的评估方法

这里的评估方法是指在自我评价、收集信息、全面分析时所使用的科学方法，在后面的部分会专门讲到。

6. 得出结论

通过上面的评估步骤，最终会得出评估结论。这些结论是对一开始确定的评估目的和任务的客观回答。能够获得正确的回答，就表明评估工作的顺利完成。

三、职业生涯评估方法

在进行职业生涯评估时，可以根据个人的实际情况采用适当的方法。比如反思法，即通过回顾自己的职业生涯规划实践过程，反思在各个规划环节中是否科学、合理、符合自己的情况，计划实施效果如何，还存在哪些问题等。也可以将自己的职业生涯规划告诉亲朋好友，邀请他们从旁观者角度审视自己的规划方案及实施的效果。虚心、主动征求别人对自己计划的看法，往往会受益匪浅。另外，在职业生涯规划时还应多比较、多思考、多学习，吸取别人不科学的方法，对别人职业生涯规划的分析观察，往往有助于自己对职业生涯规划进行适当修改。

下面将介绍两种在西方职业生涯管理领域广泛认可的方法。

(一) 个人职业生涯的PPDF法

PPDF(Personal Performance Development File，个人职业表现发展档案，也可译成个人职业生涯发展道路)。主要用于组织对员工的职业生涯管理，我们可以将其运用到个人的职业生涯管理上来。

首先介绍一下 PPDF 在组织中的应用。

在发达国家的不少企业里都为其员工建立起了 PPDF。这看起来很简单，但是作用却非常大。有不少的企业、公司靠它将自己的员工形成了一种合力，形成了团队，为了单位的目标去努力实现自我价值。为什么它能起到这样的作用呢？主要是它将所有员工的个人发展同企业的发展紧紧地联系在一起，它为每个员工都设计了一条经过努力可以达到个人目标的道路，使他明白只有公司发展了，个人的目标才可以实现。这实际上是一种极有效的人力资源开发的方法，正因为如此，许多企业纷纷采用。

每个人对自己的一生都有良好的理想设计，这些设想有的可以实现，有的可能就不会实现。当一个人在一个单位工作时，如果这个单位的管理者能够为他去进行理想设计，他就会有一种追求的感受。管理者给员工进行具体的设计时，要使他们的职业生涯计划建立在现实的、合理的基础上，并且通过必要的培训、职务设计及有计划的晋升或职务调整，为他个人的职业生涯发展创造有利条件。

1. PPDF 的主要目的

组织中 PPDF 是对员工工作经历连续性的参考。它的设计使员工和他的主管领导对该员工所取得的成就，以及员工将来想做些什么有一个系统的了解。它既指出员工现在的目标，也指出员工将来的目标及可能达到的目标。对于个人而言，它表示出你如果要达到这些目标，在某一阶段你应具有什么样的能力、技术及其他条件等。同时，它还帮助你在实施行动时进行认真思考，看你是否非常明确这些目标，以及你应具备的能力和条件。

2. 怎样使用 PPDF

PPDF 是两本完整的手册，当你希望去达到某一个目标时，它便为你提供一个非常灵活的档案。将 PPDF 的所有项目都填好后，交给你的直接领导一本，自己留下一本。你要告诉你的领导你想在什么时间内，以什么方式来达到你的目标。他会同你一起研究，分析其中的每一项，给你指出哪一个目标你设计得太远，应该再近一点儿；哪一个目标设计得太近，可以将它往远推一推。他也可能告诉你，在什么时候应该和业余培训单位联系，也可能会亲自为你设计一个更适合于你的方案。总之，不管怎样，你将单独地和你信任的领导一同探讨你该如何发展、奋斗。对于个人而言，在实际操作中可以将 PPDF 的所有项目填好后，交给你的职业指导老师(学校的辅导老师、工作上的良师或者值得信任的长辈)一本。自己留下一本。

3. PPDF 的主要内容

PPDF 的主要内容包括个人的情况、现在的行为和未来的发展。

1）个人情况

(1) 个人简历：包括个人的生日、出生地、部门、职务、现住地址等。

(2) 文化教育：初中以上的校名、地点、入学时间、主修专题、课题等。所修课程是否拿到学历，在学校负责过何种社会活动等。

(3) 学历情况：填入所有的学历、取得的时间、考试时间、课题以及分数等。

(4) 曾接受过的培训：曾受过何种与工作有关的培训(如在校、业余还是在职培训)、课题、形式、开始时间等。

(5) 工作经历：按顺序填写你以前工作过的单位名称、工种、工作地点等。

(6) 有成果的工作经历：写上你认为以前能体现成绩的工作是哪些，不要写现在的。

(7) 以前的行为管理论述：写出你对工作进行的评价，以及关于行为管理的事情。

(8) 评估小结：对档案里所列的情况进行自我评估。

2) 现在的行为

(1) 现时工作情况：应该填写你现在的工作岗位、岗位职责等。

(2) 现时行为管理文档：写上你现在的行为管理文档记录，可以在这里加一些注释。

(3) 现时目标行为计划：设计一个目标，同时列出和此目标有关的专业、经历等。这个目标是有时限的，要考虑到成本、时间、质量和数量的问题。如果有什么发展瓶颈，可以立刻同你的上司(职业指导老师)探讨解决。

(4) 如果你有了现时的目标，它是什么？

(5) 怎样为每一个目标设定具体的期限？

3) 未来的发展

(1) 职业目标：在今后的3～5年里，你准备达到什么目标，做到什么位置。

(2) 所需要的能力、知识：为了达到你的目标，你认为应该拥有哪些新的技术、技巧能力和经验等。

(3) 发展行动计划：为了获得这些能力、知识等，你准备采用哪些方法和实际行动。其中哪一种是最好、最有效的，谁对执行这些行动负责，什么时间能完成。

(4) 发展行动日志：此处填写发展行动计划的具体活动安排，如所选用的培训方法(听课、自学)，所需日期、开始时间，取得的成果等。这不仅仅是为了自己，也是为了了解工作、了解行为。同时，你还要对照自己的行为和经验等，写上你从中学到了什么。

从对个人的职业生涯PPDF法的内容中，我们可以看出，如果严格按照它的要求去做，在记录PPDF手册的同时，我们也就相应完成了职业生涯规划的评估工作，非常的简便和容易操作。个人职业生涯的PPDF法不仅运用于企业员工的职业生涯规划，它对于大学在校生的个人职业生涯规划同样有着积极的意义，可操作性很强。

(二) 360度反馈评价法

360度反馈评价法是企业进行员工绩效管理中经常用到的一种评估方法，对我们个人职业生涯规划进展进行评估也是非常有意义的。

所谓360度反馈评价，又可以称为多源评估或者多评价者评估。不同于自上而下，由上级主管评定下属的传统方式，360度反馈评价将上级主管、同事、下属、客户等其他存在密切接触的人员的评估，与员工自我的评估结合起来全面评价。其评价结果会反馈给被评价者，一方面，这样将促使员工全面地认识自己，为员工的个人发展(如培训计划的制订)提供信息，促使员工提高管理技能和工作业绩，改善团队工作；另一方面，对于整个企业来说，它可以增进纯净评价的结果，激励员工参与组织变革，提高培训效益和员工满意度，建立新型的企业文化，从而最终促进企业的发展。

360度反馈评价法有哪些作用呢？可以从企业增效和员工发展两方面来说明。

1. 企业增效

360度反馈评价有利于作业管理，增加了员工对于绩效管理的参与度，也为薪酬设计调整提供了新的依据，有助于提高员工的工作效率，以至从整体上提高组织的绩效。

2. 员工发展

360 度反馈评价的结果可以作为员工培训的需求依据，也可以作为对于员工是否掌握了岗位所需知识、技能的评价，了解到员工需要接受哪些方面的培训；从更为长远的角度说，也能为员工的个人职业生涯规划提供依据，并以此来增强员工的归属感和自信心，进而增强团体凝聚力，促进组织变革与发展。

所以，通过对 360 度反馈评价的了解，我们可以看到，在我们个人职业生涯过程中，要“打开窗户”，向其他人征求意见，这些人可以是学校的老师、同学、单位领导、同事，也可以是朋友、亲人。其中，来自直接上级和直接同事、直接下级的意见最为重要，因为他们与你共处的职业生涯时间最长，相关利益最密切，他们往往能够在第一时间发现你的变化，捕捉到你的失误。在个人的职业生涯发展中，及时有效的沟通和全面的信息交流是非常有必要的。

运用 360 度反馈评价搜集信息时，针对不同的群体要设计不同的调查问卷。针对直接上级的信息搜集，目的在于了解自己的发展前景与企业发展轨道是否相同，目标制订是否得当，差距体现在何处；针对同事及工作伙伴的信息搜集，目的在于全面了解自己的工作表现，在工作中的优势劣势，取得的成绩和工作失误，人际关系发展是否顺利等；针对家人和朋友的信息搜集，主要侧重于是否能处理好工作与生活的关系，职业发展目标与人生阶段是否协调，计划制订与日常生活是否存在冲突等。

第三节　职业生涯开发

生物专业出身成 IT 公司老总

成谦，复旦大学生物工程专业毕业，2000 年底开始自己创业，成立了 IT 公司。在求职过程中，他从没做过和专业有关的工作，他只是在不断变换工作的过程中，根据自身条件调整职业规划，成为拥有 40 名员工的企业老总。

大学毕业后，成谦回到家乡大连，面对就业压力、面对生活追求，他没有强求非要找一份与生物工程有关的工作，而是寻找了一份知名电器企业行政人员的工作。“虽然工作与自己所学专业完全不同，但我觉得，大学教育是一种素质教育，主要是学会怎样学习。无论在什么岗位，我有学习的技能，只要通过自己的勤奋努力，总可以完成工作的，并把它做好。”成谦说道。

由于这份工作并非自己喜欢，当他遇到他的第二位老板的时候，他果断选择了辞职。成谦告诉记者，他觉得可以从这个老板那里学到一些自己从来没在课堂里学过的知识，让其更快地积累一些经验，比如，如何处理商场人际关系，如何判断商业投资价值，如何选择自己的职业奋斗目标。虽然这位老板没有很高的文化，但他的冲劲、闯劲和果断的判断力感染了成谦，于是他开始从事产业投资的工作。

在投资公司的工作学习培养了成谦敢搏敢拼的勇气，在返回上海工作时，成谦选择了自己创业。

“我当时也在为选择就业还是创业而烦恼。书读多了，有时会让人在做事情的时候前瞻后顾，往往要有九成把握才敢行动。人生能有几回搏的想法让我选择了创业，老板的处事作风无意间成了我的创业动力。”成谦表示，创业不能是盲目的，不能毫无把握地进行，这也是一种职业选择，要根据自己的情况进行规划。

通过到劳动部门的咨询分析，当时手上只有 3 万元起步资金的成谦选择了 IT 方面的创业项目。“我学的是生物工程，这方面的创业需要很大的资金投入，显然我不能胜任。而 IT 行业，相对投入比较小，科技含量高，发展前景比较好，加上我自己大学时代就对这方面比较感兴趣，所以我选择这个行业。”

想一想：成谦面对就业压力，没有把自己的择业范围限制在专业领域，并善于在工作中不断学习，适时调整自己的职业规划，最后成功转入 IT 业，这对你有什么启示？

随着社会经济的快速发展和知识经济的来临，各类职业对从业者的思想素质、生理与心理素质、技术素质以及各种知识与能力的要求越来越高，职业竞争也越来越剧烈，进行职业生涯开发，不仅是组织发展的重要任务，也是雇员自身实现其职业生涯发展目标的重要手段和措施。

一、个人素质与职业生涯提升

(一) 职业生涯开发的含义

职业生涯开发是指一切通过传授知识、转变观念或提高技能的手段，来改善当前或未来工作绩效、发展与职业生涯目标相应的潜在职业能力的过程。职业生涯开发以人自身为开发对象，工作重点是提高从事职业所要求的伦理观念、知识技能水平等。个人职业生涯开发是指为了获得或改进个人与工作有关的知识、技能、动机、态度、行为等因素，以利于提高其工作绩效、实现其职业生涯目标的各种有计划、有系统的努力。个人职业生涯开发的内容和形式多种多样，下面主要从个人要素开发和社会资本开发两个方面加以介绍。

(二) 职业生涯开发的意义

1. 职业生涯开发可以提高个人的思想素质和决策能力

从业者要做好本职工作，必须有一定的思想水平和决策水平，否则就很难正确地理解和贯彻组织的各项方针和政策，就不可能正确地认识和处理工作中所出现的各种复杂的新问题。因此，通过各种职业生涯开发活动提高个人的思想素质以及其思维的广度和深度，掌握决策的基本原理，如决策的程序、原则与方法等，以培养个人意志自觉性和果断性，从而提高职业决策素质和能力，促进职业生涯发展。

2. 职业生涯开发可以提高个人的创造性

创造性思维对个人的职业生涯发展具有十分重要的作用，只有具有较高的创造性思维水平，思路灵活，提出新的设想、新的观念，才能不受传统思维和习惯的束缚。因此，有必要通过职业生涯开发来提高个人的创造性思维能力。当然创造性思维能力的培养，一方面是个人平时注意自身创造性思维的训练，进行思维流畅性的练习，养成独立思考的习惯；另一方面，组织要提供创造性思维的社会环境，鼓励雇员畅所欲言，勇于思索和辩论。

3. 职业生涯开发可以提高个人的科学文化和专业技术知识水平

现代职业的从业者只有掌握丰富的现代科学文化知识和必要的专业技术知识，才能适应社会与职业发展的需要。特别是随着知识经济的来临，知识的半衰期越来越短，知识更新的步伐越来越快，不断学习和掌握新的科学文化知识和专业知识更为重要和必要，否则就会落伍。个人职业生涯开发活动通过各类教育和培训手段，正好能满足从业者科学知识和专业知识的需求，从而能够更好地实现职业发展的目标。

4. 职业生涯开发可以提高个人的生产技能和工作成效

职业生涯开发活动与从业者的生产技能和工作成效有着非常密切的关系。许多研究都表明，雇员的工作积极性和工作成效，在很大程度上取决于其所接受的培训和所掌握的专业知识与技能。职业生涯开发活动，通过各种学习和培训，不仅可以改善雇员的工作态度，提高雇员的工作积极性，而且可以提高从业者的生产技能和劳动生产率，进而改善雇员的工作业绩，为进一步的职业发展作准备。

(三) 职业生涯开发的内容

1. 能力的开发

能力不是抽象的素质，它关系着从业者的表现与职业生涯发展。事业发展高度和能力之间，有着不容置疑的关联。能力开发对于个人的职业发展具有极为重要的意义。

美国管理协会(American Management Association，AMA)对企业的工作场所调查表明，在提供反馈的公司中：有 345 家公司(占 34.3%)进行基本技能测试；有 89%的公司表明拒绝雇用缺乏基本技能的求职人员；有 3%左右的公司表明须根据现有雇员的读写能力测试成绩来决定他们的晋升，根据求职者读写能力测试程序决定录用或淘汰。可见能力水平对于雇员的招聘、晋升等职业生涯活动具有重要影响。

能力是衡量一个人能否胜任某项任务的主观条件，是个人综合素质与本领的表现，是发挥出来的潜力。一般而言，能力包含三个方面的内容，即基础能力、业务能力和素质能力。基础能力包括知识(基础知识、专业知识、实务知识)、技能和技巧。业务能力包括理解力、判断力、应用力、规划力、开发力、表达力、交涉力、协调力、指导力、监督力、统率力等。素质能力包括智力素质、体力素质、性格个性、态度、人生观等。

知识是指胜任本职工作所需要的基础知识、业务知识和理论知识。技能技巧是指完成本职工作所需要的技术、技巧、业务熟练程度、经验。理解、判断、决断能力是指充分认识职务的意义和价值，根据有关情况和外部条件分析问题、判断原因，选用适当的方法、手段的能力。应用、规划、开发能力是指在充分认识职务意义和价值，根据有关情况和外部条件分析的基础上，具有预见性，通过调查、研究、推理思考，总结归纳具体对策、方法的能力。表达、交涉、协调能力是指为顺利完成任务，正确地说明解释自己的看法、意见，说服他人与自己协助配合，同时维持良好的同事关系的能力。指导、监督能力是按照部下、后辈的能力和适应性适当分配任务，并在工作中予以指导帮助，同时启发其集体观念和劳动热情的能力。

一个人在职业生涯中无论扮演何种职业角色，都要有一些特定的能力。在一个公平的社会里，人们之所以获得新角色，是因为他们已经具备必要的能力，或者因为有权决定别人职业发展的人相信他们能够获得这些能力。因此，有针对性地进行自我能力开发对个人职业生涯发展具有决定性影响。凡是希望职业生涯有所进展的人，都要做到以下 3 方面：

(1) 如果可能，要有胜任新工作的能力；

(2) 向“挑选人”证明你具有必要的能力；

(3) 能够迅速取得新能力。

在职业生涯发展中具备相关的能力最为重要。凡利用不正当手段或裙带关系，拓展事业都是很危险的，因为大家不会一直忽略你缺乏必要能力的事实。发展能力的培养是一项长期计划，这需要多年的辛勤工作，因为一曝十寒是不会有什么收获的。不断地提高素质和能力是必要的，此外还要偶尔做出能让你获得新能力的大决定，特别是在关键性的事业变动时，新能力的获得特别重要。人们有时候会发现，目前的职位和向往的职位之间，有着明显不能跨越的鸿沟。如果存在这种情况，就必须去寻找连接的桥梁，而能力就是桥梁，它能使人跨越至他们想去的地方。

对于以事业为主的人而言，生命中主要的转折点有：中学至大学(教育程度)；大学生至工作(投入的领域)；工作至精通专业(专门化过程)；精通专业至权力(高位)：权力至最高限度(停止增长)；最高限度至退休(生活形态的选择及衰退)。

在遇到每一生命转折点之际，人们都面临新的困难和机会，而这些困难和机会与自己以前经历过的任何事都不相似。每一个转折点都代表个人发展的一次挑战，所以预先对未来的转折点做好准备是件要紧的事。职业往往限定了它们的从业者，由于这个理由，新能力的获得很困难，尤其是需要发展技术的能力更是如此。也就是说，我们必须终生不断学习和发展新的能力。改变也许每五年或十年一次，而且是无法逃避的，虽然有的人可能忽略或有意回避下一个转折点，但是生物年龄的逻辑和事业焦点的意外变化却是无情的。

2. 态度的开发

良好的思维方式可以让你拥有正确的处事态度，而这种态度是个人职业生涯成功的关键。态度其实是你的一切，它是你每天对生活所作的回应。作家罗本森指出：“态度是一个人的信仰、想象、期望和价值的总和。它决定了事物在个人眼中的意义，也决定了人们处理事情的方式。”积极的态度令人们成功，每个人都会经历各种艰难，然而乐观的积极态度会让他们重新崛起。

态度决定着一切，良好的态度是一种负责任的体现。作为一个人，要承担许多责任，同时，也对自己的态度负有责任。在处理问题时，有责任使自己表现得富有创造性；在教育下属时，有责任表现得令他人敬畏。

态度会影响你的行为。如果你带着积极的期望，那么你就会表现得慷慨、乐于助人、决断英明且富有创造性；如果是消极的，在处理问题时，你就会显得乏力、软弱、缺少突破，因为这时你的情感非常脆弱并缺乏安全感。因此，必须学会正确处理头脑中的想法，学会用一种有益而不是有碍你职业发展的方式去思维。下面介绍几种培养正确态度的方法。

(1) 选择自己的态度。你应该确定什么态度是你所希望拥有的。比如，你原本也许想给下属更多的爱护，但表现出来的却是挑剔，这就违背了你的初衷。尽管态度决定着一个人发挥其潜力的程度，但只有将态度付诸行动以后才会实现。选择了一种特定的态度，也就建立了你自己未来的位置。因此，你必须知道自己现在的位置，明确自己有哪些思想及情感上的问题，然后选定合适的目标来改变自己的态度。确定目标是态度变化的必要因素，因此首先要确定目标，分析自己目前的状况以及未来的发展方向，这样才能更好地促进态度的转变。

(2) 做记录。你可以每天将日记写在笔记本上或软盘上。第一天，先描述你的目标，你希望转变的原因及将如何进行转变。每天增加你如何表现新态度的具体例子。如果在转变过程中犯了一些错误，同样也记录下来，将这些错误列出来，然后把注意力集中在如何成功转变态度上。需要注意的是，你的目标是逐渐提高自己，而不是马上变得完美起来。

(3) 付出时间。改变需要花费时间。你要计划在培养某种特殊的态度上花费至少 21 天的时间，而且，从现在开始，下决心将转变态度的工作贯穿你的一生。如果你是一个园丁，就会知道其中的原因：尽管你每年都努力工作，但花园中仍然会滋生杂草。你会将这些杂草拔掉，因为你知道如果不拔掉它们，来年这些杂草就会大量繁殖并排挤花园中的其他植被。同样道理，应该经常剔除错误的态度，留出空间给正确的态度。

(4) 自我审视。作家硕庄这样解释自我审视的重要性：“不要指望从别人那里得到足够的赞美，可以用来武装自己和维持自尊，然后激动地把工作干得更好。”你要学会赞美自己，不断地自我肯定是成功所必要的。

不幸的是，我们总是在审视自己时不自觉地选择自我否定。这种自我否定是与生俱来的。要对付这种情况，以下有三种方法可以帮助你。

第一，想象你与别人交谈时，如果对方否定你，你会如何反应。其实，这种反应决定了自我评价时采用的方式。如果你在自我审视时，觉得自己只有在花钱方面做得还算过得去，那么你就列出自己在其他方面做得好的例子，以此来说明自己在其他方面做得也不错。

第二，与自己争论。不要将任何否定自己的言论都当作事实，将事实与无稽之谈分开能帮助你更准确地评价自己。要学会像保护你最好的朋友一样保护你自己。

第三，不要随便确定失败或拒绝，应该去思考引起问题的可能原因。如果一个雇员见到你时没有打招呼，不要以为是因为讨厌你而不愿理睬，而应想他是因为要赶快回复一个电话而顾不上与你打招呼。你要尽量去考虑最小的消极因素，要告诫自我，让积极的方式占上风。

3. 职业资本的开发

职业资本是一个人选择职业、发展自我、运作金钱和创造财富等能力的总和，它是在与生俱来的先天基础上，通过后天的社会生活和教育改造而逐步形成的，主要包括职业素质、职业技能和职业阅历等多个方面。

职业素质主要涉及一个人的气质、性格特质、智商、职业兴趣等多个方面。不同的工作需要有不同的智力水平、气质和人格。而个人的气质和人格特质又决定了一个人所适宜从事的工作、价值观和开拓冒险精神的大小，二者需要在动态中相互适应与变化。职业技能是在职业素质基础上，通过后天的职业教育和训练形成的从事某种职业的能力和本领。寸有所长，尺有所短，用人之长是职业匹配的基本要求。未来的职业生涯能否取得杰出成就，与一个人最初是否选择适合自身特点的工作有密切关系。职业阅历是从事某种相关工作的资历，并在从事这种工作中所积累的经验和教训等实战技能，这是当代社会人们择业的一个重要筹码。在同等条件下，企业一般优先聘用有工作经验的熟手，而不是初出茅庐的“嫩姜”。

因此，一个人只有自身拥有雄厚的职业资本，才能获得更大的择业自由，获得更多的就业机会和职业生涯发展与成功的机会。

职业资本的保值、增值是没有终结的人生课题，提高职业资本的附加值，可以从以下几个方面做起：

(1) 努力汲取知识营养。这不仅是指接受系统的学校教育，更是指在离开学校后的自我修炼。知识是知识经济社会最重要的生产要素，不掌握最新的职业知识，就无法为企业、社会和国家做出更多的贡献。没有一个老板喜欢不学习的雇员，靠经验和感觉去处理问题的时代已经一去不返，持续的学习和知识更新已成为必然。活到老，学到老，进行终身学习，已成为现代职业发展的必然要求。

(2) 树立效率观念，强调功效。在今天这个瞬息万变的时代，没有效率就谈不上竞争，提高工作效率，才能降低成本(生产成本与机会成本)。“苦劳”是传统美德，但市场经济不相信也不承认“苦劳”。不要告诉我你工作时间有多长，告诉我你的成绩在哪里，这是现代企业的用人标准。因此，一个人除了应该讲求勤奋、诚实之外，还要注重效率和实绩。提高效率、合理规划与利用时间是实现职业生涯成功的重要措施。

(3) 高瞻远瞩，树立国际化观念。站得高才能看得远，随着全球化与国际化步伐的加快，没有国际化的思路，没有广博的知识与先进观念就不能称为现代人，特别是外语、计算机和涉外法律等与外商打交道的工具和知识更是必不可少。因此，职业生涯的开发与发展，必须从全球化的角度进行思考，按照国际人才标准要求自己，并从全球的角度进行职业定位。

(4) 脚踏实地，积极参与。职业生涯能力的培养需要从小处着手，从大处着眼，现代社会不欢迎那些“一屋不扫”而想“扫天下”的空想家。在职业生涯发展过程中要积极地参与各项开发活动，这不仅可以锻炼能力，更可以扩大和传播思想，更新观念，从而能够更好地促进个人的发展。

二、社会资本的构建

(一) 社会资本的内涵与功能

社会资本是指处于一个共同体之内的个人或组织，通过与内部、外部对象的长期交往、合作、互利形成的一系列认同关系，以及由此而积淀下来的历史传统、价值理念、信仰和行为方式。

随着社会的进步与发展，影响人类发展的因素将逐渐由物质资本向人力资本转化，资本的智能化是知识经济发展的必然结果。人力资本的无限性、稳定性与普惠性使其成为现代社会经济发展中的真正资本与首要财富。

社会资本作为影响个人行动能力以及生活质量的重要资源，在任何经济体制下都有着重要的作用。特别是在我国社会经济转型期，社会资本作为沟通个人和制度的中间物，能够提供个人与制度的缓冲，影响制度的开放性，造成不平等竞争，如职业知名度和职业信用度等都是非常重要的社会资本。一个在某种行业、某个领域有影响力的人，无论在哪个角落里，都会有人去请他出马。相反，一个人尽管满腹经纶，但是无人知晓，就像一块埋在沙里的金子，无人发现他的闪光之处，他也没办法为个人和社会创造财富。同样，职业信用度也是一笔宝贵的个人无形资产和社会资本，在同样遭受一种毁灭性的打击下，信用度良好的人可以很快获得别人的帮助而东山再起，相反，那些信用较差甚至以骗为生的人则会遭到灭顶之灾。因此，在个人的职业生涯发展中积极开发与利用社会资本，注重个人形象传播和个人公关等社会资本，对促进个人职业生涯发展具有重要意义。

(二) 社会资本构建的途径

职业社会资本的开发可以从多方进行，主要可以从如下几个方面入手：

1. 服饰与仪表

很多人都认为，许多优秀的管理人员在能力和工作绩效上存在的差距并不大，往往一些外在形象和个人风格上的细微差别决定了他们的升迁和最终的职位。

服饰与仪表虽然是外在的东西，却能反映一个人的职业特点和内在修养。因而对个人的职业生涯发展有时会起到非常重要的作用。注重职业形象的雇员往往选择那些更能体现权力的颜色(如灰色或红色)，而避免穿“4P 的服装(带格花呢的 Plids、伸缩尼龙的 Polyester、带褶皱的 Pleats 以及尖领的 Polnted Collars)”。优秀的管理人员往往标准地站立、胳膊自然下垂、双足分开成军人姿势、面部表情准确到位，通常显示出积极向上的情绪，适时地流露不满。

2. 对权力关系的把握

一般情况下，领导都喜欢通过一定的方式表达自己的权威和权力，聪明的雇员和管理人员总是善于把握这点，并依此规范自身的行为，显示出对领导权威的尊重，达到升迁的目的。

领导的座位总要高于来访者或下属；领导总是背光而坐，来访者或下属则必须面向领导，向光而坐；领导在接见来访者或下属之前总要让其等一段时间；领导总是将烟灰缸放于来访者刚好够不着的地方，必须稍微欠身将烟灰弹入烟灰缸内等。他们常常用这种细微的方式表达自己的权力。那么，如果明白了这一点，并据此行动，对那些致力于往上晋升的雇员将有很大的帮助。

3. 争取领导的注意

要想升迁，一个很重要的问题是怎样获取上司和领导的重视。在军队，不主动要求任务，一切听从指挥是一个基本的原则，而在公司或企业则不同，管理人员必须主动地争取任务，这样才能获得与上司、领导接触的机会。晋升迅速的雇员总是争取那些相对短期而且能够很快显示绩效的工作任务，这样，他们才能够更多地被赏识和重视。

不仅仅在工作范畴，在社交领域也需要注意保持与领导的接触，获得他们的重视。致力于晋升的雇员应该参加那些领导喜欢的运动，或者去那些上司常去的餐厅用餐，以增加和领导的接触并获得注意。在处理与老板的人际关系上应该注意以下三点：

(1) 注意加深和老板的关系；

(2) 熟识老板私人及公务生活的喜好；

(3) 投老板所好而获得的职位升迁感到受之有愧。

4. 人际关系的处理

一个人职业生涯的成功，就要注重利用负责任、勤于做事、注意仪表来为成功铺路，并时刻以成功为念，避免想到失败。同时，还要注意经营人际关系，因为良好的人际关系是达到晋升目的的重要手段和途径。

一项对五年内连升3级以上的人“关于个人交际在其晋升中所扮演角色”的调查表明，大家一致认为，私人关系非常重要，私人关系是机会来源。因此，关系要广泛，一如学童搜集邮票，利用它们去获得信息、协助“关系力量”。但是，若有意利用别人有时会有相反的效果。掌权的人对于自己被作为他人实现自我扩充的工具会很反感，他们不希望被操纵，不管操纵得多巧妙。因此，凡是想利用友谊的人，最后都可能导致友谊受损，结果反而无利可图。

人际关系确实可以作为事业发展的工具，但这需要上级自动予以协助才有最佳效果。正如一位被调查对象所说：“我一直觉得，让别人来认同比我自己去推销好得多，我相信好好做事的功效。大家都不是傻子，周围的人都晓得必须要看表面底下所隐藏的真面目。我尽量坦白，同时努力表现。我知道我此种做法，表面上不是在推销自己，但事实上却是在进行推销。”另一位被调查对象也表示了另一个不宜有意操纵别人的理由，并说：“你或许需要借狡猾手段去获取一项新职务，但保持一项工作却是另一回事。我看过太多借旁门左道晋升的人，后来都又被排挤掉。所以，最好以你自己的表现来让人选择；正如不真实的广告或许可以卖出产品，但使用者不久便会知道自己买的是蹩脚货一样。”

这种“公平交易”的晋升方法依据的原则是诚实与坦白会有回报。因为坦然、诚实及直率，助长了自己的自信，在表现真正的自己，真诚无形中给了自己力量。因此，公平交易之所以能成为晋升最有效的策略，并不足为奇。成功的人际关系有一条原则，就是“互惠”，也就是“给”与“取”一定要平衡。寻求职业生涯发展的人希望得利，因此就必须想想自己能给予别人什么？否则别人凭什么要帮助你呢？

在处理职业发展领域的人际关系时要注意以下几方面的问题：

(1) 要让自己受欢迎。获得良好的人际关系、争取信任和友谊最有效的方法是替别人解决问题，减轻别人的痛苦，特别是去寻找那些导致某些有权者困扰的问题。同时还要注意，别太拘谨和倔强，切记最高大的树虽因强风而弯曲，但风过之后却仍然保持直立。当然不同的机构可以采用不同的方法。总之，要注意使自己合乎未来上司的品位，即使你有意见时，也不要表示出强烈的反对，因为老板总不喜欢座椅下有芒刺。

(2) 要表明自己的晋升愿望。要获得晋升，一方面要找出在你之上的那些职位需要些什么能力，塑造自己去吻合那些需要，但不要损及你的品格；另一方面表明你准备晋升和变动也是很重要的。要设法使自己进入本公司或其他著名结构所保留的、准候选人的基本名单中，这对个人的职业生涯发展会非常有帮助。同时，还要积极培养继任人员，以使自己的晋升或调动成为可能，但要留意勿使自己完全变成多余的人。因此，时间的把握很重要，既要为自己铺好路，又要让人觉得缺你不可，这样你就可以等待成功带来的益处了。

(3) 要建立合理的心理契约，并坦诚地自我表现。追求晋升时个人会比较容易受伤，因为可能会被别人利用。因此，在你进公司时先订个良好的合约，一份完善的合约，会详细说明你的位置和责任。正如影片剪辑玛丽所说的那样："我是自由影片剪辑，也就是说我替有影片要剪接的人按日、按月或按年工作。我已经学到一点，当接受一个新工作时，我要弄清楚我需要的设备、我的工作水准以及我在制作部门中的地位。我不愿受一个刚刚受训 5 周、一切还不稳定的牛津毕业生指挥，即使他自认为是大卫的化身也一样。我知道如何去做好我的工作，我尽量用一切方法表现自己，使每个人都知道我的位置。"因此，知道自己的位置和责任是很重要的。

对于追求职业生涯发展的人来说，所面对的一个最重要问题是"如何晋升"，有的人决定追寻前人走过的道路，有的人冒险走以前很少人走的荒僻路径，但很多人则选择渡河方式——好像软木塞般被潮流推涌着。每一种行动方法都会有所进展，选择何种方式取决于个人对客观世界的不同看法。保守的人喜欢既成的道路，他们把世界看作是一个有组织的地方；激进的人看世界则不断有变动，认为只有敢于冒险的人才会赢；而乐天者则喜欢轻松的方式，他们把世界看作是尽善尽美的。保守、激进和乐天的人，都可以为他们的行为方式找到支持证据。当然，这三种态度在某些状况下各有其效——保守派能在可预测的官僚体系中建立稳固的事业；激进派能在市场取向的小机构中得胜；而乐天派则听凭际遇的出现。但无论你是何种性格的人，积极进取、坦诚自我表现，都是获得良好的人际关系的重要举措。

5. 构建职业人际关系网的技巧

职业生涯成功在很大程度上取决于你拥有多大的权力和影响力，而与恰当的人建立稳固的人际关系对此更为关键。

几年前，组织都是由自我独立的单元构成的。在这些单元中每个人都职责分明，分工程度、次序及内部程序都是规定好的，任何被指派的人都很了解这一切。今天的组织已截然不同，等级森严、分工明确、次序井然的组织结构已经被可变的、有机的和充满活力的架构所代替。

这种新的架构能够快速响应组织不断变化的需求。人们不再把各层面的工作定义为一些毫无人情味、纯技术性的工作。企业评判雇员业绩的依据，是他们对变革的适应能力、反映能力和应变能力。他们的成功取决于如何编织他们的关系网络。

在打造关系网的过程中，目前你已经认识的人是很重要的。目前的联络网是铺就你未来关系网的原料。他们都有自己的熟人，而他们所熟识的人又有自己的熟人。成功建立关系网的关键是和适当的人建立稳固的关系。良好的人际关系能拓宽你生活的视野，让你了解周围所发生的一切，并提高你倾听和交流的能力。构建职业人际关系网应注意以下几个方面的技巧：

1）构建稳固的内部圈

当你对职业人际关系有所意识，并开始选择可以助你一臂之力的人时，你可能不得不卸掉一些关系网中的额外包袱。其中或许包括那些相识已久但对你的职业生涯无所裨益的人。维持对你无甚益处的老关系只会意味着时间的浪费。

良好、稳固、有力的人际关系的核心必须由10个左右你能靠得住的人组成。这首选的10人可以包括你的朋友、家庭成员和那些在你职业生涯中彼此联系紧密的人。他们构成你的影响力内圈，因为他们能让你发挥所长，而且彼此都希望对方成功。这里不存在钩心斗角地威胁，他们不会在背后说你坏话，会从心底为你着想。你与他们的相处会愉快而融洽。

当双方建立了稳固关系时，彼此会激发出强大能量。他们会激发对方的创造力，使彼此的灵感达到至美境界。为什么将你的影响力内圈人数限定为10人呢？因为强有力的关系需要你一个月至少维护一次，所以10人或许已用尽你所能利用的时间。

还有就是，你应该同可以作为你10人强力关系圈后备力量的至少15人保持联系。假定你的一位主要关系退休或移民国外，最好的替补就是你的后备军。事实上，只要你能每月定期和他们联系，无论是通过电话、传真、聚会、电子邮件或信件，这个团体的人数都可以超过15人。

2）为人要慷慨大方

在试图与你建立关系时，人总会问你是做什么的。如果你的回答平淡似水，比如只是一句“我是一名IBM经理”，你就失去了一个与对方交流的机会。比较得体的回答是“我在IBM负责一个小组的管理工作，主要为我们的军事侦察卫星开发监视软件。我也喜欢骑马，常常打网球，并且热爱写书。”在不到15秒的时间里，你不仅使你的回答增添了色彩，也为对方提供了几个话题，说不定其中就有对方感兴趣的。当他这样回答：“哦，你打网球？我也喜欢”时，你们就开始打造关系了。

建造关系网络必须遵守的规则，不是“别人能为我做什么”而是“我能为别人做什么”。在回答别人的问题时，不妨再接着问一下，“我能为你做些什么？”

保持联络是成功建立关系网络的另一关键。《纽约时报》记者问美国总统克林顿，他是如何保持自己的政治关系网的。当时他回答道：“每天晚上睡觉前，我会在一张卡片上列出我当天联系过的每一个人，注明重要细节、时间、会晤地点和其他一些相关信息，然后添加到秘书为我建立的关系网数据库中。这些年来朋友们帮了我不少。”

要与关系网络中的每个人保持积极联系，唯一的方式就是创造性地运用你的日程表。记下那些对你的关系特别重要的日子，比如生日或周年庆祝等。打电话给他们，至少给他们寄张卡，让他们知道你心中想着他们。

3）掌握人际关系的维护技巧

观察他们在组织中的变化也同样重要。当你的关系网成员升职或调到新的组织去时，祝贺他们。同时，也让他们知道你个人的情况。去度假之前，打电话问问他们有什么需要。

当他们落入低谷时，打电话给他们。不论你关系网中谁遇到麻烦时，立即与他通话，并主动提供帮助，这是表现支持的最好方式。

富有建设性地利用你的商务旅行。如果你旅行的地点正好邻近你的某位关系成员，不要忘记提议和他共进午餐或晚餐。

出席对你很重要的关系网成员的社交活动，不论是升职派对，还是其女儿的婚礼等。

如果你不去，他们也会知道的，所以要去露露面。

至少每三个月变动一下你的关系网。要多提类似“为什么要保留这个关系？”的问题。如果你不定期更新或增加新人，你的关系网络就会陈旧。

为你的关系网络和组织提供信息，时刻关注对网络成员有用的信息，应定期将你收到的信息与他们分享，这是非常关键的。

优秀的关系网络是双向的。如果你仅仅是个接受者，无论什么网络都会疏远你。搭建关系网络时，要做得好像你的职业生涯和个人生活都离不开它似的，因为事实上的确如此。

4) 建立职业关系网须避免的 7 种错误

如果你认为建立关系网仅凭个人魅力和漂亮外表就可大功告成，那就错了。受人喜欢固然很棒，但更重要的是别人需要你。因此，你要避免犯以下类似的错误。

(1) 关系网络成员不要个个都像你，应多样化，要吸收持不同意见的人。这样你就能从不同的意见中有所收获。

(2) 不要以为你有资本从中发号施令。在关系网络中，谁也不在乎你是业界最强大公司的董事长、行政总裁，还是主席，关系网络中人人平等。

(3) 不要小气。当某位关系帮了你大忙时，请他吃一顿饭回敬对方，小小的付出往往令你得到意想不到的回报。

(4) 回复电话。当你不在时，某个人给你留言了，如果你希望继续保持联系，就应尽快回复电话。

(5) 不可低估私人接触的价值。在英语中两个最有力的词仍然是“谢谢”和“请”，在中国也不例外。

(6) 不要敷衍。他们问你问题，你不知道答案时，应当诚实相告。如果你知道谁能回答，主动推荐或帮对方去询问。

(7) 学会区分消息和流言。无论是在你的职业生涯还是私人生活中，决不能给流言留有任何机会，它对提高你的思想和生活毫无益处。

三、个人职业生涯开发与规划的整合与调适

在个人职业生涯发展过程中，职业生涯开发与职业生涯规划之间有着非常密切的关系，开发是为了保证规划目标的实现，规划则是对包括开发、生涯发展目标、步骤以及其他措施的一种安排，开发与规划只有经过不断地整合与调适，才能相辅相成，更好地促进职业生涯目标的实现。

雇员要想做出最为有效的职业生涯规划，并与职业生涯开发紧密结合，应该特别注意以下十个核心要素与抉择要点。当然，帮助与指导人们进行职业生涯规划的人力资源开发专业人员也应该充分考虑这些要素和要点。

(一) 技能和要求

人们在初次选择自己的职业以及之后的整个职业生涯中，都必须考虑自己的技能特长和个人的职业爱好与要求。否则，做出的职业选择很容易导致对现职工作的不如意，从长期来说，还会造成对职业道路的失望。况且，人的技能和要求会随着时间的推移发生变化，

人们有必要据此不断重新思考当初的职业选择，并在合适的条件下开发新的职业技能，培养新的职业爱好，做出必要的职业变动，实现职业生涯开发与未来职业技能要求的统一。

(二) 机会成本

在工作中，人们必须学习与本职工作相关的知识和技能，而这需要花费大量的时间和精力，因此，这势必影响到个人的生活，形成职业生涯开发或职业成功的机会成本。在每一职业阶段，人们必须认真考虑这种成本，为了个人或家庭生活，权衡能够放弃哪些晋升的机会：或者为了职业上的发展，能够放弃哪些个人生活。如果这个问题不能很好地解决，则人们做出的职业开发与发展选择都将很不稳定，容易走向极端，顾此失彼，不能很好地协调家庭、朋友和同事之间的关系，让人总有一种矛盾的心理，工作和生活都感到不愉快。

(三) 工作和家庭的协调

虽然许多人希望工作和家庭互不相干，但现实是工作和家庭总是难以分割的，就像许多人所说的那样：人们有时拒绝承认上班和下班后做出的决策相互影响。他们希望上班和下班完全分离开来，他们需要获得某种“自由”。可是，他们马上发现，这是不可能的，人们的生存空间已经是一个联系越来越紧密的整体，而且这种联系在不断增多而不是减少。那些不能理解或者不能接受这一事实的人，将会无所适从。因此，在职业生涯开发与规划中注意工作、学习与家庭的协调十分重要。

(四) 业绩与职业成功

工作业绩在职业成功中所起的作用是职业生涯开发与规划要考虑的又一要素。在每一职业阶段，那些被认为工作业绩突出的雇员通常承担更具挑战性的工作，接受更多的培训以及得到公司领导更多的重视。那些教导人们如何“轻轻松松升职”的方法对人们的职业生涯开发与规划产生了非常不良的影响。它使人们将主要的精力放在了那些外在形象和社会关系的处理上，而忽略了事情的关键，即长远来说，那些真正业绩突出的优秀雇员升职比那些平庸的雇员更快。因此，在职业生涯规划中，任何雇员都必须思考这个重要的问题：“我怎样做才能提高我的工作绩效和工作技能？”而不仅是“我怎样才能升职？”因为过多地考虑升职的问题往往使人们偏离了职业生涯开发与成功的轨道。

(五) 发展和稳定

在每一职业阶段，人们必须做出的一个基本的决策是选择职业生涯发展还是保持现状明哲保身的策略被证明，在短期内它可能给人带来一定的满足，但从长期来说，它不是一种有效的职业生涯规划方法。

通常，发展意味着压力，发展需要不断进行新的知识与技能的开发，往往会引起人们的不安，而且可能给个人和家庭生活带来波动。而保持现状则刚好相反，可是要做到这点并不容易。通常，组织希望雇员要么力争上游，要么离开。试图终生维持一种工作几乎不可能，特别是对于那些刚进入中年的人来说，做到这一点更加困难。因此，只有持续不断地进行职业生涯的开发，才有可能保持职业生涯的发展与稳定。

(六) 际遇与职业

毫无疑问，际遇在职业的发展中起着很重要的作用。然而，际遇靠人们自己把握，他们可以创造际遇，也可能使际遇从身边溜走。更多的社会交往、积极地参与民间和行业组织能扩展一个人的社会关系网等社会资本的开发，可以带来潜在的际遇。过于封闭则会使一个人的社交圈越来越窄。积极地表达自己的愿望并努力地争取一些特别的工作任务，能使一个人得到更多的机会，而消极等待和隐藏愿望与抱负则刚好相反。因此，如果说一些瞬间的际遇给人带来了机会，那么，有计划地创造际遇则是自身的责任，也是自身所能做到的。

(七) 独立和连续的职业抉择

在做出职业决定之前，人们有必要知道：每一个职业抉择都在很大程度上会制约以后的职业选择机会。例如，假定某人决定在学校就某个领域继续深造，那么这个决定就在一定程度上使得他以后在别的领域的深造变得不可能，因为，一方面财力耗竭，另一方面，当初待在学校做学生的热情已经消失。因此，在做职业生涯开发与工作的选择时，人们不能仅仅考虑眼前，还应该考虑当前的决定对将来选择机会可能造成的影响。

(八) 职业陷阱及避免方法

现实中，许多人由于陷入职业陷阱，丧失了许多升迁及职业成功的机会。比如，有些雇员被组织误导，相信自己不适合变换工作、技术不能转换或能力不足以在别处找到好的工作。组织采取这种策略并不一定就是出于恶意，也许是因为它们不想失去优秀的雇员或者它们确实认为这些雇员不能适应别的工作。但组织的这种误导作用确实使雇员陷入了一个不能变动职业的陷阱。还有，当雇员在面临两难抉择，如是否为更大的职业挑战而牺牲目前稳定的保障、是否为更多的升迁机会而牺牲目前更高的薪酬待遇等时，不知所措。在这种情况下，他们往往主观地自我暗示：目前的工作处于“没有退路”的状况，并以此自我安慰自己的决定。

卡尔博特为此提出了一个避开职业生涯规划陷阱的一般观点。他认为，人们有必要认识到，在组织中，个人需求和组织需求在很大程度上是冲突的，最终人们还得靠自己为所做出的职业选择负责。不管组织在职业开发上花费多少时间和金钱，组织为个人设计的职业计划与个人自己的追求总会有不一致的时候。

(九) 准确的信息

在个人职业生涯开发与规划中，获取对当前形势、潜在机会、可能的成功和失败以及雇主情况等的准确信息非常重要。但是由于职业选择通常在时间上有限，因此人们有时根据头脑中固有的观念做出判断，而不是在认真搜集并分析客观资料后做出决定。实际上，在每一职业阶段，做出良好的职业抉择不但需要关于客观环境精确的信息资料，还需要对自我进行深刻地分析。扩展信息的搜集面，对其进行认真的分析并系统地对自身主观和旧有的一些观念提出疑问，将使职业生涯规划与开发更为有效。

(十) 单一职业和多种职业

在人们的职业生涯中，从事单一的职业还是多种职业是进行职业生涯开发与规划要考虑的一个首要问题。这直接决定着人们将从事什么样的工作、为此必须进行什么样的培训以及怎样设计自己的家庭和社会生活等。然而，在一个相当长的时期从事单一的职业，这种可能性已经越来越小了。科技以及商业环境急剧的变化，使得工作内容和组织本身的性质在很短的几年内就会发生很大的变化。因此，选择单一的一种传统工作的职业生涯规划已经很困难，几乎不可能，因此为未来的多种职业选择进行职业生涯的开发将变得越来越重要。

思考与讨论

1. 对于个人而言，是否存在最佳的职业生涯规划？
2. 什么是职业生涯反馈？它对职业的发展具有什么意义？
3. 在职业生涯规划反馈与评估过程中应注意哪些问题？
4. 职业生涯评估的主要方法有哪些？如何进行职业生涯评估？
5. 什么是职业生涯开发？联系实际谈一谈如何进行职业生涯的开发？

本章小结

通过本章的学习，同学们要深入认识到反馈和评估对于职业生涯规划的重要性。掌握反馈和评估的基本方法，重要的是还要能有进一步改进的措施，最大限度地实现职业生涯规划的最优化。

第九章

职业生涯自我管理

知识目标

1. 了解大学生时间管理的现状和时间管理的方法。
2. 理解大学生容易产生的不良情绪的原因及其调节方法。
3. 掌握压力管理策略。

能力目标

通过本章的学习，使大学生能结合自身实际情况合理安排时间，有效调节情绪，缓解各种压力。

核心概念

时间管理　情绪管理　情绪　压力源

在大学阶段，大学生要掌握职业生涯自我管理方面的能力，学会学习、学会生活、学会面对各种困难和挫折。一个职业生涯自我管理能力强的人不一定能够成为职业成功人士，但是一个职业成功人士绝对是一个职业生涯自我管理能力强的人。良好的职业生涯自我管理能力是医学生适应社会发展的必然要求，职业生涯自我管理有利于提高医学生的情商，锻炼大学生的自制力，帮助大学生赢得未来。

小王是一名大二医学生，他上课总是迟到，老师问他原因。他说："因为我的时间观念不强。"老师就反问他："如果你真的是时间观念不强的话，你也可以早到啊，为什么没见你早到过？"小王愣住了，他从来没有从这个角度想过，于是他开始反思自己迟到背后的真正原因。

想一想：1. 小王是真的时间观念不强吗？

2. 大学生要怎么做好自己的时间管理？

第一节　大学生的时间管理

培根说："合理的统筹规划时间就等于节约时间本身。"时间管理是在日常事务中执行的一种有目标的可靠的工作技巧，它引导并安排管理自己及个人生活，合理有效地利用可以支配的时间。例如，如何安排你的生活，怎样去规划你的职业生涯或者工作步骤，关键是合理有效地利用可以支配的时间。

一、时间管理概述

英国博物学家赫胥黎有一句非常有哲理的话："时间最不偏私，给任何人都是 24 小时；时间也最偏私，给任何人都不是 24 小时。"其差异就在于能否合理和充分地利用时间。时间管理是所有医学生不可回避的问题，不会把握时间是大多数医学生的共同体验。在校期间，养成良好的时间管理习惯，不但会使学业有所长进，也会使未来的职业发展领先一步。

（一）时间管理的含义

美国时间管理学者杰克·弗纳对时间管理的定义是：有效地利用时间这种资源，以便有效地达成个人的重要目标。需要注意的是时间管理本身永远也不应该成为一个目标，它只是一个短期内使用的工具，一旦形成习惯，它就会永远帮助你。如果我们想要成功，就必须把时间管理工作做得更好。

也有人认为，"时间管理"所探索的是如何减少时间浪费，以便有效地完成既定目标。由于时间所具备的独特性，所以时间管理的对象不是"时间"，而是指面对时间进行的"自我管理的管理者"。

还有人认为，时间管理是在日常事务中执著并有目标地应用可靠的工作技巧，引导并安排管理自己及个人的生活，合理有效地利用可以支配的时间。

综上所述，时间管理是为了提高时间的利用率和有效性而对时间进行的合理计划与控制、有效安排与运用时间的管理过程。时间管理可以使工作系统化、条理化，使工作更有效、更有成果。大学生的时间管理行为是一个包含想法、行动和控制的整合过程，包括时间管理意识(指大学生对时间的敏感性以及主动管理时间的自觉性)、时间管理规划(指时间的优先次序及时间分配等)、时间管理行为控制(指大学生对自身的控制能力)三个方面。

对大学生而言，时间管理就是学会如何面对时间的流逝而进行的自我管理，其所持的态度是将过去作为现在改善的参考，把未来作为现在努力的方向，从而好好把握现在，运用正确的方法做正确的事。大学生时间管理的关键就是对事件的控制，即把每一件事情都能够控制好。大学生时间管理的目的在于提高工作和学习效率，既要抓紧时间，合理利用，又要在单位时间内取得更大的工作成果和学习成果。

(二) 大学生时间管理特点

1. 闲暇时间总量增加

据调查，除双休日、节假日外，大学生平均每天的课余时间为 3～5 小时。课余时间的允裕是以上课时间的减少和生理必需时间的压缩为前提来实现的，因为时间总量是不变的。医学生相对普通大学生而言，由于学业压力大，任务重，课余时间相对较少。

2. 制度特点明显

大学生活具有很强的制度性，如学制的安排、学习内容的选定等，生活在这种环境中的大学生不可能不受这种制度性环境的影响。与此相适应，大学生时间的安排及运用也显示出明显的制度性特点。最明显的例子就是相对固定的作息时间。除此之外，节假日闲暇时间的分布也是制度安排的结果，如“十一”长假、寒暑假等。

3. 个体差异明显

有关大学生的课余时间的管理现状调查表明，在周一到周五的课余时间安排中，自习是处于第一位的，但是在第二位要做的事情中，大一和大二、大三的学生表现出了明显的不同，大一选择了学生会等社团活动，大二、大三选择了上网和谈恋爱。无论他们选择的理由是什么，我们可以看出在时间管理上，因为年级不同存在着差异。

性别因素差异不明显，男生女生的时间管理差别比较小，但是女生比男生具备更好的时间管理信心及对时间管理行为能力的估计。有关研究还表明，成绩优秀的同学在自我效能方面明显高于其他学生，虽然大学生都认为时间管理很重要，但是成绩优秀的学生比其他学生更善于管理时间，更善于抓住和利用时间。并且，时间价值观念强的人，有较强的统筹时间的能力，能够出色快速地完成任务。

二、大学生时间管理现状

目前大学生的时间管理现状并不尽如人意，表现在以下几个方面：

(一) 时间安排不合理，利用质量差

随着大学生独立自主意识的增强，受社会文化多元的影响，他们对业余时间的安排与利用呈现多样化的趋势。大学生群体大多不喜欢循规蹈矩，在学习和工作中不愿按计划使用时间，从而效率低下，浪费了大量时间。有部分大学生并不是不愿意计划自己的时间，而是时间规划得不合理，没有将时间进行具体分配。如许多人在业余时间沉迷于网络、游戏、聊天、玩乐等。大学生对课余时间的利用效率低、质量差，严重影响了正常的学习，影响身心健康，甚至出现行为偏差等不良现象。

(二) 缺乏时间意识和自我管理能力

大学与中学最大的区别是，大学业余时间增多了。很多大学生对忽然增多的大量业余时间感到茫然，对时间没有安排计划，不重视，随感觉和心情而定，安排带有很大的随意性和盲目性，盲目追赶潮流是对精神和智力的扼杀。随意、盲目安排业余时间，这说明部分大学生缺乏时间意识，没有明确的人生目标，没有科学合理的人生规划，自我管理能力差。

(三) 闲暇时间安排过于享受化

当今的大学生多数是独生子女，在物质经济上没有压力，无忧无虑，致使部分大学生对闲暇时间的安排过于宽松，网络语言这样形容大学生——消费白领化、上课梦境化、寝室网吧化，导致一些医学生虽然怀揣着雄心壮志进入大学，但因为不知道自己应该做什么，不知道如何管理好大学时光，最后后悔莫及。

三、大学生时间管理技巧与方法

(一) 时间管理需要建立合理目标

可以把一段时间的几个目标写出来，根据主次关系及对自己的影响大小依次排列，然后依照你的目标设定详细的计划，并严格依照计划进行。

在确定了总体目标后，要根据自己的实际情况以及实施的能力将计划分为小块，如准备英语四级考试时设定每天背 15 个单词的小计划。把自己将要做的每一件小事情都写下来，列一张总清单，这样做能让你随时明确自己手头上的任务，在列好清单的基础上进行目标的分化。

(二) 时间管理需要设定详细计划

很多计划实施时遇到的难题都是由未经认真考虑而行动引起的。在制订有效的计划中每多花费 1 小时，在实施计划中就可能节省 3～4 小时，并会得到更好的结果。如果你没有认真做有效的计划，那么时间还是无法得到合理的分配。把每天的时间分配记录下来，找到浪费时间的根源，你才有办法改变。

(三) 时间管理应遵循“二八”定律

用你 80%的时间来做 20%最重要的事情，就是集中时间做更加重要的事情，会使自己的生活不那么紧张。生活中必定会有一些突发困扰和亟待解决的问题，如果你发现自己天天都在处理这些事情，那表示你的时间管理并不理想。一定要了解，对你来说，哪些事情是最重要的。成功者往往花最多时间去做最重要但不是最紧急的事情，而一般人往往将紧急但不重要的事放在第一。因此，必须学会如何把重要的事情变得紧急。这里有个建议，大家可以采纳一下：每天制订第二天的计划时，将所要做的事情分为非常重要、重要、次重要、不重要，将其写在纸上按顺序排列；第二天实施的时候再根据情况适当地添加紧急的事情，按照顺序去做这些事情，生活将更加条理化。

(四) 时间管理应有明确的价值观

据研究，我们在生活中，每隔几分钟就会被打搅一次。假如每天可以有一个小时完全不受任何人干扰地思考一些事情，或是做一些你认为最重要的事情，这一个小时可以抵过一整天的工作效率，甚至可能比三天的工作效率还要高。规划自己的时间，同时为自己创造不被打搅的环境，如背英文单词时要尽量找一个清静无人打扰的地方大声朗读出来。当然，价值观如果不明确，就很难知道对于自己什么事是重要的，什么事是不重要的。当价值观不明确时，就无法做到合理地分配有效的时间。时间管理的重点不在于管理时间，而在于如何分配时间，你永远没有时间做每件事，但永远有时间做对你来说最重要的事。因此价值观很重要，这个要在生活中渐渐形成。

(五) 时间管理应提高工作效率

巴金森在其所著的《巴金森法则》中这样写道，“你有多少时间完成工作，工作就会自动变成需要那么多时间。”如果你有一整天的时间可以做某项工作，你就会花一天的时间去做它，而如果你只有一小时的时间可以做这项工作，你就会更迅速有效地在一小时内做完它。提高效率，为自己规定尽可能短的时间去做重要的事情，以节省时间。

(六) 克服时间拖延

时间管理的最大挑战是无限制地拖延。拖延是一种心理学现象，是指在开始或完成一项外显或内隐的活动时实施有目的地推迟。拖延使目标任务在最后期限内无法完成，或者目标任务在快到最后期限时才刚刚启动。拖延不仅会难以按时完成计划中的工作，养成拖拉懒散的坏毛病，还会使你产生无用感、空虚感和挫折感，下面介绍一些方法来克服拖延。

1. 用“想做”代替“必须做”

“我必须去做某件事”这种想法是拖延的一个主要原因。当你对自己说必须去做某件事的时候，你就在暗示自己你是被强迫去做那件事。那么你自然就会有愤恨和极不情愿的感觉。这时，你就会把拖延作为远离这种痛苦的防卫工具。如果你所拖延的工作有个时间期限，那么当期限逼近，而工作还没开始，这项任务原本带来的痛苦又会被更大的痛苦所代替。

解决办法是：认识到你不用做任何自己不想做的事情，没有人强迫你用目前的方式工作，是你所做过的所有决定把你带到了今天这样一个状态。如果你不喜欢这样的自己，那就大胆地去做出不同的决定，随之而来的就是新结果。还有，要知道你不是在每个方面都有拖延这个坏毛病的。就算是最差的拖延者都会有某些他们从不拖延的地方，比方说你从不会错过最喜欢的电视节目，或者你每天总能抽出时间登录你最喜欢的论坛。任何情况下你都有选择的自由。所以，如果你推迟了某件你觉得“必须做”的工作，请记住，这条路是你自己选的，如果你选择“想做”一件事，那么拖延的可能性就很可能会降低。

2. 用“开始”代替“结束”

也许你总把必须完成的工作想得很困难，心理畏惧会让你推迟这个工作。当你总把注意力集中在完成一项看不到前景的工作时，你就会产生一种被任务压倒的感觉。于是你就把这种痛苦与这项任务联系在一起，尽可能地延迟这项任务。比如你对自己说：“今天我必须把作业给交了”或者“我必须完成这个报告”，你就很可能会有压迫感，从而推迟工作。

解决办法是：别总想要去完成整个工作，先开始完成这项工作的一小部分，用“我现在能先做一点什么？”代替“我要怎么完成这个任务？”只要你迈出足够多次的一小步，那么一定会积跬步终至千里。

3. 用“人无完人”代替“完美主义”

一次就要把工作做到完美这种想法会阻碍你开始这项工作。老想着要把事情做到最好，导致的结果就是产生压力，接着你又会把这压力与任务联系在一起，从而条件反射地逃避任务。最终，就会以拖延工作到最后一分钟告终。就是到了那最后一分钟你还会为自己找到一条出路，现在已经没有时间去把工作做到完美了，所以你摆脱了困境，因为你可以对自己说“如果有更多的时间我是可以完美地完成工作的”。但是，如果一项任务没有具体的时间期限，那么完美主义就会让你无限期地推迟下去。

解决完美主义的方法是：允许自己做个正常人。要知道今天完成不完美的工作比无限期拖延完美的工作强得多，完美主义与把整个任务想得太大也密切相关。别老想着要完美地完成整个大工作，要想着先走出不完美的第一步。比方说，你想写一篇5000字的文章，那就从100字的初稿开始。

拓展阅读

李开复谈时间管理

人一生最大的两个财富是：你的才华和你的时间。才华越来越多，但是时间越来越少，我们的一生可以说是用时间来换取才华。如果一天天过去了，我们的时间少了，而才华没有增加，那就是虚度了时光。所以，我们必须节省时间，有效率地使用时间。如何有效率地利用时间呢？下面有几个建议：

（一）做你真正感兴趣、与自己人生目标一致的事情

我发现我的“生产力”和我的“兴趣”有着直接的关系，而且这种关系还不是单纯的线性关系。如果对我没有兴趣的事情，我可能会花掉40%的时间，但只能产生20%的效果；

如果遇到我感兴趣的事情，我可能会花 100%的时间而得到 200%的效果。要在工作上奋发图强，身体健康固然重要，但是真正能改变你的状态的关键是心理而不是生理上的问题。真正地投入到你的工作中，你需要的是一种态度、一种渴望、一种意志。

(二) 知道你的时间是如何花掉的

挑一个星期，每天记下每 30 分钟做的事情，然后做一个分类(例如，读书、准备 GRE、和朋友聊天、社团活动等)和统计，看看自己什么方面花了太多的时间，凡事想要进步，必须先了解现状。每天结束后，把一整天做的事记下来，每 15 分钟为一个单位，例如 1:00～1:15 等车，1:15～1:45 搭车，1:45～2:45 与朋友喝茶……在一周结束后，分析一下，这周你的时间如何可以更有效率地安排？有没有活功占太大的比例？有没有方法可以增加效率？

(三) 使用时间碎片和“死时间”

如果你做了上面的时间统计，你一定发现每天有很多时间流逝掉了，例如，等车、排队、走路、搭车等，可以用来背单字、打电话、温习功课等，现在随时随地都能上网，所以没有任何借口选择再发呆一次。我前一阵和同事一起出差，他们都很惊讶为什么我和他们整天在一起，但是我的电子邮件都可以及时回复？后来，他们发现，当他们在飞机和汽车上聊天、读杂志和发呆的时候，我就把电子邮件全回了。重点是，无论自己忙还是不忙，你要把那些可以利用时间碎片做的事先准备好，到你有空的时候有计划地拿出来做。

(四) 要事为先

每天一大早挑出最重要的三件事，当天一定要做完。在工作和生活中每天都有干不完的事，唯一能够做的就是分清轻重缓急。要理解急事不等于重要的事情，每天除了办又急又重要的事情外，一定要注意不要成为急事的奴隶。有些急但是不重要的事情，你要学会放掉，要能对人说不！而且每天这三件事里最好有一件重要但是不急的，这样才能确保你不会成为急事的奴隶。

(五) 要有纪律

有的年轻人会说自己没有时间学习，其实，换个说法就是学习没有被排上优先级次序。曾经有一个教学生做时间管理的老师，他上课时带来两个大玻璃缸和一堆大小不一的石头。他做了一个实验，在其中一个玻璃缸中先把小石、沙倒进去，最后大石头就放不下了。而另一个玻璃缸中先放大石头，其他小石和沙却可以慢慢渗入。他以此为比喻说：“时间管理就是要找到自己的优先级，若颠倒顺序，一堆琐事占满了时间，重要的事情就没有空位了。”

(六) 运用 80%∶20%原则

人如果利用最高效的时间，只要 20%的投入就能产生 80%的效率。相对来说，如果使用最低效的时间，80%的时间投入只能产生 20%效率。一天中，最需要专心地工作应该放在头脑最清楚的时候做。与朋友、家人在一起的时间，相对来说，不需要头脑那么清楚。所以，我们要把握一天中 20%的最高效时间(有些人是早晨，也有些人是下午或晚上。除了考虑时间之外，还要看你的心态、血糖的高低、休息是否足够等)，专门用于最困难的科目和最需要思考的学习上。许多同学喜欢熬夜，但是晚睡会伤身，所以还是尽量早睡早起。

(七) 平衡工作和家庭

关于对家庭的时间分配原则：

(1) 划清界限、言出必行——对家人做出承诺后，一定要做到，但是希望其他时间得到谅解。制订较低的期望值以免造成失望。

(2) 忙中偷闲——不要一投入工作就忽视了家人，有时10分钟的体贴比1小时的陪伴更受用。

(3) 闲中偷忙——学会怎么利用时间碎片。例如，家人没起床的时候，你就可以利用这段空闲时间去做你需要做的工作。

(4) 注重有质量的时间(quality time)——时间不是每一分钟都是一样的，有时需要全神贯注，有时坐在旁边上网就可以了。要记得家人平时为你牺牲很多，度假、周末是你补偿的机会。

> 合理安排时间，就等于节约时间。
>
> ——培根

第二节　大学生的情绪管理

小张是一名大二医学生，担任学生会副主席，工作一向是有条不紊，组织能力执行能力很强。但是最近一段时间，他的情绪波动很大，原来积极主动的人，变得满脸倦怠，对待工作没有耐性，常常发脾气，工作效率大幅下降。学校辅导员看到这种情况，主动与小张沟通，原来是小张交往的女友弃他而去，小张无法割舍，沉浸在伤痛中无法自拔。正是这种情绪，才导致了他的诸多问题。

想一想：小张要如何调整情绪，重新投入到工作中？

情绪是客观事物与人的需要相互作用产生的一种整合性心理过程。情绪渗透在人们的一切活动中，影响着人们的活动效能。我国大学生多数处于青年中期(18～24岁)。在这个阶段，个体心理尚未成熟，对自我、他人和周围环境的各种认知态度及相应的行为方式有时会有明显的不确定性。他们的情绪有时会复杂多变，经常会出现莫名其妙的烦恼。情绪会明显地影响到学生的学习、生活和健康，影响到学生对自己、他人、人生以及社会的看法和态度。尤其是一个医生的情绪，如果不稳定造成的后果不可估量。正确的认识情绪可以帮助我们更好地、更快乐地工作和学习。

一、情绪管理概述

(一) 情绪的含义

情绪一词在人们的生活中经常被使用，人们在使用这个词时并不感到陌生，在认识和理解上也没有多大的分歧和误解。但要给情绪这一概念下一个严格的科学定义就不那么容易了。由于情绪本身的多样性和复杂性，使得人们在定义它时众说纷纭，出现了许多的分歧和争议。

我国古代汉语最初只用“情”字，到了南北朝以后，才出现“情绪”两字的连用，“绪”是丝端的意思，“情绪”连用便表示了感情复杂之多如丝如绪。李煜的名句“剪不断，理还乱”就形象地表现了情绪的复杂性及其难以辨清和加以控制的特点。

心理学家们曾给情绪下过许多定义。如美国心理学家阿诺德的定义为情绪是对趋向知觉为有益的、离开知觉为有害的东西的一种体验倾向。这种体验倾向为一种相应的接近或退避的生理变化模式所伴随。这种模式在不同的情绪中是不同的。另一位心理学家罗伯特·利珀则把情绪定义为是一种具有动机和知觉的积极力量，它组织、维持和指导行为。而苏联心理学家为情绪作出了一个十分概括的定义：情绪是对事物的关系或主观态度的体验。

国内的心理学教科书一般把情绪定义为人对客观事物和对象的态度的体验。为了便于理解，我们把情绪定义为人们对外界刺激引起的生理和心理变化的一种主观体验。比如电影中的悲伤镜头会催人泪下，成功会使人异常惊喜等。情绪是由刺激、认知、主观体验、情绪的行为反应几方面组成的反应过程，这几方面的关系是：

刺激情境→对情境的认知评价→产生主观的情绪体验→表现出不同的情绪反应(包括行为反应)。

人的情绪有愉快和不愉快之分，愉快情绪以喜乐为主，不愉快情绪以悲愁为主。不愉快情绪一般指焦虑、愤怒、恐惧、沮丧、不满、忧郁、紧张等，被心理学家称为负性情绪(不良情绪或消极情绪)。

(二) 情绪管理的含义

情绪管理是一种善于掌握自我，善于调节情绪，对生活中矛盾和事件引起的反应能适可而止的排解，能以乐观的态度、幽默的情趣及时缓解紧张的心理状态。情绪管理不是要去除或压制情绪，而是在觉察情绪后，调整情绪的表达方式。有心理学家认为情绪调节是个体管理和改变自己或他人情绪的过程，在这个过程中，通过一定的策略和机制，使情绪在生理活动、主观体验、表情行为等方面发生一定的变化。

(三) 情绪管理的功能

1. 激发心理活动和行为

每个人都有情绪表现，情绪能够以一种动机形式来引导和激发我们的行为。消极情绪若不适时疏导，轻则破坏情致，重则使人走向崩溃，如恐惧和自卑则会降低活动的积极性；而积极的情绪则会激发人们的热情和潜力，例如，快乐可以提高人的活动积极性。

2. 调节人的身心健康

中国传统医学认为，怒伤肝，喜伤心，思伤脾，忧伤肺，恐伤肾。意思是说，心理上生病，如过度焦虑、情绪不安或不快乐，会导致生理上的疾病。另外，情绪和心血管、肌肉、呼吸、泌尿、新陈代谢和内分泌也都有密切关系。据有关研究指出，一个人常常有负面或消极的情绪产生时，如愤怒、紧张，人体内分泌将受影响并导致内分泌失常，而形成生理上的疾病。由此可见，时常面带微笑，保持愉快心情，并以乐观态度面对人生，则有助于增进生理健康。

3. 影响人际关系

人际关系取决于一个人情绪表达是否恰当。一个人倘若常在他人面前任由负面情绪泛滥，丝毫不加控制，如乱发脾气，久而久之，别人会视他为难以相处之人，甚至将他作为拒绝往来的对象。反之，一个人若常面带微笑、多赞美他人，以亲切态度与别人和谐相处，人际关系自然会逐渐改善。

(四) 大学生情绪特点

1. 丰富性和复杂性

从人的生理发展阶段来看，大学生正处于青春朝的中后期，这一时期是人生面临多种选择的时期，学习、交友、恋爱等人生大事基本在这一阶段完成。医学生作为大学生中的特殊群体，生理基本成熟而心理尚未完全成熟。处于心理断乳期，易受到外界的干扰。对人、对事、对社会等各种现象特别关注，对友谊与爱情执着追求，对新鲜事物十分好奇，对学业和未来充满信心，朝气蓬勃、积极进取，拥有许多积极情绪(增力情绪)。但大学并不是伊甸园，也有竞争与压力，考试不及格、朋友误解、恋爱失败，甚至天气变化等都可以导致消极情绪(减力情绪)的产生。可以说，大学生情绪极其丰富又极其复杂。

2. 激情性和冲动性

由于知识水平和认知能力的提高，大学生对自己的情绪能够有所控制，但医学生群体兴趣广泛，对外界事物较为敏感，加之年轻气盛和从众心理，因而在许多情况下，其情绪易被激发，犹如急风暴雨不计后果，带有很大的激情性和冲动性。如果这种激发结果是积极的，有利于医学生成才，如见义勇为或是听英模报告会等，都会奏响正义的凯歌；如果激发是消极的，甚全是反面的，如为了哥们义气或小团体利益不惜违反校规校纪甚至犯罪，就会成为愚蠢的举动。

3. 波动性和两极性

社会、家庭、学校及生活经历，都会对大学生的情绪产生影响。社会的变迁、体制的变革、社会面临新与旧的更替，正义与邪恶的较量。在社会转型过程中，大学生面对复杂的社会现象易产生困惑和迷茫，价值的判断，认知的取舍，前途的选择，心理会有许多矛盾；家庭的变故，家庭成员关系的亲疏以及学习、交友等个人生活经历都会影响大学生情绪，使大学生情绪摇摆不定，跌宕起伏，时而热情激动、时而悲观消沉，表现出极大的波动性。这种情绪的极端形式就是情绪的两极性，容易从一个极端跳到另一个极端。

4. 外显性和内隐性

大学生很多情绪是一眼就能看出的，考试取得第一名或赢得一场球赛，马上就能喜形于色。但大学生在成长过程中，面临学习、交友、恋爱和择业等具体问题时，切入体肤的影响往往深藏不露，具有很大的内隐性。在某些场合和特定问题上，有些大学生常常掩饰、隐藏或抑制自己的真实情感，不像少儿时期那么坦率直露，有时还会表现出内隐和含蓄的特点。比如，在对异性的态度上，明明乐意接近，却表现出无所谓的态度。

5. 情绪的独立性与依赖性并存

随着离开家庭进入大学以及自我意识的增强，大学生的成人感迅速增强。他们已经获得了一种独立于父母的自主感，自信心和自尊心也有很大提高。所以，一方面他们有着强烈的独立意识，渴望独立生活，希望社会承认并相信他们独立生活的能力；另一方面，由于受社会经验和认识习惯的局限，还无法完全依靠自己的力量来处理学习与生活中的一系列复杂问题，对家庭、学校和社会有明显的情绪依赖性。这种依赖性与迅速发展的独立性并存的特点，常使大学生产生强烈的情绪冲突。

6. 理想与现实的冲突引起的情绪矛盾

大学生正处于身心发展并趋于成熟的时期，他们精力充沛，朝气蓬勃，想象力丰富，生活视野不断扩大，可以说，青年期是人生最富于理想的时期。作为青年群体中有较高知识层次的大学生，想象力更丰富，创造力更强烈，严格的学业训练和独特的校园生活的陶冶，使他们有着较强的自我意识，对社会、生活及未来事业充满信心和理想。然而，理想与现实总是有一些距离，特别是当理想在现实中受挫时，许多大学生就会表现出强烈的情绪冲突。

二、大学生常见的不良情绪

(一) 抑郁情绪

抑郁是一种持续时间较长的低落、消沉的情绪体验，它常常与苦闷、不满、烦恼、忧愁等情绪交织在一起，是最常见的情绪障碍之一。据有关统计，全世界有 4%～5%人群在生命中的某个时期可能出现抑郁。抑郁的症状包括自我批评、无望感、自杀思维及无法专心和全面看问题的消极感。在大学生中有抑郁情绪的人比较多，究其原因，主要是受到了这样那样的不顺心、不顺利及一些负面生活事件的影响，如学习成绩落后、失恋、人际关系紧张等。抑郁容易引起的行为变化包括与他人交往时退缩，不像以往那样从事许多享乐或愉快的活动，也无法振作起来开始参与一些活动。比较严重的抑郁情绪会对医学生正常的学习、工作和生活产生明显的影响。

一般来说，这种情绪多发生在性格内向、孤僻、敏感多疑、依赖性强、不爱交际、生活遭遇挫折、长期努力得不到回报的医学生身上，不喜欢所学专业，或人际关系处理不当、遇到失恋等问题的大学生也会产生抑郁情绪。

(二) 焦虑情绪

焦虑是人们在生活中感到一些可怕的、可能造成危险的或者需要付出努力和代价的事物将要来临，而又感到对此无法采取有效措施加以预防和解决，因此产生紧张的心情，表现出忧虑、不安、担心和恐慌。这是大学生所体会到的最令人烦恼的情绪之一。焦虑的生理反应是掌心冒汗、肌肉紧张、心跳加速、双颊发红、头昏眼花和呼吸困难。

当人们对一件事情情况不明，感到没有把握，无能为力，因而产生担心、紧张的情绪时，就会焦虑。在大学生中，焦虑常常表现为闷闷不乐、性情大变、脾气古怪、注意力不集中等，产生的主要原因有担心考试、学习、适应和就业等。

(三) 自卑情绪

自卑是一种带有自我否定倾向的情绪体验，是对自我的轻视或不满，总觉得自己不如别人。表现为对自己能力或品质评价过低，怀疑自己，看不起自己，担心失去他人尊重的心理状态。一般说来，轻微的自卑大多与某些具体的挫折经历或者失败经历密切相关，经过及时调整，很快可以克服。过度的自卑则可能与屡遭失败有关，而且会自我泛化，即把具体的失败体验无根据地泛化到所有的事情上，从而导致长时间的消沉不振。医学生自卑主要表现为害怕失败、遇事退缩、封闭自己等；也有的学生用别的方式表现出来，如不承认自己的不足并竭力掩饰，以使他人觉察不到自己的自卑，为此常常夸张自己的行为，有时还表现出较强的虚荣心，对自己的不足和别人的评价很敏感，这一切其实是为了掩饰自卑。

(四) 自负情绪

自负是与自卑相反的一种情绪体验，它是一种过度的自我接受和自我评估，通常表现为自以为是、轻视他人和过度防卫。当一个人只看到自己的优点，看不到自己的缺点时，往往会产生自负的情绪：往往取得一点小小的成绩就认为自己非常了不起，完全归功于自己的主观努力，失败时则完全归咎于客观条件的不合作，表现出过分的自恋和以自我为中心。大学生的自负情绪并不少见，比如爱挑别人的毛病，很难对别人进行肯定性评价，对于别人的言行或成绩不屑一顾等。自负情绪的产生往往与自我认知和对他人的评价有关。通常那些家庭条件优越、知识面宽、学习好、个人经历顺利、某方面能力较强的大学生，容易产生自负情绪。也有人因为自我评价过高、对他人评价过低而导致这种情绪。但不论何种原因，自负情绪都会助长自私心理，容易破坏人际交往。

(五) 愤怒情绪

愤怒是当客观事物与人的主观愿望相悖时产生的强烈的情绪反应。引发愤怒的事件类别因人而异，例如，有的人可能因排队而愤怒，却能镇静地倾听班主任对其行为表现的批评；有的人可能可以安心地排队，但对同学批评他的缺点却会强烈地反击。引发愤怒的事件类别与个人的经历、信念以及个人的生活规则有关。对大学生而言，偶尔的愤怒是非常正常的。但太频繁的发怒可能成为问题，因为发怒对一个人的身心健康有伤害，当人发怒时，心跳加速、心律失常，严重时会导致心搏骤停，甚至猝死；另外，发怒会降低人的理智水平，阻塞思维，导致损物伤人，甚至违法犯罪。

(六) 冷漠情绪

冷漠是一种情绪反应强度不足的情绪体验，表现为对人对事漠不关心。处于冷漠情绪的大学生，在行为上常表现为对生活没有热情和兴趣；对学习漠然置之，无精打采；对周围的同学冷漠无情甚至对他人的冷暖无动于衷；对集体生活漠不关心，麻木不仁。大学本该是一生中最多姿多彩、富有朝气和热情的时期，然而，有的大学生会表现出一种对人对事漠不关心的情绪体验。从表面上看，冷漠的人似乎对什么都不感兴趣，对周围的人和事总是无动于衷，实际上，他们有一种说不清的压抑感，他们的内心充满痛苦。有心理学家认为，冷漠是个体对挫折情境的一种自我逃避式的退缩性心理反应，它带有一定的自我保护或自我防御性质，是一种对环境和现实的自我逃避的减缩性心理反应，它会导致当事者萎靡不振、退缩逃避和自我封闭，并严重影响身心健康。

(七) 恐惧情绪

恐惧是一类带有强迫性质的，不能以人自身的意志和愿望为转移的情绪体验。如对过去一些本来并不感到可怕的事情产生一种紧张恐惧的情绪体验或者对常人一般不害怕的事物或情境感到恐惧，他们自己也能意识到这种恐惧是完全不必要的，甚至自己也能意识到这是不正常的表现，但却完全不能控制自己，即使尽了很大努力也依然无法摆脱和消除，因而感到极为不安和痛苦。常见的大学生恐惧情绪主要是“社交恐惧”，也就是大学生在人际交往时，害怕见生人，特别是人多的场合或有异性在场的情况下，产生紧张、焦虑以致手足无措、语无伦次的情绪反应，从而导致令人尴尬的场面出现。

(八) 嫉妒情绪

嫉妒是指他人在某些方面胜过自己而引起的不快甚至是痛苦的情绪体验。其主要特征是把别人的优势视为对自己的威胁，因而感到心理不平衡，甚至恐惧和愤怒，于是借助贬低、诽谤以至报复的手段来求得心理的补偿或摆脱恐惧和愤怒的困扰。如在求职问题上，看到别人某些方面求职条件好，或找到比较理想的工作时，产生羡慕，进而陷入痛苦又不甘心的心态，甚至为了不让他人超越自己，采取背后拆台等不良手段。

三、大学生情绪管理方法

(一) 合理情绪疗法

合理情绪疗法也叫认知疗法，由美国心理学家阿尔伯特·艾利斯(Albert·Ellis)所创，主要基本理论是ABC理论。在ABC理论模型中，A指诱发性事件，B指个体在遇到诱发事件之后对这一事件的看法、解释和评价，C指个体的情绪及行为结果。人们通常认为，情绪的行为反应是直接由诱发性事件A引起的，即A引起了C。但ABC理论指出，诱发性事件只是引起情绪及行为反应的间接原因，而人们在遇到诱发事件之后对这一事件的看法、解释和评价才是引起人的情绪及行为反应的更直接的原因。因此，要改善人们的不良情绪及行为，就要劝导干预非理性观念的发生与存在，而代之以理性的观念。等到劝导干预产生了效果，人们会产生积极的情绪及行为，心里的困扰就会因此消除或减弱，人也就会有愉悦充实的新感觉产生。

大学生运用合理情绪疗法时要把握三点：第一，要认识到不良情绪不是源于外界，而是由于自己的非理性信念所造成的；第二，情绪困扰得不到缓解是因为自己仍保持过去的非理性信念；第三，只有改变自己的非理性信念，才能消除情绪困扰。

(二) 适度宣泄法

水管阻塞了，如果不及时疏导，可能会有破裂的一天；情绪也是如此，如果不及时将不良情绪释放出来，郁结在心里，将会越积越大，最终导致情感的崩溃。情绪宣泄可分躯体和心理两个方面。躯体宣泄，如哭、大吼、击打非破坏性物件(如枕头、布制玩具、沙袋等)、体育运动和文艺活动等，心理宣泄是指借助他人来调整个体的认知状况，以改变一些不合理的信念。比如，向可依赖的人倾诉苦闷、写信、与朋友讨论等。有意识地长期压抑，不仅使人生理功能出现紊乱，也容易引起障碍性情绪的泛化，所以为了身心健康，不良的情绪需要及时宣泄，愉快的情绪也需要恰当释放。

(三) 自我暗示法

自我暗示是运用内部语言或书面语言以隐含的方式进行自我调适情绪的方法。自我暗示对人具有很大的影响，它影响人的认识和判断。自我暗示包括积极的自我暗示和消极的自我暗示，前者让人自信乐观，后者令人消沉悲观。积极的心理暗示既可以用来松弛十分紧张的情绪，也可以用来自我激励。例如，第一次参加求职面试时，可以在进入面试前做几个深呼吸，告诉自己“放松点儿”“我一定能行”。我们要学会运用积极的暗示，消除不良的自我意象。特别是对于有自卑情绪的学生来说，可以经常在心里默念“我能行”“我会发挥得很好”“我一定能成功”等语句，或者写在纸上，或者找个旷野大声地喊出。这些对走出自卑、消除怯懦有一定的作用。

(四) 注意力转移法

转移是指主观上有意识地将注意力从消极、不良的情绪状态转移到其他事物上的一种心理调节方法。当不良情绪出现时，可以采取转移注意力的方法寻找一个新的刺激，激活新的兴奋中心以抵消或冲淡原来的兴奋中心，使不良情绪逐渐消失。如果感到不高兴、紧张或烦闷，去看一场电影或是踢一场球，回来后心情就会舒畅许多。

(五) 放松训练法

放松训练是指使有机体从紧张状态松弛下来的一种练习过程。放松有两层意思，一是肌肉松弛，二是消除紧张。放松训练的直接目的是使肌肉放松，最终目的是使整个机体活动水平降低，达到心理上的松弛，从而使机体保持内环境平衡与稳定。常用的放松训练方法有深呼吸、肌肉放松训练、冥想放松训练。放松练习可以帮助人减轻和消除各种不良身心反应，如焦虑、恐惧、紧张、失眠等。

(六) 音乐调节法

在国外，音乐调节已应用到了外科手术和治疗精神病、抑郁症、焦虑症等病症上，如忧郁烦恼时可以听《蓝色多瑙河》《渔舟唱晚》等意境广阔、充满活力、轻松愉快的音乐，失眠时可以听莫扎特优雅宁静的《摇篮曲》、门德尔松的《仲夏夜之梦》等乐曲，情绪浮躁时可以听《小夜曲》等宁静清爽的乐曲。每个人都可以根据自己的情绪状况，选择适合的音乐来调节自己的情绪、情感状态。

李某是一名大二机制专业的学生，对他而言，大学生活是紧张无序的。他说："进大学快两年的时间，我的生活是丰富的，参加了三个社团，并担任了职务；我是学生会的宣传委员，每次举办活动都由我出海报；我有很多朋友，时常约我一起出去玩，另外，我还在校外找了一家兼职，每周五、周日晚要去上班。刚开始时，我还觉得挺充实，总有事可以干，不怕没事闲得发慌。可时间一长，我发现有些不对劲，我根本没有真正属于自己的时间，有时候好不容易完成了手头的工作，刚想轻松一下或做些别的重要的事，结果突然一个电话就会把我的计划打乱。例如说，我周六上午想去自习室看看书，一出门不巧遇见朋友来找我，说谁今天请大家出去 happy，盛情之下我只好放下书包跟他前去，结果大半天又搭了进去。其实，有不少重要的事情等着我去做。我学的是机制，这方面的很多专业书我想读，可就是没有时间，我经常是把书从图书馆借出来还没来得及读就已到归还日期了。而且，我一直打算读研，想早点着手准备，可一直没能真正开始。眼前的事情太多了，让我顾不上将来的事，我觉得有些乱，仿佛不是我去做事，而是事逼着我去做。这学期专业课特别多，再过一个多月又要期末考试了，真不知道会考成什么样子。"

分析：在职业生涯规划与发展中要学会时间管理和目标管理，能处理好做事的优先顺序和轻重缓急，是时间管理和目标管理的标准。"轻重"是指事情对个体的重要程度、价值大小，"缓急"则是指事情对个体而言的时间紧迫程度。这两个方面都很重要，缺一不可，且不能相互取代。在实际运用中，许多人主要考虑的只是事情的"缓急程度"，而较少顾及"轻重程度"。为了使自己的工作学习优先次序能够履行，学会说"不"是必要的保证。像李某一样，许多感到时间紧迫的人都有一种倾向，那就是由于害怕得罪人或碍于情面经常勉强接受新的任务，结果打乱了自己的步调、浪费了自己的时间。

第三节　大学生的压力管理

小赵是一名大一新生，入学后，由于成绩优秀，从班级中脱颖而出，担任班长。班级其他同学大部分是城市里的，农村的小赵与他们相比，越比越觉得自己差，越比压力越大，越比越不自信，感觉自己班长的地位越来越不稳了。要强的她，对自己过分苛刻，过分要求完美，不允许自己出半点差错。但是，她发现自己现在的学习热情越来越低，学习的效率更差，越来越学不进去了，而且出现了睡眠障碍，多梦、易醒，觉得即将崩溃。

想一想：小赵的压力来自哪里？要如何释放调整？

大学生告别了中学时代家长和老师的监督，学习和生活中很多重大的事件都要自己去面对，想要正确应对这些事件带来的压力，对大学生来说是一种挑战。如果不能恰当地认识、面对压力和挫折，不仅会影响心理健康，也会导致身体上的不良反应。压力过大会出现血压增高、肠胃失调、溃疡、意外受伤、身体疲劳、心脏疾病、呼吸问题、汗流量增加、皮肤功能失调、头痛、肌肉紧张等生理变化，而各类癌症、抑郁甚至自杀等现象都和压力有着很大的关系。因此，正确应对压力和挫折至关重要，只有我们做到对压力和挫折“知己知彼”，才能快乐生活、轻松学习。

一、压力概述

在社会生活中压力无处不在。小孩子有升学和成长的压力，年轻人有就业和婚恋的压力，中年人有升职和家庭的压力，老年人有养老和空巢的压力，有人戏称为“压力山大”。但是如果没有压力，我们也会失去前进的动力。面对这些压力，有些人选择积极面对，担起责任；有些人却选择逃避，认为逃避就可以把压力卸掉，殊不知，逃避只会加重压力。既然这些压力是我们必须要承担的责任，正如山就挡在前进的路上，必须要爬过去一样，逃避是没有用的，为什么不化压力为动力，激励自己奋起前进？我们无法改变压力的客观存在，但是我们能改变面对压力的态度。社会生活中，面对许许多多的压力，有些人甚至因为压力过大而放弃生命，这是任性的不负责任的行为。正视压力，把压力转化为动力激励我们前进，这是勇于担当的青年一代的选择。对于困难，只有我们去坦然面对，努力解决它，才是真正意义上的消除压力。

(一) 压力的含义

压力是指人们在社会适应过程中，对各种刺激作出的生理和行为反应，是一种紧张的心理体验和感受。

压力至少有三种不同的含义。第一种含义为压力指那些使人感到紧张的事件或环境刺激，第二种含义为压力指的是一种身心反应，第三种为压力是一个过程。

(二) 压力产生的原因

压力产生的原因是复杂的，我们将这些具有威胁性或伤害性并因此带来压力感受的事件或环境称为压力源。生活中的压力源可能存在于人们自身，也可能存在于环境中。但是，人类最主要的压力源是人，人际关系是造成压力的最主要来源。心理学家在研究中把造成压力的各种生活事件进行分析，提出了四种类型的压力源。

1. 躯体性压力源

躯体性压力源是指通过对人的躯体直接发生刺激作用而造成身心紧张状态的刺激物，包括物理的、化学的、生物的刺激物，如过高或过低的温度、微生物、变质食物、酸碱刺激物等。这一类刺激是引起生理压力和生理反应的主要原因。

2. 心理性压力源

心理性压力源是指来自人们头脑中的紧张性信息，例如心理冲突与挫折、不切实际的期望、不祥预感以及与工作责任有关的压力和紧张等。心理性压力源与其他类型压力源的显著不同之处在于它直接来自人们的头脑中，反映了心理方面的困扰。生活中的压力事件处处可见，但为什么有的人无动于衷，有的人却耿耿于怀呢？这是因为人们内心对压力的认知不一样，如果过分夸大压力的威胁，就会制造一种自我验证的预言：我会失败、我应付不了。长此下去，会产生所谓的长期性压力感。

3. 社会性压力源

社会性压力源主要指导致个人生活方式发生变化，并要求人们对其作出调整和适应的情境与事件。社会性压力源包括个人生活中的变化，也包括社会生活中的重要事件，个人生活的改变常常会给人带来压力。

4. 文化性压力源

文化性压力源最常见的是文化性迁移，即从一种语言环境或文化背景进入到另一种语言环境或文化背景中，使人面临全新的生活环境、陌生的风俗习惯和不同的生活方式，从而产生压力。若不改变原来的习惯，适应新的变化，常常会出现不良的心理反应。

(三) 正确理解压力

1. 压力对身心的积极作用

一般来说，适度的压力有益于身心健康，它使人的生活变得有动力，更积极地去追求，从而使人生更有意义，这类压力称之为良性压力。事实上完全没有压力的生活是不可想象的，也是不真实的，正是生活中方方面面的压力推动着我们不断走向人生新的高度。有一幅漫画展现了这样一个场景：一个人坐在文件堆积如山的办公桌旁，右手拿着笔，左手拿着一枚定时炸弹，漫画的题目叫作“我只有在巨大的压力之下才能高效率地工作”。我们每个人在生活中或许也都有过这样的体验。

心理学研究表明，早年的心理压力是促进儿童成长和发展的必要条件。经受过生活压力的青少年在以后的生活和工作中更容易适应环境，更容易取得成功；反之，早年生活条件太好，没经历过挫折和压力，则有如温室里成长的花朵，经不起生活的风吹雨打。对于大学生而言，适度的压力是维持正常身心功能活动，激发大学生的积极性和主动性，锻炼和培养良好意志品质的必要条件。

2. 压力对身心的消极影响

一般而言，造成心理压力的事件大都是消极的事件，对大学生而言，比如未完成的作业、即将来临的考试、必须面对的冲突等。这些心理压力如果得不到及时的干预与处理，就会对大学生的健康发展带来一系列的消极影响，甚至成为他们身心健康的杀手。过度的压力或者压力长期得不到缓解和消除，会产生多方面的不良后果，不仅影响到日常生活、工作和学习，使心态变得恶劣，而且还会使人处于慢性心理应激状态，时间一久便容易引发一系列的身心症状，病人会产生呼吸困难、易疲劳、心悸和胸痛等生理症状，并伴有紧张性头痛、焦虑、抑郁、强迫行为、回避、退缩等心理症状。

破坏性的压力，比如灾难、战争等，则容易使人患上创伤后压力失调，或创伤后应激障碍，造成感知、情绪、行为等方面的系列问题。比如女性被强暴后会变得呆滞、心因性记忆丧失、回避社会活动、失去安全感等。强大自然灾害的心理反应，则比创伤后压力失调更为严重，易产生灾难症候群。

二、大学生常见的压力来源

在整个大学生涯的不同阶段，压力是始终存在的，在大一阶段，主要面临着适应新的校园生活的压力，面对新的学习方式、陌生的人际关系、相对宽松自由的校园环境，许多大学新生无所适从，难以把握自我的压力容易使人丧失人生的方向。大二、大三阶段面临着情感、交往、学习等新问题，让许多大学生难以应付。毕业班阶段面临着就业、考研等人生的大课题，大学生会深深体会到社会竞争的残酷性带来的压力。

（一）源自大学环境的挑战

1. 适应压力

这一情况主要出现在大一新生中间，一些大学生由于远离了亲人，尤其是第一次这么长时间、这么远距离地离开家人，所以不同程度地表现出思念亲人和朋友，怀念家乡等情绪。由于新环境中的同学和朋友关系还未发展建立起来，因此不同程度地体到了孤独和寂寞。

同时，在来到大学之前，大多数大学生都对大学生活充满了希望甚至幻想，但来到大学之后却发现有些方面与自己的想象有一定差距，于是感到失望。大学生都曾经是学校里的佼佼者，由于成绩好，所以得到老师、同学和父母的宠爱，心理上有种优越感。但到大学之后发现自己的周围都是这样的人，甚至一些人比自己还优秀，于是一些大学生就开始怀疑自己，总是在想“那个曾经优秀的我哪里去了”，心里感到失落。

这些不适应如果得不到及时调整，便会产生失落、自卑、焦虑、抑郁等心理问题，有的学生还会为长期不能适应大学生活而导致退学。

2. 学习压力

大学生在学习方面也会出现不适的情况，表现在对大学学习方法、学习习惯、学习内容宽度与深度的不适应，以及学习的独立性和自主性不强等方面。学习是大学生活的主旋律，大学的很多活动都是围绕学习而展开的，但由于种种原因，多数大学生感受到了来自学习的压力。大学生学习的专业性强，学习的目标不再是对知识的单纯理解和储存，而是通过知识学习向能力和素质转化，重视对知识的实践和应用，鼓励对未知领域的探索和创新。但有越来越多的资料证明，在影响心理健康的各种因素中，传统的、片面的对知识死记硬背式的学习方法造成的学习压力和考试焦虑占了重要位置。因此，学会学习成为很多大学生在大学期间面临的重大挑战。

3. 人际交往压力

大学生人际交往的压力主要来源于日常生活中与老师、同学关系的处理上。一些学生对人际交往和自我缺乏正确认识，唯我独尊，不注意尊重他人和理解他人，事事、处处都希望符合自己的心愿，不顾及他人感受；一些学生又谨小慎微，生怕与同学发生分歧或矛盾，所以一再忍让，宁可自己不舒服也不愿意表达真实感受，而一旦同学之间发生不愉快，就束手无策，不知如何处理；还有一些学生则封闭自己，心里很想与别人交往，但不知道如何交往，不知道说什么、做什么；更有一些学生则完全缺乏与他人交往的意识，远离人群，整日生活在自己的世界里。

尤其随着网络的发展，大学生的人际交往出现了一个新的发展趋势，一些大学生热衷于网络交往，在虚拟世界中发展所谓的人际关系，把网络当成排遣孤独和寂寞的渠道。但虚拟世界的交往和活动往往使他们更加难以融入现实生活，基至沉溺于网络游戏和虚拟世界中难以自拔，严重地影响学习和生活。

从大学生身心发展的特征看，他们处于青春期，情感丰富，内心有强烈的与他人交往，进而发展、建立友谊的需要。但由于以上种种原因的影响，导致大学生的这一需求得不到满足，从而使他们产生孤独、焦虑、自卑、抑郁等不适症状。

4. 情感压力

大学生谈恋爱的情况是比较普遍的，但是，由于其心理成熟程度不够，处理情感方面的经验不足，当他们面临情感方面的纠葛和问题时往往难以有效应对。经常为此而情绪波动，苦恼不堪，有些人难以自拔，甚至放弃学业，丧失生活热情。大学生活中出现的一些危机事件，许多与情感问题有关。

5. 经济压力

随着缴费上大学的时代来临，当代大学生经济困难的情况越来越突出，有的学校达到困难程度的学生占到了学生总数的 20%，尽管党和政府，包括高校都加大了对贫困学生的资助力度，但还是难以完全解决困难学生的实际问题，为了解决学习、生活费用，这些学生往往是一方面节衣缩食，一方面勤工助学，他们面临着学业和经济的双重压力。同时，面对同学，他们还会有自卑、退缩的心理，往往生活负担和心理负担都很重。

6. 就业压力

近年来，由于大学毕业生人数急剧上升，同时整个社会用工需求不足，导致大学生的就业形势日趋严峻，就业市场竞争日趋激烈，大学生找工作或找到比较理想的工作越来越困难，这对大学里众多高年级学生造成很大的精神压力和心理压力。可以说进入大四，很多同学就在为找工作而奔波，个中艰辛和困苦是他们人生中从未遇到过的。由此也使他们因焦虑、自卑而失去安全感，一些心理问题随之而来。

(二) 源自内在自我的冲突

唯物辩证法认为，事物的变化发展是内因和外因共同作用的结果，外因通过内因起作用，外部世界是外因，真正的原因是内因。压力本质上来自于人们的想法、观念。前面我们说了外因的问题，现在看看内因有哪些。

1. 期望超越现实

大学生激情澎湃，所处的生命阶段决定了他们会比其他人产生更多的期望和现实之间的冲突。未来还有很多的不确定因素，而正是这种不确定性让大学生对未来抱有很多美好的设想。但是，大学生又不得不面对现实中的多重因素，例如成绩普通、恋爱被拒、求职无门等。在期望和现实夹缝中生存的大学生，必将承受巨大的心理压力。

2. 完美主义人格的束缚

但凡优秀学生都有完美主义的个性特征。完美主义者往往比一般人更认真、更负责、更细心，并因此成就了他们的今天。然而，一些完美主义者过度追求高标准，不但表现在对自己的过高期望、过分苛求上，也表现在对他人和环境的过高期望和过分挑剔上，习惯用完美尺度去衡量自己，衡量他人，衡量周围环境，衡量生活中的一切。然而，无论是自己还是这个世界都不是完美的，他们终究要因为不能接受而陷入失望与痛苦中。而且，因为追求完美，这样的人还过分关注消极面，过分在意别人的评价，害怕失败，容易有嫉妒、敌视心理。

3. 盲目比较的思维模式

人们发现自己比别人强的时候会充满力量，大学生曾经都是“比较”的获益者，与同学比较，他们是成绩的佼佼者，还有的同学当了班长、团支书，或拥有各种特长，是其他同学羡慕的对象。然而，盲目比较却让人远离了自己的内心需要，盲目比较会让人盲目自信，认为自己最强，别人的成功都是靠关系。盲目比较也会让人们自卑，认为自己处处不如别人，怀疑自己。盲目比较让人忘记了上大学的根本目的，比较中的“别人”不适当地成了自己的奋斗目标，例如与艺术学院的同学比才艺，与体育学院的同学比运动素质，甚至比相貌、穿着。

4. 动机冲突

动机是激发和维持个体进行活动，并导致该活动朝向某一目标发展的心里倾向或动力。如果动机只有一个，人们就会直接去行动，如一个人想，“我要好好学习，取得好成绩”，动机就直接驱动他去行动了。但是如果他既有想好好学习的动机，又有想好好玩玩的热情，而且自己又不能将两者整合，动机之间就出现了冲突，而冲突会带来压力，使人产生不适感。

三、大学生压力管理策略

某大学一项有关大学生心理压力的调查显示，近六年大学生感觉心理压力大，与过去普遍认为“进入大学就是步入象牙塔”的社会认知相比，发生了很大的变化，在有关压力来源的诸多选项当中，34%的大学生选择了“个人前途”，另外“父母期望”“同伴比较”“学习成绩”也是选择较多的项目，很多同学对于自己的未来忧心忡忡，在“如何看待自己的前途”这个问题中，70%的学生感到“比较担忧”，还有 2%的学生“很悲观”，只有 28%的学生感到“很乐观、很明确”。大学生自身已经压力颇多，但是同时还或多或少承受着外界带来的压力，在“关于父母对子女的期望”部分，有 14%的学生觉得父母对自己的期望非常高，期望较高的占到 55%，只有 28%的人觉得父母对自己的期望一般。

这一连串的数字给我们敲响了警钟，压力无处不在，正确对待压力刻不容缓，大学生在成长的过程中遇到困难和挫折是难免的，正确面对挫折、恰当排解压力，是成长发展的必要条件。近年来，就业形势日益严峻，社会竞争的气息也逐渐渗透到高校之中，各种压力接踵而至，各种不顺纷至沓来，如果这些压力堆积起来无从排解，很容易导致心理问题，甚至是悲剧事件。所以别等到“压力”的种子长成悲剧的恶果，再哀叹为时已晚。

压力无处不在，无法逃避，关键在于我们如何对待。为了能很好地适应大学乃至今后的学习、生活和工作，大学生有必要学习有效的压力管理方法，提高自己的压力适应能力。

所谓压力适应，是指个体在压力反应之后能很快恢复正常的身心特征，或者面对持续压力其反应不处于极端状态而能保持身心健康的能力。

所谓压力管理，是指针对可见的压力源进行必要的干预，维护身心健康，提高处理问题的效率，保证学习生活目标顺利实现的管理活动。我们建议大学生从以下几个方面着手进行压力管理。

(一) 构建自己的社会支持系统

当一个人独自面对压力的时候，其应激反应的消极作用会比较大。要想不在压力面前孤立无助，最好构建自己的社会支持系统，这其中包括自己的亲人、朋友、同学、老师等。社会支持系统可以在你需要的时候给你情感安慰、行动建议，帮助你渡过难关。强大的社会支持让你不再感到孤立无援，可以迅速恢复你的信心和勇气，面对挑战，解决问题。因此，平时你需要在建立和增进友谊、密切亲情方面多做些努力。

(二) 觉知和调整自己的生理状态

生理状态是压力最直接的指标。要想有效管理压力，首先要有压力意识，要能觉察压力的信号。人在应激状态下，本能会驱动机体的防御机制，这是自发的。有效的压力管理，需要我们建立一个对付压力，尤其是那些慢性压力的预警机制。为此，你需要做到以下两方面：

(1) 有意识地觉知自身的紧张、焦虑等状态。当你处于应激状态时，自己的生理和情绪上会有什么样的不适反应？记录自己的这些压力反应，然后锁定这些反应指标，以后每当你产生这些不适反应时，便对自发出警告。你的压力预警，就像战争中的雷达一样，让你保持必要的警惕。

(2) 学会控制自己的不良生理指标。当你的压力知觉性提高时，你还需要提高生理指标控制力，比如心跳、呼吸、血压等。

(三) 减轻和消除自己的心理负担

应激，即便是本能反应，也足以使我们身心疲惫，现在，必须卸掉我们身上由压力带来的紧张和焦虑。否则持续性的压力累积效应，迟早会让我们垮掉。消除心理负累的方法如下：

(1) 理性辨析和积极归因。找来纸笔，将你面临的核心问题写下来，接下来你需要围绕着这个问题逐步回答：这个问题是如何产生的？这个问题真的与我有关吗？这个问题真的就是一种威胁吗？这个问题真的就不能解决吗？通过如此反复逐层深入地自我辨析，理清问题症结所在，从而有效缓解焦虑。

(2) 学会经常进行放松训练。放松训练是通过一定的练习程序学习，有意识地控制和调节自己的身心活动，以达到降低机体唤醒水平，调整因紧张而紊乱的身心功能，从而使机体内环境保持平衡与稳定的过程。

(四) 掌握积极的减压方式

(1) 直面问题不回避。直接面对问题，而不是逃避、压抑，转嫁或迁怒于无关的人或事。要理性地评价、选择解决问题的方案。解决问题的策略要与现实相符，其出发点是对问题的真实估计，而不是自我欺骗或自暴自弃。

(2) 管理自己的情绪和行为。学会认识和抑制毁灭性的或潜在危害性的各种负面情绪，即学会情绪管理；学会控制自己具有危害性的习惯性行为；努力保证自己的身体不遭受酒精、药物的伤害，加强锻炼，保证睡眠。

(3) 坚持适当和必要的体育锻炼。当你感到有压力的时候，你需要做的不是坐在那里发愁或者抱怨，走出去，让身体活动起来。慢跑可以让神经和身体放松下来。体育活动是非常有效的减压方式，可以迅速改善你的某些生理系统及其功能，让你充满生命活力，找回控制感，从而有效减轻你的心理负荷。坚持体育锻炼还有一个好处是培养自己的毅力，而毅力是我们面对压力和挫折最好的武器之一。

(4) 从事一些与艺术有关的活动，你可以看电影、听音乐、欣赏书画作品，任何让你真正能够感受到美的东西，你都可以尝试。在欣赏和感受美的过程中，你会放松身心，找回人性的光辉、世界的美好和生活的希望。

(5) 郊游或者远足。暂时离开给你带来压力的环境，放下那些烦恼和不愉快，把自己交给大自然，在大自然的怀抱里，转移心情，放松身心。户外活动和拓展训练也是有效的减压方式。

(6) 阅读书籍，吸取榜样力量。当你面对压力感到不知所措的时候，可以看一些人物传记等，从榜样身上寻找力量。杰出人物毫无疑问都经历了无数的挫折与压力，他们的经验和成长，会激励和启发我们。

(7) 寻求专业人士的帮助，如果上述方式都无济于事，那么，你可以寻找学校的心理老师或者社会的心理咨人员，让专业人士引导你排除压力，走出困境。

> 生活就像海洋，只有意志坚强的人，才能到达彼岸。
>
> ——马克思

思考与讨论

1. 你采取过哪些有效管理时间的方法或措施，通过本章的学习，你认为自己在时间管理上还需怎样改善？
2. 大学生具有哪些情绪特点和不良情绪？
3. 在大学生活中，当发生一些事情让你情绪很差时，你通常采取哪些有效的方法调节自己的情绪？
4. 结合个人实际，分析大学生主要压力源。
5. 既然压力是不可避免的，那么我们可以从哪些方面着手应对压力？

本章小结

本章主要介绍了大学生时间管理的定义、特点、现状、时间管理的技巧与方法；情绪的定义，大学生情绪管理的定义、功能、方法，大学生情绪特点，常见的不良情绪；压力定义、产生原因，正确理解压力，大学生常见的压力来源，压力管理策略。

参考文献

[1] 冯拾松，汪建云，吴寿松，江梅芳. 大学生职业生涯规划与就业指导[M]. 北京：高等教育出版社，2010.

[2] 聂强，朱毓高，陈兴国. 大学生职业生涯规划与就业指导[M]. 上海：上海交通大学出版社，2017.

[3] 崔爱惠，张志宏，刘轶群. 医药高职生职业生涯规划训练教程[M]. 北京：现代教育出版社，2015.

[4] 鞠殿民，张金明，付忠臣. 大学生职业生涯规划[M]. 西安：西安电子科技大学出版社，2016.

[5] 刘立富，季春元. 医学生职业生涯规划与就业创业教育[M]. 北京：高等教育出版社，2016.

[6] 尹华北，医学生职业规划与就业创业指导[M]. 北京：中国人民大学出版社，2016.

[7] 曲振国. 医学生职业生涯规划与就业创业指导教程[M]. 西安：西安交通大学出版社，2015.

[8] 浦榕. 从体验中塑造自我走向成功——大学生职业发展与就业指导教程[M]. 北京：中国健康传媒集团/中国医药科技出版社，2018.

[9] 钟谷兰，杨开. 大学生职业生涯发展与规划[M]. 2 版. 上海：华东师范大学出版社，2016.

[10] 彭志刚，潘一鸣. 大学生职业规划与就业指导[M]. 北京：北京理工大学出版社，2007.

[11] 徐伟. 职涯导航[M]. 北京：北京理工大学出版社，2015.

[12] 张卿，郭忠会. 大学生职业规划与创业指导[M]. 北京：教育科学出版社，2014.

[13] 童革. 大学生职业核心能力训练[M]. 北京：高等教育出版社，2016.

[14] 金晶. 高职院校学生职业素养培养与训练[M]. 北京：北京理工大学出版社，2015.

[15] 刘万韬，那菊华，王钰允. 大学生职业生涯规划[M]. 西安：西安电子科技大学出版社，2015.

[16] 石笑寒，张艺. 大学生职业生涯发展与规划[M]. 北京：清华大学出版社，2017.

[17] 罗淼. 大学生职业生涯发展与规划[M]. 北京：科学出版社，2016 版.

[18] 汤锐华. 大学生职业规划与发展：职业规划与职业素养[M]. 3 版. 北京：高等教育出版社，2018.